U0102369

中国社会科学院创新工程学术出版资助项目

理解中国丛书
Understanding China Series

走向人人享有保障的社会
——当代中国社会保障的制度变迁

Towards a Society with Social
Protection for All
A Concise History of Social Security
Transformation in Modern China

By Zhou Hong   Zhang Jun

周 弘 张 浚 著

中国社会科学出版社
CHINA SOCIAL SCIENCES PRESS

图书在版编目（CIP）数据

走向人人享有保障的社会:当代中国社会保障的制度变迁／周弘，张浚著.
—北京：中国社会科学出版社，2015.10

（理解中国丛书）

ISBN 978 – 7 – 5161 – 6977 – 3

Ⅰ.①走… Ⅱ.①周… ②张… Ⅲ.①社保保障—研究—中国 Ⅳ.①D632.1

中国版本图书馆 CIP 数据核字（2015）第 251157 号

出 版 人 赵剑英
责任编辑 王 茵
特约编辑 王 琪
责任校对 郝阳洋
责任印制 王 超

出 版 中国社会科学出版社
社 址 北京鼓楼西大街甲 158 号
邮 编 100720
网 址 http://www.csspw.cn
发 行 部 010 – 84083685
门 市 部 010 – 84029450
经 销 新华书店及其他书店

印刷装订 北京君升印刷有限公司
版 次 2015 年 10 月第 1 版
印 次 2015 年 10 月第 1 次印刷

开 本 710×1000 1/16
印 张 19
插 页 2
字 数 238 千字
定 价 69.00 元

《理解中国》丛书编委会

编 委 会 主 任： 王伟光

编委会副主任： 李　捷　李　扬　李培林　蔡　昉

编委会成员 (以拼音字母为序)：

卜宪群　蔡　昉　高培勇　郝时远　黄　平

金　碚　李　捷　李　林　李培林　李　扬

马　援　王伟光　王　巍　王　镭　杨　义

周　弘　赵剑英　卓新平

项目联络： 王　茵　朱华彬

出版前言

自鸦片战争之始的近代中国，遭受落后挨打欺凌的命运使大多数中国人形成了这样一种文化心理：技不如人，制度不如人，文化不如人。改变"西强我弱"和重振中华雄风需要从文化批判和文化革新开始。于是，中国人"睁眼看世界"，学习日本、学习欧美以至学习苏俄。我们一直处于迫切改变落后挨打、积贫积弱，急于赶超这些西方列强的紧张与焦虑之中。可以说，在一百多年来强国梦、复兴梦的追寻中，我们注重的是了解他人、学习他人，而很少甚至没有去让人家了解自身、理解自身。这种情形事实上到了1978年中国改革开放后的现代化历史进程中亦无明显变化。20世纪80—90年代大量西方著作的译介就是很好的例证。这就是近代以来中国人对"中国与世界"关系的认识历史。

但与此并行的一面，就是近代以来中国人在强国梦、中华复兴梦的追求中，通过"物质（技术）批判"、"制度批判"、"文化批判"一直苦苦寻求着挽救亡国灭种、实现富国强民之"道"，这个"道"当然首先是一种思想，是旗帜，是灵魂。关键是什么样的思想、什么样的旗帜、什么样的灵魂可以救国、富国、强民。百多年来，中国人民在屈辱、失败、焦虑中不断探索、反复尝试，历经"中学为体，西学为用"、君主立宪实践的失败，西方资本主义政治道路的破产，以及20世纪90年代初世界社会主义的重大挫折，终于走出了中国革命胜利、民族独立解放之路，特别是将科学社会主义理论逻辑与中国社会发展历史逻辑结合在一起，走出了一条中国社会主义现代化之路——中国特色社会主义道路。经过最近三十多年的改革开放，我国社会主义市场经济快速发展，经济、政治、文化和社会建设取得伟大成就，综合国力、文化软实力和国际影响力大幅提升，中国特色社会主义取得了巨大成功，虽然还不完善，但可以说其体制制度基本成型。百年追梦的中国，正以更加坚定的道路自信、理论自信和制度自信的姿态，崛起于世界民族之林。

与此同时，我们应当看到，长期以来形成的认知、学习西方的文化心理习惯使我们在中国已然崛起、成为当今世界大国的现实状况下，还很少积极主动向世界各国人民展示自己——"历史的中国"和"当今现实的中国"。而西方人士和民族也深受中西文化交往中"西强中弱"的习惯性历史模式的影响，很少具备关于中国历史与当今发展的一般性认识，更谈不上对中国发展道路的了解，以及"中国理论"、"中国制度"对于中国的科学性、有效性及其对于人类文明的独特价值与贡献这样深层次问题的认知与理解。"自我认识展示"的缺位，也就使一些别有用心的不同政见人士抛出的"中国崩溃论"、"中国威胁论"、"中国国家资本主义"等甚嚣尘上。

可以说，在"摸着石头过河"的发展过程中，我们把更多的精力花在学习西方和认识世界上，并习惯用西方的经验和话语认识自己，而忽略了"自我认知"和"让别人认识自己"。我们以更加宽容、友好的心态融入世界时，自己却没有被客观真实地理解。因此，将中国特色社会主义的成功之"道"总结出来，讲好中国故事，讲述中国经验，用好国际表达，告诉世界一个真实的中国，让世界民众认识到，西方现代化模式并非人类历史进化的终点，中国特色社会主义亦是人类思想的宝贵财富，无疑是有正义感和责任心的学术文化研究者的一个十分重要的担当。

为此，中国社会科学院组织本院一流专家学者和部分院外专家编撰了《理解中国》丛书。这套丛书既有对中国道路、中国理论和中国制度总的梳理和介绍，又有从政治制度、人权、法治，经济体制、财经、金融，社会治理、社会保障、人口政策，价值观、宗教信仰、民族政策，农村问题、城镇化、工业化、生态，以及古代文明、文学、艺术等方面对当今中国发展作客观的描述与阐释，使中国具象呈现。

期待这套丛书的出版，不仅可以使国内读者更加正确地理解百多年中国现代化的发展历程，更加理性地看待当前面临的难题，增强全面深化改革的紧迫性和民族自信，凝聚改革发展的共识与力量，也可以增进国外读者对中国的了解与理解，为中国发展营造更好的国际环境。

赵剑英

2014 年 1 月 9 日

鸣　谢

　　从社会保障发展历史的角度撰写一本小书，讲述中国社会保障从无到有的发展历程，这是我多年来的一个"业余心愿"。这个业余心愿的完成离不开社会保障业内和业外朋友和同事们的鼓励与支持，其中中国劳动与社会保障研究院原院长田小宝同志的真诚鼓励与大力支持是不可或缺的。

　　我和田小宝同志的合作始于20世纪80年代中叶。那是一个改革奋进的时代，也是一个崇尚理想的时代，还是一个追求真知的时代，那个时代造就了一批为了创造更加富裕和公平的中国社会而忘我工作的人们。那时我参与了美国布兰戴斯大学海勒福利研究院教授访华团的资料翻译工作，正在努力帮助中国借鉴世界各国的社会保障经验，而田小宝同志则任职中国劳动部，负责外事接待和对外联络工作，其中也包括接待来自海勒学院的教授们。此后，我利用业余时间协助田小宝同志领导的中国劳动学会，组织安排该学会的国外培训工作，为推动有关社会保障知识的普及而奔波忙碌。回国工作后，我也曾受邀到中国劳动与社会保障研究院参与一些讨论和课题研究。这些经历使我对中国社会保障制度的改革有了一些了解。去年，我卸任中国社会科学院欧洲研究所所长以后，表达了我的"业余著述"愿望，立刻得到了田小宝同志的赞许。田小宝同志不仅提供了大量的书面资料，还联系到对王建伦部长的访谈，而且逐章逐节阅读了我们的书稿，或给以鼓励、或指出问题，有时甚至认真地做起了编辑。田小宝同志虽然婉拒了我们请他署名的提议，但他提供的精神支持和具体指导却使他无愧于一名不署名的作者。

我还要借此感谢张浚同志的无私加盟。为了我的"业余爱好"，她搁置了手头的"业内工作"，全力支持我达数月之久。我还要借此感谢王建伦部长，她在浙江大学的一次演讲给了我写这本书的最初启迪，而后她又花费时间和我们讨论她参与中国社会保障制度改革的经历。感谢中央文献研究室的万建武同志和中国社会科学院科研局的熊厚同志，他们对我突然提出的资料问题或数据问题总是有求必应。感谢崔红志博士有关农村社保的意见。

在这本书问世之际，我按捺不住对我在社会保障领域里的良师益友们的怀念和感激之情。为了中国社会保障制度的改革和建设而奉献了青春的人们：能够亲身经历、见证、奉献于这一史无前例的社会变革，是我们这一代人的幸运！

周　弘

于 2015 年秋

目　录

引　言

　　生活于 21 世纪的人们很难想象，卡尔·马克思 130 年前提出的"各尽所能、按需分配"（"From each according to his ability, to each according to his needs"）的社会理想，在一个多世纪的历史进程中，曾经怎样地感动并震撼过包括中国在内的世界革命者和进步青年，引导他们义无反顾地投身于改造旧社会、建设新社会的奋斗中。

　　一个多世纪过去了，那些为了社会进步的理想而工作和奋斗过的人们，他们取得成功了吗？如果有所成就，这些成就又是怎样实现的？是通过轰轰烈烈的社会革命？还是通过脚踏实地的社会改革？在这些进程中有过怎样的经验或教训？

　　这本书要讲述的是在中国，那些为了社会进步和社会公平而努力工作的人们是如何循着"各尽所能、按需分配"的思路和方向，经过无数次的制度创新和政策改革，在理想与现实的互动中，从保护劳动者的合法权益出发，一步一步地实现人人享有社会保障的历史过程。

第 一 章

将实现社会保险作为一个纲领性目标:1921—1949

1948 年，新中国成立的前一年，国民党政府的首都南京市人口已经达到 135.7 万，然而工业基础却十分薄弱，全市官僚资本企业仅有 38 家，私营中小企业仅有 888 户，产业工人只有 22387 人，其中纺织业用工就占了 8000 多人。[①] 其他产业也多为轻工业，如酒厂、印刷厂、电灯厂、五金制造厂、木材家具厂等。受战争和政府腐败的影响，仅有的产业开工不足或处于停产状态。在这些居民中，只有少数公务人员和教职人员在理论上享受特殊的养老和医疗等福利待遇，并分别由国库、省库，或由市县区教育经费列支，为数不多的产业工人参加强制性养老保险。由于中国社会一直处于战乱和不安定之中，上述纸面上的福利待遇也往往难以真正兑现。[②] 在首都南京以外中国广袤的土地上，绝大多数劳动者，特别是为数众多的失业者、流浪者以及那些或罹天灾或避战祸的广大百姓，流离迁徙、饥寒交迫、颠连无告是常见的现象。

建立一个更合理、更公平、更美好的社会是中国政治清明的标志，也是以推翻国民党统治、建立美好新中国为目标的共产党人的诉

---

① 南京地方志编纂委员会:《南京劳动志》，方志出版社 1999 年版，第 29 页。
② 同上书，第 476—481 页。

求。这种诉求的提出受到 20 世纪初欧洲工业发达国家工人运动的启迪，亦有 1917 年掌握了政权的苏联布尔什维克党的经验作为参考。在早期，这种诉求主要体现为保护劳动者的基本权益。

1921 年中国共产党建党伊始，即把代表工人阶级和劳动人民的利益作为政治纲领，并先后拟定了保护工人和劳动者利益的《劳动法案大纲》（1922）、《经济斗争决议案》（1925）、《产业工人经济斗争决议案》（1927）、《手工业工人经济斗争决议案》（1927）、《女工、童工问题决议案》（1927）等纲领性文件，呼吁保护女工的产假权益、① 实行社会保险制度，提供工伤、疾病、失业、老龄等方面的救济，并主张"国家应设立劳动保险。保险费由雇主或国库支出"，后又明确提出"举办工人社会保险（失业、养老、疾病等保险），所有费用应由资方与政府分担"的主张。② 虽然当时中国的工业基础十分薄弱，产业工人群体占比很小，但是由于社会保险思想的快速传播，工人阶级的政党从一开始就将建立社会保险制度作为保护劳动者权益的纲领明确地提了出来。

维护工人和劳动者福利的主张一经提出，便成为一种组织动员劳动群众争取自己权益的斗争武器。各地工会组织工人群众频频向军阀政府和国民党政府提出明确而具体的社会保险要求。例如在 1922 年 8 月京汉路长辛店段工人罢工时就提出了"凡工人因公受伤者，在患病期间，应该发给工薪"的要求；同年 9 月萍乡安源路矿工人罢工，也

---

① 《中国工会历史文献》（1921.7—1927.7），中国工人出版社 1958 年版，第 15 页；转引自严忠勤主编《当代中国的职工工资福利和社会保险》，中国社会科学出版社 1987 年版，第 289 页。

② 《中国历次全国劳动大会文献》，中国工人出版社 1957 年版，第 17 页；转引自严忠勤主编《当代中国的职工工资福利和社会保险》，中国社会科学出版社 1987 年版，第 289—290 页。

提出了"工人例假、病假、婚丧假，路矿两局须照发工资"，"工人因公受伤不能工作者，路矿两局须营养终身，照工人工资多少，按月发给"。1925 年 4 月，青岛日商各纱厂万余名工人罢工，要求对工作中受伤的工人支付工资及医药费，死亡给予遗属一年工资的抚恤金。1927 年 7—10 月，共产党领导的工人罢工达 47 次，其中有 7 次是为了要求给予工人病伤待遇而举行的。① 在工人罢工受到残酷镇压后，工人们转而更加积极主动地参与共产党反对国民党的政治斗争和武装斗争，而政府则在军事围堵镇压共产党人之余，被迫通过了一些并没有得到认真实施的劳动保护和社会保险条例。

保护劳动者权益是中国共产党的政策主张，也成为共产党在其占领的解放区（根据地）的主要施政纲领之一。从保护劳动者权益的角度出发，共产党一方面努力有效地组织生产，为抗日战争和解放战争提供经济保障；另一方面又要体现劳动者当家做主的原则，具体地实施共产党关于保护劳动者的主张，这在经济相对落后的解放区是一种治理挑战，也是一种社会实验。这场实验对于国民党政权来说是制度竞争，对于共产党来说是执政实践。

最主要的挑战来自如何在为劳动者谋取经济利益、争取劳动群众的政治支持的同时保证共产党领导的武装斗争获得可靠的经济来源。在当时的条件下，解放区采取了以供给制为主要特征的基本保障制度。在这种制度中虽然可以看到来自西方发达国家社会主义运动的影响，但并不类同于西方社会保险的制度模式。

早在江西根据地的时候，中华苏维埃政府就颁布了《劳动法》（1931），规定在根据地实行社会保险制度，由雇主提供工资总额的

---

① 严忠勤主编：《当代中国的职工工资福利和社会保险》，中国社会科学出版社 1987 年版，第 292 页。

10%—15%作为保险金，用于职工和家属生老病死伤残的生活补助和医疗专款。1933年，中央执行委员会主席毛泽东签署了新的《中华苏维埃共和国劳动法》，规定：

> 社会保险，对于凡受雇佣的劳动者，不论他在国家企业，或合作社企业，私人企业，以及在商店家庭内服务，不问他工作的性质及工作时间的久暂，与付给工资的形式如何均得施及之。
>
> 各企业各机关各商店及私人雇工，于付给工人职员工资之外，支付全部工资总额5—20%的数目，交纳给社会保险局，作为社会保险基金；该项百分比例表，由中央劳动部以命令规定之。保险金不得向被保险人征收，亦不得从被保险人的工资内扣除。[①]

由于红军被迫长征，江西根据地丧失，苏区的社会保险制度并没有真正得到实施。中央红军经过长征到达陕北以后，又先后颁布了《边区战时工厂集体合同暂行准则》（1940）、《边区劳工保护暂行条例》（1941），共产党占领的其他根据地，如晋绥边区、晋冀鲁豫边区、晋察冀边区，也根据当地的经济状况先后制定了改善工人生活、提供劳动保护的各项条例。这些条例提出，实行社会保险的目的是发展战时生产，保护工人利益，提高劳动热忱。在待遇方面采取了务实的方法，例如病假至2个月，工资减半；至3个月，发1/3；3个月以上工资停发等措施。与根据地经济发展水平和战争年代的经济力量

---

① 《中国劳动立法资料汇编》，中国工人出版社1980年版，第379页；转引自严忠勤主编《当代中国的职工工资福利和社会保险》，中国社会科学出版社1987年版，第294—295页。

相适应，职工待遇标准和水平比较低。各个边区受到战争的影响，也各自依照不同情况制定了标准不同的政策，有的还增加了劳资双方就待遇发放标准进行协商的内容。

上述这些实践为中国共产党后来在全国执政并管理经济和社会提供了可贵的经验。1945 年，毛泽东在中国共产党第七次全国代表大会上做了《论联合政府》的报告，为新中国的社会治理画出了蓝图，他说：

> 在新民主主义的国家制度下，将采取调节劳资间利害关系的政策。一方面，保护工人利益，根据情况的不同，实行八小时到十小时的工作制以及适当的失业救济和社会保险，保障工会的权利；另一方面，保证国家企业、私人企业和合作社企业在合理经营下的正当的赢利；使公私、劳资双方共同为发展工业生产而努力。[1]

抗日战争胜利以后，毛泽东继续论述新民主主义国民经济的指导思想，仍然强调保护工人利益和经济发展之间的平衡："将发展生产、繁荣经济、公私兼顾、劳资两利的正确方针同片面的、狭隘的、实际上破坏工商业的、损害人民革命事业的所谓拥护工人福利的救济方针严格地加以区别。"[2]

东北和华北地区解放后，1948 年全国劳动大会上提出了"在工厂集中的城市或条件具备的地方，可以创办劳动的社会保险"[3]。会

---

[1]　《论联合政府》，《毛泽东选集》（一卷本），人民出版社 1967 年版，第 1083 页。

[2]　《关于工商政策》，《毛泽东选集》（一卷本），人民出版社 1967 年版，第 1180 页。

[3]　《中国历次全国劳动大会文献》，中国工人出版社 1957 年版，第 412 页；转引自严忠勤主编《当代中国的职工工资福利和社会保险》，中国社会科学出版社 1987 年版，第 299 页。

后颁布了《东北公营企业战时暂行劳动保险条例》（以下简称《东北条例》），就工伤、医疗、病假、遗属抚恤等进行了细致的规范，惠及东北 420 个厂矿 79.6 万职工，是中国在较大范围内也是在工矿业集中的地区第一次实行社会保险制度。随着解放战争向南推进，新解放的地区参照《东北条例》制定地区和部门的社会保险方法，直至1951 年在全国建立了统一的保险条例。

第 二 章

计划经济条件下的就业与保障:1949—1978

◇ 一 就业保障的源起(1949—1957)

(一) 保护劳动者的执政初衷和最初的制度实验

1949 年 10 月 1 日，中华人民共和国正式宣告成立，在前仆后继、浴血奋战了 28 年后，中国共产党终于开始通过已经获得的政权，兑现为工农和劳动者谋福利的政治承诺。但这一兑现几经波折。

解放初期，刚刚摆脱了长期战乱的中国经济不仅十分落后，而且物资严重匮乏，煤炭、粮食、棉花等生活必需品奇缺。国民党政府滥发货币，造成通货恶性膨胀，不良商人趁机囤积居奇，物价肆意飞涨，而且交通运输几乎损毁殆尽。1949 年城市失业人数达到 400 万，农村灾民 4000 万。中国共产党面临的最急切的任务是恢复生产、稳定物价、保障供给、改善人民生活。

在百废待兴而经济基础薄弱的条件下，特别是在不良商人哄抬物价的情况下，中央政府首先着手整顿劳动制度，废除了厂矿、建筑、搬运等行业的"把头制"，取消了个别工头过高和不合理的工薪、福利待遇，同时采取了以实物为基础的工资计算方法，先后以粮食和其他生活物资为计算标准，根据物价浮动的情况，随行就市地确定劳动者的工资浮动比例，以确保普通职工的基本生活不受物价波动的影响。例如在北京职工工资的计发是将解放前的工资折合成一定数量的小米，而在天津职工工资的计发则是折合成玉米面，按发放工资日的小米或玉米面的国营商业牌价计发货币。后来又增加了其他生活必需品及实物，如小麦、食用油、食盐、土布、煤、米等，作为计发工资的计算单位。这样就保证了职工在物价急剧波动时有一定的生活必需品供应，同时也逐步稳定了市场物价。很显然，在这种实物配给的分配方式下，还难以实行以缴纳税费的方式实现风险共担的社会保险模式。当然，实物配给方式终归是权宜之计，中国共产党总要以某种更加固定的形式兑现其基本纲领中对劳动者的承诺。

体现这一承诺的第一份文件就是中国人民政治协商会议在1949年9月29日第一届全体会议上通过的《中国人民政治协商会议共同纲领》（以下简称《共同纲领》）。《共同纲领》在当时的作用相当于临时宪法，它宣告了人民民主共和国的建立，规定了新中国的国体和政体，最重要的是确认了工农联盟是新政权的基础，工人阶级新政权的领导，工人阶级、农民阶级、小资产阶级、民族资产阶级及其他爱国民主分子共同形成人民民主统一战线。

保护劳动者权益是新政权的执政基础。《共同纲领》明确规定了要保护工人、农民、小资产阶级和民族资产阶级的经济利益，要保护妇女的平等权利，此外还十分具体地规定了劳动者"八小时至十小时的工作制""最低工资""实行工矿检查制度"等。《共同纲领》的第三十二条提出了"逐步实行劳动保险制度"，这是中国共产党建党以来一直坚持的对劳动者的承诺。为了贯彻执行《共同纲领》，政务院委托相关劳动部门，根据中国共产党在解放区和根据地执政的实践经验，并参照外国经验，于 1950 年拟定了《中国人民共和国劳动保险条例（草案）》向全社会公布，广泛征求各方意见。《劳动保险条例（草案）》在全国各大报纸公布的当天，报纸就销售一空，出现了洛阳纸贵的现象。各个阶层的民众都积极参与草案的讨论。修改后的《中华人民共和国劳动保险条例》（以下简称《劳动保险条例》）于 1951 年 2 月 23 日由政务院第 73 次政务会议通过。①《劳动保险条例》规定了劳动者及其供养的直系亲属在生育、退休、疾病、伤残、丧葬等方面的待遇。

在保护劳动者方面，《劳动保险条例》显示出与旧政权的本质区别，巩固了新政权执政的合法性基础。"社会主义好，生老病死有劳保"成为时兴的口号。时任劳动部部长的李立三在《人民日报》上撰文写道：

> 各地工人群众更是非常热烈欢迎，觉得当国家财政经济状况刚刚开始好转，抗美援朝的斗争正在开展，各种困难尚未完全克服的时候，就举办劳动保险，使工人生活中最感痛苦而无法解决的生、老、病、死、伤、残等问题都获得了一定的补助、抚恤和救济，可见人民政府是如何关心工人的疾苦和困难。有些工人在讨论会议上发言说："从来工厂都是养少不养老，年轻力壮，要你干活，老了干不动了就叫你滚蛋，哪里有过老了每年发给养老金的事。"有的工人根据自己的经验说："我的父亲在铁路上当小

---

① 《中华人民共和国劳动保险条例》，《人民日报》1951 年 2 月 27 日第 2 版。

工，被火车轧死了，买不起棺材，母亲带着我到局里叩头求告，才求得几块木板做棺材，半个钱的抚恤也没有。"有一个女工说："我做了五年工，四次出厂进厂，生了孩子滚蛋，孩子死了再来。现在生了孩子有八星期假期，照发工资，还有生育补助费，真是做梦也没有梦到的事。"真的，工人们把他们过去的生活，与现在的劳动保险条例对照起来的时候，就喊着人民政府万岁，毛主席真是我们的救星的口号，完全是很自然的。这也就说明这个条例的颁布有如何巨大的政治意义。①

《劳动保险条例》公布后受益工人致信《人民日报》表达喜悦心情②

编辑同志：

我们是北京人民印刷厂的老工人。我们是在中央人民政府政务院公布了劳动保险条例以后退休的。在国家经济情况刚基本好转、国防建设还需要大力加强的今天，政府就这样照顾咱工人，我们非常感激。但想起解放前被折磨屈死的老伙友们，心里就翻腾起来。就拿日本统治时代的情形来说吧：那时候我们干半个月活的工钱，只凑合够买一包纸烟。那一个不是靠下了班拉洋车摆小摊来维持这一口气？老工人吕祥因为饿得过度，拉洋车时到半路躺下死掉了。制锌版的曹锡恩，因为口粮不足心绪烦乱，干活时中指被截掉一大块。他三番五次地打报告，哀求科长在厂长面前给讲讲好话，给补

---

① 李立三：《劳动部李立三部长关于中华人民共和国劳动保险条例草案的几点说明》，《人民日报》1951年2月27日第2版。

② 《有了劳保条例心里石头落地》，《人民日报》1951年5月11日第2版。

助点医药费，结果厂长才给他五十块钱伪钞，够买几个烧饼？那时候谁得了病谁就等死，那里谈得上"劳保条例"和"工人福利"？往后国民党来了，情形就更糟，当厂长的出入是汽车，他们自己整天吃、喝、跳舞，却不管工人肚子装的尽是豆渣和麸子皮。那时物价一天要翻几个筋斗，工人今天该发的工资，他故意拖延到明天，早上该发的，偏偏拖到晚上，让大伙拿了那样多的钱，买不到那样多的米。工人提了意见，他就随便给安上个罪名，说不定哪天晚上就把你抓走。眼下咱有困难可以找工会解决，那时候虽然也有工会，可是和现在的工会根本是两回事。最近被政府押起来的反革命分子孟学增，就是那时咱厂的狗腿工会的头子。这样的人少欺压咱就算日头从西边出，谁还敢盼他给工人办事？

共产党进城领导咱们才不过二年的光景，工人的生活就变了样。可是咱心里的疙瘩还是有呀。眼看手脚一天比一天笨，干活不如小子们了，心里老寻思："说不定哪一天不能工作了，生活怎么办？"现在政府公布了劳动保险条例，咱们心里的那块石头就落了地。政府对血一把汗一把干活的工人，就这样照顾到底。我们用啥话才能表达心眼里感谢共产党和毛主席的情意呢？我们都是劳动惯了的，眼下虽然粗活不能做，但回家后一定好好地宣传抗美援朝工作，不让美帝国主义再把咱拉到过去那叫人一想起来就发抖的年代里。

人民印刷厂退休工人　赵多思、刘鹤清、张清滢等三十六人

在中国共产党的早期文件中，劳动保险和社会保险经常混用。新

中国成立后，在《共同纲领》里明确了"劳动保险制度"的定义，这是一种与当时工业发达国家通用的"社会保险制度"并不相同的定义。《劳动保险条例》中规范的"劳动保险"的受益者是特定的劳动者群体，主要是重点产业的产业工人，而并非包括农民和其他手工业及商业从业者在内的全体劳动者。《劳动保险条例》的受益者在中国庞大的劳动人口中只是一小部分。1951 年《劳动保险条例》第二条规定：

> 适用范围，目前暂定为下列各企业：
> 甲、雇佣工人与职员人数在一百人以上的国营、公私合营、私营及合作社经营的工厂、矿场及其附属单位与业务管理机关。
> 乙、铁路、航运、邮电的各企业单位及附属单位。[①]

以当时最大的工业城市上海为例，100 人以上的企业占到上海企业的 14%。因此，当时的《劳动保险条例》不只没有覆盖广大的农村人口，就连众多的城市人口也不在《劳动保险条例》的保护范围之内。[②]

在《劳动保险条例（草案）》中，银行曾被纳入试行《劳动保险条例》的行业，但是在《劳动保险条例》最终成形时，银行、政府行政机关、教育机关的公教人员、贸易、税务等行业中的工人职员，都被排除在试行范围之外。《劳动保险条例（草案）》公布后，1950

---

① 《中华人民共和国劳动保险条例（一九五一年二月二十三日政务院第七十三次政务会议通过）》，《人民日报》1951 年 2 月 27 日第 2 版。
② 严忠勤主编：《当代中国的职工工资福利和社会保险》，中国社会科学出版社 1987 年版，第 305 页。

年 12 月 10 日，当时的中华全国总工会副主席朱学范在天津全总干部学校劳动保险干部训练班上讲话指出：

> 这个劳动保险条例草案的基本精神，是以全体雇佣劳动者为范围，要照顾到全国的雇佣劳动人民的。在这个条例草案第一条的规定中，已规定得很清楚了，劳动保险草案第一章第一条明白规定劳动保险条例的制定，是为了保护雇佣劳动者的健康，并减轻其生活中的特殊困难与顾虑。[①]

根据新政府当时的测算，全国工人有 1500 万人到 2000 万人。[②]统计数据还显示，1952 年全国城镇人口占总人口的比例只有 12.46%，[③]其中雇佣劳动者的比例更低。因此，当时即使是把全体产业工人都纳入劳动保险体系，《劳动保险条例》的覆盖范围相对于中国的人口总数来说也是很小的。

全国解放以后，经过了三年的经济恢复期，到 1952 年年底，中国的工农业总产值比 1949 年增长 77.5%，其中工业总产值增长 145%，农业总产值增长 48.5%，人民生活初步得到改善，全国职工的工资水平平均提高 70% 左右。但是经济底子仍然很薄，个体经济（主要是小农经济）仍然占国民收入的 71.8%，而国营经济则占了不到 20%。因此，劳动保险还不能全面铺开。

---

① 《新中国的劳动保险制度——中华全国总工会副主席朱学范在天津全总干部学校劳动保险干部训练班的讲话》，《人民日报》1951 年 3 月 3 日第 2 版。

② 同上。

③ 中国社会科学院中央档案馆编：《1958—1965 中华人民共和国经济档案资料选编：劳动就业和收入分配卷》，中国财政经济出版社 2011 年版，第 4 页。

随着经济的逐步恢复，劳动保险的覆盖面逐步扩大。1953 年，政务院修正了《中华人民共和国劳动保险条例》，对保险实施范围作了适当扩大，除了 100 人以上的工矿企业以外，还覆盖到其他一些工矿、交通企业的基本建设单位和国营建筑公司，在待遇标准上也有所提高。此后，《劳动保险条例》的覆盖面进一步扩大。1956 年前后，国家对个体手工业和私营工商业的社会主义改造基本完成后，在包括工商业在内的全部国营企业中实行了《劳动保险条例》。一些规模较大、经济条件较好的集体所有制企业也实行或参照实行了《劳动保险条例》，退休待遇标准也相应提高。这些劳动保险的受益群体基本上是居住在城市的非农业人口。根据 1957 年的统计数字，当年城镇人口占全国总人口的比重只有 15.39%，[1] 其中还有很多人不享受劳动保险待遇。[2] 可见，扩大后的受益人群在规模庞大的中国总人口中仍占极少的比例。

《当代中国的职工工资福利和社会保险》一书就新中国成立初期的社会保障的制度选择做出了三点重要解释：一是国家成立之初财力有限，无法在所有的企业普遍地实行社会保险，只能有选择地让一部分职工先享受到保险待遇，待国家财力增长以后再逐步扩大覆盖面；二是新中国成立伊始，政府缺乏理政经验，需要通过选点试验的方式积累经验，以待日后逐步推广成功经验；三是 100 人以上的企业，就业情况比较稳定，生产经营比较正常，具有定期支付保险费的能力，而对于零散的就业方式来说，按照固定的时间缴纳固定数额的保险金

---

[1] 中国社会科学院中央档案馆编：《1958—1965 中华人民共和国经济档案资料选编：劳动就业和收入分配卷》，中国财政经济出版社 2011 年版，第 4 页。

[2] 根据 1958 年的统计数字，16—61 岁的城镇人口中，只有 60.87% 是就业者。

是十分困难的，不宜推广制度性的保险方式。① 可以说，现实的财力、国家发展的实际需要以及与就业形式相匹配的劳动组织决定了最初劳动保险极其有限的覆盖范围。

李立三谈《劳动保险条例》的使用范围②

　　草案第一条规定劳动保险的对象，是包括所有雇佣劳动者。但依目前经济条件，及对这种重大复杂工作缺乏经验的情况，目前只能采取重点试行办法，先从工人职员人数在百人以上的工厂矿场及有全国统一的行政管理机构与比较健全的产业工会组织的几个产业部门着手试办。因为百人以上工厂，无论行政与工会组织都比较健全，比较容易举办，容易管理。工厂的数目，虽比百人以下的少，但包括的人数却多了几倍。以上海为例，在全市十六个行业中，共有工厂五三一五家，共计四一五五九六人，其中百人以上的工厂只占百分之十四，而职工人数却占总数百分之八十以上（三三三、四〇〇人）。同时条例草案上规定了不属于第二条范围的企业，如果行政方面或资方与工会组织双方协商，同意实行劳动保险，仍然可以按照草案的原则，在集体合同内规定之。我们深深知道小工厂商店的工人生活更苦，更需要保障，但因为过于分散、零乱，实在无法迅速有效地组织起来，实施劳动保险。过了一定时期，各大工厂企业举办有了成绩，取得了经验，工会组织又已健全起来，那时即

---

① 参见严忠勤主编《当代中国的职工工资福利和社会保险》，中国社会科学出版社 1987 年版，第 302—305 页。

② 李立三：《劳动部李立三部长关于中华人民共和国劳动保险条例草案的几点说明》，《人民日报》1951 年 2 月 27 日第 2 版。

可逐渐推广到这些小工厂企业中去。至于政府行政机关、教育机关的公教人员以及未包括在第二条范围内的其他机关人员对于劳动保险也是迫切需要的，但根据目前国家财政状况，及需要集中财力进行国防建设的紧迫任务，只好暂不实行，俟将来国家财政经济状况继续好转以后，当可逐渐实行。这也是与共同纲领第三十二条规定逐步实行劳动保险制度的精神，完全符合的。此外，在原来草案第二条乙款关于适用范围中，包括有银行在内，经过仔细研究后，觉得在目前试行时期，应暂以工矿交通企业为限，因工矿交通企业中的职工比之银行的职工，工作重些，工资低些，需要劳动保险，也就更迫切些，所以将乙款中的银行二字勾去了。请求银行中的工人职员，再等待一些时候，俟将来逐渐推广时，当然可与贸易、税务及其他机关工作人员同样享受。

另有一种意见，主张仿照东北办法，先从国营企业试办，然后推广到私营企业。但由于关内情况与东北不同，在许多地区，私营企业的比重都大过公营企业，而且其中有不少雇佣工人很多的大企业，如果单在公营企业中实行，显然是不公平的。

上述这些解释清楚地说明了新政府在规划新中国的社会保障体系时所考虑的主要问题，限制劳动保险实施范围的是现实条件，而不是政府的政治意愿。在《当代中国的职工工资福利和社会保险》一书给出的三条解释中，前两条是从国家的角度出发，说明了新建立的社会主义国家要以人民福祉为主要施政目标，但同时又需要审慎地选择合适的方式和时机，去实现国家保护人民、服务人民的既定目标，务实的执政理念和方法是一种无奈的选择。第三条解释提出，社会保障制度的建立要遵循发展的规律，即从就业方式与保障方式的相关性出发，从权利与责任的相符性出发。虽然当时的文件和解释都没有具体地说明就业和劳动保险如何体现相关性，但是从操作层面来看，在国家财政仍然处于困难的条件下，如果无法保证定期定额缴费，要想用社会保险的方式大面积地覆盖中国的国民或劳动者，是难以做到的。李立三部长的谈话进一步说明了兑现对劳动者保护的承诺和国家紧迫的国防任务及局促的财政状况之间的两难关系。

此外，早期《劳动保险条例》规定的劳动保险内容和实施方式也与西方发达国家通用的社会保险制度或社会保障制度不同。以劳动保险缴费为例，中国的《劳动保险条例》规定，个人不负责缴纳劳保费用，所有的缴费都由实行劳动保险的企业或资方单方面负担。

1951 年的《劳动保险条例》中关于劳动保险金征集与使用的有关规定①

第七条　本条例所规定之劳动保险的各项费用，全部由实行劳动保险的各企业行政方面或资方负担，其中一部分由各企业行政方面或资方直接支付，另一部分由各企业行政方面或资方缴纳劳动保险金，交工会组织办理。

第八条　凡根据本条例实行劳动保险的各企业行政方面或资方，须按月缴纳相当于各该企业全部工人与职员工资总额的百分之三，作为劳动保险金。此项劳动保险金，不得在工人与职员工资内扣除，并不得向工人与职员另行征收。

---

① 《中华人民共和国劳动保险条例（一九五一年二月二十三日政务院第七十三次政务会议通过）》，《人民日报》1951 年 2 月 27 日第 2 版。

李立三认为，选择单方面承担责任的劳动保险制度，主要源于中国当时领导人对社会主义性质的理解：

> 草案规定劳动保险的各项费用，全部由实行劳动保险的企业行政方面或资方负担，工人职员不缴纳任何费用，这与资本主义国家的办法是完全不同的。在资本主义国家中的劳动保险根据所谓"分担危险"的资本主义原则，全部或大部费用均由工人职员自己负担，实际成为加重剥削工人阶级的手段。例如美国从一九三九年至一九四六年从工人身上抽取了四十三万万美元的保险金，而支付给工人的只有八万万多美元，余下几十万万美元都成了银行周转谋利的资金，便是最好的证明。
>
> 草案规定的劳动保险费用，划分为两部分，一部分由企业行政方面或资方直接支付，一部分由行政方面或资方按全部工资总额百分之三拨交经费给工会组织办理。这样规定的主要理由，是为了促使企业行政方面或资方重视劳动保护工作。因为医药费和病伤假期工资等费用支出数额的多寡，是由企业对于安全卫生工作办理的好坏来决定的，把这些费用规定由企业直接开支，企业为了减少这笔支出，就必须关心工人的健康，积极加强安全卫生设备。从而使工会在为减少工人与职员的伤病率的斗争上，也得到了有力的帮助。
>
> 在百分之三的劳动保险金中，除划出百分之七十作为支付职工个人享受劳动保险待遇之用外，百分之三十作为总基金，由中华全国总工会统筹举办集体劳动保险事业。根据东北的经验，集体劳动保险事业在预防职工的疾病死亡上，在鼓舞职工的生产热情上，都起了重大的作用。但每个集体劳动保险事业，都需要花

费很大的资金，不是每一个企业所能单独举办的，所以必须由全国总工会集中力量来统筹举办。①

除了减轻劳动者个人的负担，体现劳动者当家做主的地位以外，主要还是考虑到中国社会发展阶段的特殊性，当时的就业很分散，国家财政十分有限，工会组织不够有力，而且社会也缺乏有关平衡权责的认识，这些都是早期制度采取单方面责任模式的原因。但是，新中国早期的、小规模的劳动保险制度并不是中国共产党的执政目标，而是一种制度实验，从李立三的相关解释来看，《劳动保险条例》的制定只是中国迈向社会主义社会保险的第一步。基于上述原因，1951年公布的《劳动保险条例》显然是临时性的，对此，朱学范解释说："因为目前我们只是开始实行劳动保险，加以目前我们的解放战争尚未完全结束，就不可能一开始都实行劳动保险。但我们的劳动保险是在不断发展和扩大着的。即以今天的劳动保险条例来说，已经是比较东北战时暂行劳动保险条例提高了一步，已从公营企业的劳动保险扩大到私营企业的劳动保险。"②

（二）将实现工业化和现代化作为国家使命

对于新中国早期的领导者来说，保护劳动者与恢复并发展经济、实现国家的工业化和现代化一直是密不可分的。《共同纲领》的制定

①　李立三：《劳动部李立三部长关于中华人民共和国劳动保险条例草案的几点说明》，《人民日报》1951年2月27日第2版。

②　《新中国的劳动保险制度——中华全国总工会副主席朱学范在天津全总干部学校劳动保险干部训练班的讲话》，《人民日报》1951年3月3日第2版。

给中国亿万民众勾画了一个未来社会发展的美好蓝图，但是这个蓝图的实现却需要切实可行的路径和合理的过渡。从 1949 年 10 月中华人民共和国成立到 1952 年年底的三年期间，是中国恢复国民经济的时期，也被称为进行社会主义经济建设的准备阶段，这一阶段的各项政策均与这一时期的总目标相匹配。

从 1949 年年末到 1950 年年初，新政府连续平抑了四次大规模的涨价风潮，在此基础上逐步统一了财政权力。1950 年 3 月，政务院颁布了《关于统一国家财政经济工作的决定》，将国家收入中的主要部分集中到中央，不仅保障了国家的主要开支，同时平衡了财政收支，回笼了货币，平抑了物价，实行了统一的现金管理，还统一了全国的物资调度，调节了各地供求。

在国家统一财政和经济政策的指引下，生产得到了迅速恢复。首先是恢复了交通运输。在 1949 年内就修复了 8300 多公里铁路和 2715 座桥梁，到 1950 年，原有的铁路基本畅通，公路、水运和航空也得到了恢复。在农村主要是实行土地改革，发展农业生产互助合作。1950 年 6 月，中央政府颁布了《中华人民共和国土地改革法》，从贷款、价格、投资等方面帮助农民恢复生产，鼓励兴修水利。在工业领域主要是在工矿企业中进行民主改革，废除把头制度，创新并推广生产技术和工作方法的革新，提高工业产值。在恢复生产的目标指引下，国营工业的产值平均每年增长 57%，在工业产值中的比重从 1949 年的 26.3% 上升到 1952 年的 41.5%。

劳动力的保护是恢复经济的关键。中国 1949 年解放后，新政府的劳动部门即着手解决旧中国遗留下来的失业问题，分别采取了促进就业和救济失业的措施。劳动部在 1950 年 5 月发布了《失业技术员工登记介绍办法》，成立了劳动介绍所，7 月又发布了《救济失业工人的暂行办法》。各地人民政府开始在城市里对失业人口进行登记，并采用了一系列安置措施，包括介绍工作、救济特困人员等，使得城市失业人口逐年下降。对于解放前在官僚资本主义企业里工作的人员和国民党政府留守的旧军政人员，采取了"包下来"的政策。根据国民党政权原首都南京地方志的统计，对这部分人员进行了整编后，精简了约 1/5 人员，留用了约 4/5 专业人员，并对这些人员进行了妥善的安置。[①] 对传统的劳动组织，也进行了改造，让工人当家做主的理念体现在生产过程中。"经验是干部跟班生产，工人参加企业管理，改革管理制度。他们的权力下放到各小组，把工会小组和行政小组合成一块……使小组事事有人管，密切了干事与工人的关系，因此工人叫干事不是科长等，而是师傅，这种制度和职工代表大会制度相结合就更加丰富了内容。"[②]

到了 1952 年，政务院根据各地的实践经验，正式发布了《关于劳动就业的决定》和《关于处理失业工人办法》。[③] 同时，由于新中国培养出来的大中专学生和技工学校的学生面临毕业就业，国家根据当时经济建设对人才的需要，开始实行"统一分配"的就业政策。

生产和就业虽然得到了恢复，但当时的中国还是一个十分落后的农业国，工业水平远远落后于发达国家，甚至也落后于许多发展中国家。不仅如此，外侮威胁未灭，美国支持国民党蒋介石政权盘踞台湾

---

① 南京地方志编纂委员会：《南京劳动志》，方志出版社 1999 年版，第 59 页。

② 华东师范大学中国当代史研究中心编：《橡胶厂党支部会议记录》（中国当代民间史料集刊 7），中国出版集团东方出版中心 2012 年版，第 92 页。

③ 中国劳动和社会保障部组织编审：《新中国劳动和社会保障事业》，中国劳动社会保障出版社 2007 年版，第 3—4 页。

岛，并在国际上组织了对中国的经济封锁和禁运，还扩大了侵略朝鲜的战争，国际安全形势十分严峻。

在国际安全形势剑拔弩张、经济和工业依然落后的条件下，中国的战略选择和制度选择是优先发展工业尤其是重工业。中国共产党保护劳动者权益的承诺也将围绕优先发展工业的战略展开。

20 世纪 50 年代初，不仅中国共产党的决策者们，而且中国的社会精英们已经形成了共识。他们认为，中国近现代以来国土沦丧、生灵涂炭的基本原因是工业发展滞后。中国虽然历史悠久、文明昌盛，但是却因为没有赶上工业化和现代化的世界大潮而落后于时代，"落后就要挨打"是中国近现代史用血书写的教训。关于中国工业落后状况，毛泽东主席一番痛彻心脾的话语最具有代表性，他说："现在我们能造什么？能造桌子椅子，能造茶壶茶碗，能种粮食，还能磨成面粉，还能造纸，但是，一辆汽车、一架飞机、一辆坦克、一辆拖拉机都不能造。"因此，新中国成立以后，最急切的任务就是发展工业、富国强兵、抵御外侮，就如《共同纲领》在总纲中所宣示的，要"发展新民主主义的人民经济，稳步地变农业国为工业国"。在这种情况下，中国共产党的方针路线，包括第一个五年计划的政策重点就都放在了优先发展工业，特别是重工业上。所以，在赢得了民族独立的战争之后，中国共产党就将战略重心定位为尽快实现国家的工业现代化。在中国共产党的重要文献中，工业现代化被一再强调。在 1954 年中华人民共和国的第一部宪法中，工业现代化甚至被提到了"总任务"的高度。宪法的序言指出：

> 从中华人民共和国成立到社会主义社会建成，这是一个过渡时期，国家在过渡时期的总任务是逐步实现国家的社会主义工

化，逐步完成对农业、手工业和资本主义工商业的社会主义改造。

《第一个五年计划》（简称"一五计划"，"一五"指 1953—1957年）也提出，该计划是以实现社会主义工业化为中心，基本任务就是：

> 集中主要力量发展重工业，建立国家工业化和国防现代化的初步基础；相应地发展交通运输、轻工业、农业和商业；相应地培养建设人才。

"一五计划"还规定，工业总产值每年的平均增长速度要达到14.7%，农业总产值每年的平均增长速度要达到 4.3%，基本建设投资总额要达到 427.4 亿元，钢产量要达到 412 万吨，粮食产量要达到1.9 亿吨等指标。[①]

"一五计划"反映了执政党和民众尽早把中国建设成为社会主义工业化国家的强烈愿望。但是要在工业基础薄弱，且积贫积弱、百废待兴的条件下快速实现"一五计划"的目标，必然要合理有效地调配资源，要集中国家的人力、财力和物力，才可能有所成就。这一决断也体现在 1954 年宪法中。1954 年宪法提出，要"保证优先发展国营经济"，因为国营经济是国民经济中的领导力量和实现社会主义改造的物质基础。在"一五计划"中明确了优先发展国营经济的基本方法就是以苏联援建中国的 156 个大型项目为中心，以

---

① 《第一个五年计划》，http://baike.sogou.com/v7627477.htm#paral。

694 个大中型项目为重点，以发展重工业为主，建立中国社会主义工业化的初步基础。

"一五计划"的制订考虑到了中国具体的国情和国力，也考虑到了在发展生产的基础上改善人民生活的发展优先顺序。在具体的策略上主要强调综合平衡，兼顾重点与一般的关系，一方面推动工业化进程快速发展；另一方面采取灵活多样的政策，适应多种经济成分的存在和发展。为了在薄弱的国力基础上推动重工业发展，实行了对粮、棉、油等物资的统购统销，在劳动报酬方面也实行了一段时间的供给制度。这些政策的提出，既有 20 世纪 50 年代初国际环境压力的影响，也有苏联社会主义实践的榜样，加上快速实现工业化的愿望，所有这些都使得中国早期政策的天平向优先发展重工业的方向倾斜。

在政策的强力推动和资源的有效调配下，一批重工业企业在很短的时间内就建成投产了。1953 年，鞍山钢铁公司大型轧钢厂等三大工程完工。1956 年，中国的重工业战线出现了几个第一：长春第一汽车制造厂生产出第一辆汽车，中国试制成功第一架喷气式飞机，沈阳第一机床厂投产……苏联帮助中国建设的 156 个建设项目，到 1957 年年底，有 135 个已施工建设，有 68 个已全部建成或部分建成投入生产。中国过去没有的一些工业，包括飞机、汽车、发电设备、重型机器、新式机床、精密仪表、电解铝、无缝钢管、合金钢、塑料、无线电等，从无到有地建设起来，从而改变了工业体系残缺不全的状况，增加了基础工业实力。继 1956 年提前完成了"一五计划"以后，1957 年钢产量达到 535 万吨，比 1952 年增长 296%，为新中国成立前最高年产量的 5.8 倍。原煤产量达到 1.3 亿吨，比 1952 年增长 96%，为新中国成立前最高年产量的 2.1 倍。发电量达到 193.4 亿度，比

1952 年增长 166%，为新中国成立前最高年发电量的 3.2 倍。粮食 1.95 亿吨，重工业产值平均每年增长 25.4%，轻工业增长 12.9%，农业增长 4.5%，工业总产值的比重由 1949 年的 30% 上升到 1957 年的 56.7%，重工业生产在工业总产值中的比重由 1952 年的 35.5% 提高到 45%，经济结构发生了很大变化，为中国工业化奠定了初步基础。到 1957 年年底，各项经济建设指标大都超额完成，全国铁路通车里程达到 29862 公里，比 1952 年增加 22%。[①] 宝成铁路、鹰厦铁路先后建成，川藏、青藏、新藏公路相继通车。

工业的快速发展带动了工业部门就业，特别是 1958 年提出了"鼓足干劲，力争上游，多快好省地建设社会主义"的总路线以后，全国各地大办钢铁、大办工业，生产规模快速加大，基础设施项目相应增多，提供了大量的工业就业机会，不仅完全消灭了失业，而且各类学校的毕业生通过"统包统配"进入了工厂矿山，并从农村新招收了一些劳动力，这些还不能满足工矿企业对新增劳动力的需求，解放妇女劳动力，号召妇女走出厨房参加社会就业，也成为社会潮流。

◈ 二　与优先发展工业战略相适应的劳动保险（1950—1955）

1951 年 2 月 26 日，新中国第一份保护劳动者权益的《中华人民共和国劳动保险条例》正式颁布。《劳动保险条例》对职工及其直系

---

① 《第一个五年计划》，http：//baike. sogou. com/v7627477. htm#paral。

亲属的医疗、生育、年老、疾病、伤残、死亡等一揽子待遇做了明文规定，可以说一步到位地实现了职工老有所养、伤病有所医、生育还有带薪产假。但前面提到，这种保障并非社会性的，而是与就业相配套的。《劳动保险条例》的受益者仅限于提供了100个以上就业岗位的国营或就业比较稳定的企业，当时中国只有约120万产业工人，在5亿中国人口中仅占极小的比例。

（一）三种不同的城镇保障制度

除了覆盖率低以外，1951年出台的《劳动保险条例》还依据企业的类别规定了两种不同的保障方式：一种是劳动保险，一种是劳动保险集体合同。按照1951年3月26日颁布的《中华人民共和国劳动保险条例实施细则草案》（以下简称《劳动保险条例实施细则草案》），在不属于劳动保险覆盖的企业就职的劳动者，可以通过劳资协商的方式确定保险的项目和保障标准，并由资方承担相关费用。在20世纪50年代初，一方面，新中国百废待兴，国家的财力十分有限；另一方面，计划经济还未真正建立起来，还存在着多种所有制形式。在这样的条件下，实行劳动保险集体合同也是动员多种资源，尽可能地为劳动者提供必要保障的办法。但是这种安排同时也确立了劳动保障体系中有差别的保障方式。随着公私合营、全面公有制的建立和计划经济的巩固，由基本生产水平和生活水平所限，这种有差别的保障并没有消失，而是被继承和巩固下来，一直延续到"文化大革命"期间。

　　1951 年 3 月 26 日《劳动保险条例实施细则草案》中关于劳动保险集体合同的有关规定①

　　第五条　不属于劳动保险条例第二条甲乙两项范围的企业其工人与职员的劳动保险事项，得由企业行政方面或资方与工会基层委员会协商同意后，订立集体合同报请所在地的劳动行政机关批准实行。订立集体合同的原则如下：

　　一、劳动保险待遇的项目应根据该企业经济情况与工人职员的需要决定之。

　　二、各项劳动保险待遇，均不得超过劳动保险条例所规定的标准。

　　三、各项劳动保险费用，均由企业行政方面或资方直接支付。

　　劳动保险和劳动保险集体合同所规定的保障水平是有差别的。根据《劳动保险条例实施细则草案》，实行劳动保险集体合同的企业中，工人职工的劳动保险待遇不能超过劳动保险条例规定的标准。而实际上，二者的保障范围和水平有很大差距。1956 年，北京的国营商业企业在纳入劳动保险覆盖范围之后，保障水平有了很大提高。《人民日报》的一篇报道披露了这些差别。

---

　　① 《中华人民共和国劳动保险条例实施细则草案》，《人民日报》1951 年 3 月 26 日第 2 版。

纠正工作时间过长现象全国国营商业绝大部分职工将实行八小时工作制北京市三万五千多名国营商业职工享受劳保待遇①

北京市国营商业系统从今天起实行劳动保险条例。三万五千多名职工从此享受劳动保险条例所规定的待遇。按照现行工资水平，国家每年将拨给他们六十多万元保险金帮助解决因生、老、病、死、伤、残等所引起的经济困难；如果加上在医药卫生、福利、文娱等方面的补助，国家每年支付的资金大约在三百五十万元以上。

在过去几年中，北京市国营商业系统的职工曾实行劳动保险集体合同，职工们的物质生活有了一定的改善。但由于资金少，补助的项目不多，许多职工生活中的困难得不到及时解决，特别是子女多的职工，由于要支付直系亲属治病的全部医疗费，困难更大。

实行劳动保险条例后，国家不但负担职工直系亲属有疾病时的全部医疗费，药费的补助也由过去的40%增到50%。北京市国营商业行政领导和工会组织，还决定在七月十五日以前，代职工全部偿还因供养直系亲属、治病和子女多而欠的债务。北京市国营菜蔬公司已经给职工偿还了二万多元的债务。

从这篇报道可以看出，劳动保险集体合同的保障水平与劳动保险条例的保障水平相比还有相当大的差距。特别是"北京市国营商业行政领导和工会组织"为职工代偿相关债务，说明在实行劳动保险集体合同的企业中，保险经费主要出自企业资方和行政部门，在实行了

---

① 《纠正工作时间过长现象全国国营商业绝大部分职工将实行八小时工作制北京市三万五千多名国营商业职工享受劳保待遇》，《人民日报》1956年7月4日第1版。

《劳动保险条例》后，主管政府部门成为劳动保险最后的出资人，在出现了入不敷出的情况时，政府主管部门会从财政中拨付款项全部或部分地弥补差额。在出现了普遍的经济不景气的时候，劳动保险是比劳动保险集体合同更加可靠的保障。

《劳动保险条例》的制度比较规范，提供的待遇也相对优厚，除了由于国家制定了优先发展重工业的政策，急需合格的技术工人和管理人才，需要通过《劳动保险条例》提供的保障待遇"留住人才""奖励人才"，还因享受《劳动保险条例》待遇的群体多为国营企业的职工，他们的就业比较稳定，企业也具有定期缴纳员工保险费用的能力。此外，这些企业中普遍建有比较健全的行政和工会组织，可以作为劳动保险的实施和执行单位。

除了针对企业的《劳动保险条例》之外，国家还为国家机关、民主党派、人民团体和事业单位的工作人员（简称国家机关工作人员）建立了另外一套保障体系。国家机关工作人员的保障是通过单项法规逐步建立起来的。1950 年 12 月 11 日颁布的《革命工作人员伤亡褒恤暂行条例》，规定了国家机关工作人员的伤残和死亡待遇；1952 年 6 月 27 日颁布的《关于全国各级人民政府、党派、团体及所属事业单位的国家机关工作人员实行公费医疗预防措施的指示》规定了国家机关工作人员的医疗待遇；1952 年 9 月 12 日颁发的《关于各级人民政府工作人员在患病期间待遇暂行办法》规定了国家机关工作人员在患病期间的生活待遇；1955 年 4 月 26 日颁发的《关于女工作人员生育假期的通知》规定了国家机关工作人员的生育待遇；1955 年 9 月 17 日颁布的《关于国家机关工作人员子女医疗问题》规定了国家机关工作人员子女所享有的医疗保障；1955 年 12 月 29 日颁布的《国家机关工作人员退休处理暂行办法》规定了国家机关工作人员的养老待遇；

同日颁发的《国家机关工作人员退职处理暂行办法》规定了国家机关工作人员的退职待遇。

这些法规全面规定了国家机关工作人员所享有的保障待遇，其费用全部来自国家财政，主要有：第一，公费医疗经费由国家每年拨款交给卫生部门统筹使用；第二，其他各项待遇由各单位的行政费或事业费项下列支。①

综上所述，三类保障的最终经费来源也大致可以分成三种，国家机关工作人员的保障经费全部出自政府财政经费；实行《劳动保险条例》的企业——在公私合营和计划经济全面建立起来后多为重要的大、中型国有企业——其劳动保险经费来自企业提交的相关经费，并实际上有政府财政兜底；而实行劳动保险集体合同的企业——多为中小企业，从行政隶属关系上看，也多为县级以下企业——其劳动保障经费主要依靠企业的经营收入，虽然也能够获得政府财政的支持，但是其支持的力度是十分有限的。

（二）城乡二元的保障体系

随着中国经济的快速恢复，《劳动保险条例》的覆盖面也在扩大。到 1952 年年底，全国实行《劳动保险条例》的企业 3861 个，覆盖职工达到 302 万人，加上受益的家属有 1000 万人左右。② 1953 年 3 月

---

① 严忠勤主编：《当代中国的职工工资福利和社会保险》，中国社会科学出版社1987 年版，第 310—313 页。

② 李富春：《三年来我国工业的恢复与发展》，《人民日报》1952 年 10 月 2 日第 2版；并参见严忠勤主编《当代中国的职工工资福利和社会保险》，中国社会科学出版社1987 年版，第 305 页。

26 日，劳动部公布了《劳动保险条例实施细则修正草案》，根据国家经济状况转好和经济建设加速的预期，做出了《劳动保险条例》实施范围扩大、待遇标准提高的决定。

政务院 1953 年 1 月 3 日通过并发布的《关于中华人民共和国劳动保险条例若干修正的决定》[①]

现在国家经济状况已经根本好转，大规模经济建设工作即将展开，自应适当扩大劳动保险条例实施范围并酌量提高待遇标准，但由于抗美援朝的斗争仍在继续进行，经济建设又需投入大量资金，国家势必将财力首先用之于全国人民根本利益的主要事业，同时工人阶级和全体人民的福利也只有在生产发展的基础上才能改进。因此目前劳动保险条例的实施范围还不能扩大得过大，待遇标准也不能提得过高。

到 1953 年 3 月底，《劳动保险条例》覆盖企业稳步增加到 4400 多个，比 1952 年扩大了 39%。1955 年，国家统计局颁布了《关于工资总额组成的暂行规定》，适用于企业、国家机关和事业单位。1956 年，《劳动保险条例》的适用范围再度扩大到商业、外贸、粮食、供销合作社、金融、民航、石油、地质、水产、国营农牧场、造林等产业和部门。这次扩大劳动保险的覆盖范围是通过两种方式实现的。第一，扩大劳动保险的覆盖范围，将国营商业企业等原先不实行劳动保

---

① 转引自严忠勤主编《当代中国的职工工资福利和社会保险》，中国社会科学出版社 1987 年版，第 306—307 页。

险而是实行劳动保险集体合同的国营企业纳入劳动保险的范围内。第二，在公私合营企业中推行劳动保险集体合同。[①] 到 1956 年年底，劳动保险覆盖的职工达到 1600 万人，比 1953 年扩大了 4 倍，签订劳动保险集体合同的职工有 700 万人，比 1953 年增加了 10 倍。两项加在一起，享受保险待遇的职工人数相当于当时国营、公私合营、私营企业职工总数的 94%。[②] 广大职工通过劳动保险的扩大看到了希望和保障。当然，由于中国尚处于工业化进程的初级阶段，这 94% 享受保险覆盖的职工其实只占到 6.15 亿中国人口的 2.6%，占城镇人口的不到 20%。

《劳动保险条例》的覆盖率低主要是因为中国尚处于农业社会，在 6.15 亿人口（1955 年数字）中，5 亿多人（也就是 86.5%）生活在农村，主要靠农业劳动和农产品维持生活。生活在城市中的 8000 多万人口中，真正从事产业劳动的人数是极少部分，加上有固定收入的事业单位和政府部门就业人数，总计不到城镇人口的 20%。换句话说，在新中国成立之初，中国人口中的绝大多数仍然从事小农经济，以土地为生。依靠工资为生者在总人口中占据的比例很小，而其中有稳定收入的就业人口占比更小。这就决定了新中国的社会保障体系必然不同于实行资本主义市场经济且工业化程度很高的西方发达国家，也与工业化程度较高的苏联东欧的社会主义国家不尽相同。在这种条件下，国家现代化的首要目标是创造就业，尽可能地扩大劳动者的收

[①] 《上海十一万合营企业职工享受劳保》，《人民日报》1957 年 9 月 3 日第 5 版。根据这篇报道，在公私合营期间，上海 11 万多名公私合营商业、粮食、外贸企业清财定股的职工，开始享受劳动保险集体合同待遇。包括职工病假、产假、因工负伤的工资，以及因工残废、疾病、死亡等方面的抚恤补助。

[②] 严忠勤主编：《当代中国的职工工资福利和社会保险》，中国社会科学出版社 1987 年版，第 307 页。

入来源并尽量使他们能够获得稳定的收入，而不是直接建立社会保险制度体系。

从 20 世纪 50 年代中后期开始，新中国政府在全力推进工业化的同时，也开始逐步建立苏联式的计划经济体系。但是，中国和苏联的发展水平存在着巨大的差距。中国在推行计划经济体制的过程中，在城市和农村采取了不同的做法：在集中国家力量实现工业化的同时，中国的广大农村实行的是集体化。解放初期，农村工作延续了中国共产党在解放区时期就开始实行的土地改革，在"耕者有其田"的基础上进一步推动了公社化的集体经济。在农业集体经济的条件下，广大农民的收入来源基本上是实物的，而非现金的，在这种经济条件（实物经济）和制度条件（集体经济）基础上建立起来的社会保障制度是一种互助的形式，保障以提供实物和服务为主，与城市里的制度，特别是与工业企业里的制度相互分离而不相互勾连融通。周恩来总理在 1957 年中共八届三中全会上做的《关于劳动工资和劳保福利问题的报告》中，就城乡关系和兼顾工农劳动者的生活做了特别说明。[①]

中国所处的特殊的发展阶段，以及新中国早期的工业现代化国策为了优先发展工业而采取的城乡不同的就业、工资和福利制度体系，使中国形成了城乡二元社会。虽然在城乡二元结构之间仍然存在着大量的灵活就业和劳动力的流动，但是由于"一五计划"过度强调优先发展工业特别是重工业，致使农业生产跟不上工业生产的步伐。工业获得了快速发展，中国向世界证明了社会主义发展经济的制度优越性，但城乡之间的差异也日渐明显。城市和农村的劳动和社会保障系

---

① 严忠勤主编：《当代中国的职工工资福利和社会保险》，中国社会科学出版社 1987 年版，第 314 页。

统截然不同，不同的社会保障系统宛如在城乡之间建立的一道限制服务和人员自由流动的屏障，农村人享受集体经济的保护，城里人根据不同的就业享受不同的保护，形成了城乡基本分离的社会保障"二元社会"。对于这种"二元社会"，1955 年 9 月应邀到访中国的法国著名哲学家萨特在他的观感中作了形象的描述：

> 在好些地区，你们农民的生活还和 1000 年以前没有多大区别。你们现在决定用 50 年的时间，来追上 1000 年的历史，把你们的经济制度、社会结构甚至语言文字，都彻底改变。关于这一事业的伟大性，人们在巴黎读了你们的书籍，看了你们的报告，也还是可以想象得到的。可是要真正掌握这个伟大性的尺度，那却非得也要亲自来到你们这里，参观了东北的大工厂，在归途走过你们的农村。在同一天里面，看到了鞍山的高炉和附近土墙茅舍的乡村，农民们有的还在徒手耕作。每一天，每看一眼，必定要同时看到古老的中国和未来的中国，才能够懂得你们当前的情况正是这个了不起的和生动的矛盾所构成的。①

《劳动保险条例》就保险结费的收缴与管理做了详细规定，企业职工各项保险待遇的费用全部由企业承担，其中一部分由企业直接支付；另一部分由企业缴纳社会保险金，交中华全国总工会代理。②

---

① ［法］让·保罗·萨特：《我对新中国的观感》，《人民日报》1955 年 11 月 2 日。
② 严忠勤主编：《当代中国的职工工资福利和社会保险》，中国社会科学出版社 1987 年版，第 309—310 页。

◇ 三　劳动保险的制度雏形(1955—1966)

进入 20 世纪 50 年代中期，中国已经初步建立起了一套以劳动保险为主体的社会保障体系。但是，这个体系是不完备的，它只覆盖了部分城市居民和非农业就业人员，而且，其"社会化"的程度很低，保障的内容、水平以及保障的可靠性受到劳动者就业的机构、部门、行业甚至企业的很大影响。具体到公民个人，是否能够享受到保障，能享受到什么样的保障，在很大程度上并不取决于个人的努力，而是取决于个人所生活的地域（指是否在城市生活）和从事的工作。这样就形成了城乡分离、"条块分割"的社会保障体系。在完善这一制度体系的过程中，各种矛盾、反复和曲折现象层出不穷。

（一）变动中的劳动保险制度：快速扩面和统一标准

在社会保障制度框架初定之时，有两个明显的发展趋势：一是确立劳动保险的支付标准；二是在各行各业快速建立或复制劳动保险制度。这两个趋势同时发展，而标准的制定却落后于制度的发展。

在早期，《劳动保险条例》的推展速度很快，而且当时的人们相信，保险福利待遇的提高与劳动者队伍的稳定程度、劳动生产的热情、劳动技能的提升必定形成良性互动。保险和福利待遇在有些厂矿的确增加了职工当家做主的感觉，加上爱国主义劳动竞赛的作用，爱国公约和增产节约运动的开展，劳动生产率确实在短期内得到了明显的提高。到了"一五计划"后期，生产资料私有制社会主义改造基本完成，社会主义经济成分在国民经济中的占比急剧提高，占据了绝对优势。同 1952 年相比，1957 年国营经济在国民收入中的占比从 19% 提高到 33%，合作社经济由 1.5% 提高到 56%，公私合营经济由 0.7% 提高到 8%，个体经济则由 71.8% 降低到 3%，资本主义经济由 7% 降低到 1% 以下。伴随着轰轰烈烈的社会主义改造进程和劳动生产力的提高，《劳动保险条例》的覆盖面快速扩大，待遇明显提高。劳动部部长李立三在第一次全国劳动局长会议上明确地说："《劳动保险条例》不只是广大工人群众所需要，而且也是目前公营企业行政方面及私营企业的进步资本家所需要的。特别是为了鼓励劳动者的劳动热忱以促进生产的发展，更需要颁布这样的法令。"[1] 因此，执政的中国共产党将建立并发展劳动保险制度作为"国家的长远方针，必须继续贯彻执行"。周恩来总理在中共八届三中全会上还专门做了《关于劳动工资和劳保福利问题的报告》，要求"在发展生产的基础上逐步开展对职工的劳动保险"[2]。

在制订规范和标准方面，苏联标准曾经是必要的参考，中国向苏联的学习是全方位的，因为当时工业生产刚刚恢复，各项工序和产品都没有国定标准，各个企业实施《劳动保险条例》的标准也不一致。所以，中国的相关部门不仅学习了苏联的工业设计标准、采购标准、技术操作和协作规程、技术培训、安全生产、厂区卫生、机器维修、劳动规则等规范和标准，也参考了苏联的工资标准和劳动保险及福利

---

[1] 严忠勤主编：《当代中国的职工工资福利和社会保险》，中国社会科学出版社 1987 年版，第 305 页。

[2] 同上书，第 314 页。

待遇的标准。当时提出的口号是："在二年内，要接近苏联标准。"①
后来的实践证明，标准的制定绝非一两年之功，而是一个长期的
过程。

1958 年，全国人大常委会修改并通过了《国家机关工作人员退
休处理暂行办法》《国务院关于工人、职员退休处理的暂行规定实施
细则（草案）》和《中国人民共和国劳动保险条例草案》，使两者更
加协调，统一了企业和国家机关的退职办法，放宽了退职条件，提高
了待遇标准，改进了医疗制度，主要是要求职业病患者自己支付挂号
费、营养滋补药品等。此外，对产假、病伤以及学徒等的福利待遇也
作了调整。规定了异地支付保险待遇的具体办法，相继就国营、公私
合营、合作社营、个体经营的企事业单位学徒的学习期限和生活补
贴，职工的病伤生育假期做了规定，要求厂矿的医疗单位、行政、工
会、人事和技术安全等部门成立医务劳动鉴定委员会，鉴定工伤级别
及劳动能力，审批和发给 15 天以上的病伤假期证明书，监督企业的
劳动条件，以及职工的复工、疗养、调换工作等。当然，事实证明，
这些规定虽然十分细致，但是由于缺乏制度约束，有些企业并没有按
照规定贯彻实施。

（二）"条块分割"与标准的不统一

在实施了《劳动保险条例》的各个企业中，职工的工资和福利是
由该企业的党支部成员集体决定的。企业的工会负责提出方案，除了
工资、退休等方案以外，工会提交党支部会议的还有其他与福利相关

---

① 华东师范大学中国当代史研究中心编：《橡胶厂党支部会议记录》（《中国当代
民间史料集刊》7），中国出版集团东方出版中心 2012 年版，第 26—27 页。

的问题，例如住房的安排及规划，食堂和幼儿园、夜校、职工的医药费、孕妇的工作安排、福利待遇受益人的资格、奖励以及婚丧假等。一个企业就是一个社会，企业要为职工提供各种各样的社会服务。当然，这些服务方案并非随意提出，而是依据"劳保条例"（《劳动保险条例》）提出来的。

《中国当代民间史料集刊》中收集了一些企业党支部的历史材料，其中包括党支部会议记录。从这些记录中可以看出，企业就像一个放大的家庭或缩小的社会，不仅组织生产、决定分配、提供保险，还大量地兴办集体性福利事业，例如随着女职工的快速增多（1949 年女职工 60 万人，1984 年 4300 万人，占全体职工的 38%），各个企业建立了食堂、幼儿园、托儿所，甚至理发室、浴室等服务设施，以减轻女职工的家务负担，也提高了女职工的就业率。这些福利服务不盈利、不纳税、账目公开、收支平衡，有些厂里还要给些补贴，从各企业单位的管理费或事业费中列支。各个企业之所以争先恐后地为员工提供各种福利待遇，也是由于 1951 年的《劳动保险条例》中有这方面的规定，例如条例要求各个企业单位，积极创造条件建立幼儿园、托儿所、哺乳室，基本建设由国家和单位投资，经常经费分别在本单位的福利基金、事业费和行政经费中开支。培训费分别由教育事业费和卫生事业费列支，工作人员的工资福利由工资基金和福利基金开支。职工住宅的建设也被作为福利事业，房租是象征性的，投入住宅建设的资金有去无回。①

应当说，负责实施劳动保险条例的企业基层组织（主要是共产党的人事部门和工会）是尽力的。当时企业的共产党支部除了从事政治

---

① 华东师范大学中国当代史研究中心编：《橡胶厂党支部会议记录》（《中国当代民间史料集刊》7），中国出版集团东方出版中心 2012 年版，第 23—24 页。

和宣传工作以外，还研究各种各样与生产、分配和社会生活相关的问题，例如企业党支部开会研究分析产品质量不达标的原因，讨论成本过高问题，还制订产品定额标准、确定技术操作规程，研究如何提高安全生产认识，如何关心职工生活、预防疾病、提高物质和文化生活水平，等等。①

但是统一的劳动保险标准就这样由各个国有企业自行负责实施，标准的一致性是难以得到保障的。有些企业的劳动生产率得到了明显的提高，而有些企业单位的劳动组织和人力调配却跟不上变化的需要，例如落实了女职工福利（如产假和母乳喂养）之后，原来女职工的岗位替代工作还没有得到及时的解决，结果福利提高了，却完不成原定的生产计划。② 有些企业的领导严格按照规章办事，有些企业的领导却以"体现工人当家做主"为理由，尽力提高给职工的福利。

20 世纪 50 年代末，各地的劳动保险在实践中就已经出现了标准不一、待遇高低不等、工人职工苦乐不均等现象。1957 年 9 月 28 日的《人民日报》刊登了一封署名"景理"的群众来信，批评北京石景山发电厂的福利待遇过高。这封群众来信反映，虽然《劳动保险条例》规定了保障标准，但是各个单位在执行这些标准时仍然有很大的弹性。

---

① 华东师范大学中国当代史研究中心编：《橡胶厂党支部会议记录》（《中国当代民间史料集刊》7），中国出版集团东方出版中心 2012 年版，第 54、56—57 页。

② 同上书，第 32—33 页。

> 景理："我厂的福利待遇为什么要特别高"①
>
> 我们厂的医疗待遇远远地超过劳动保险条例。当然，这样做是有一定原因和一定根据的。但是，1956年4月21日电力工业部和中国电业工会全国委员会发出了联合通知，统一规定了"家属看病除挂号费、普通检查费、普通化验费和处理费由行政负担和手术费、药费由行政负担二分之一外，其他均应由本人负担"。这一规定，其它单位都执行了，但是我们厂却没有按这一规定执行。现在，我们厂的职工家属在本厂保健站看病，什么钱都不花，到北京特约医院去，不论什么钱（包括医药费，贵重药品费和住院膳费等）都由行政负担一半。只此一项，每年国家所多负担的费用就约有二万元左右。同时，由于看病不花钱，也造成医务人员的忙乱和药品的浪费。更典型的是，这一规定发到我厂后，厂长批了让医务室、工资科约请工会劳保主任研究；但是，我们的工会主席郑国太同志却批了以下的批语："在新劳保条例未公布前，应该对那些有利于工人福利的项目增加上来，对那些原有而与最近上级指示不符的，还应当暂作保留，不应随便取消……

在《人民日报》刊登了石景山发电厂的职工来信后，石景山发电厂立即做了整改。但是，他们降低劳动保险标准的举措并没有得到上级主管部门的认可。于是，1958年2月8日《人民日报》又刊登了一篇公开批评电力工业部的文章。

---

① 景理：《我厂的福利待遇为什么要特别高》，《人民日报》1957年9月28日第2版。

> 本报讯　石景山发电厂经过组织职工群众大鸣大放、大争大辩，成功地取消了不合理的生活福利待遇的经验，1957 年 12 月 30 日在本报发表以后，引起了各方面的注意。……但是，令人遗憾的是：作为石景山发电厂的领导机关的北京电业管理局和电力工业部，对群众创造出来的这个经验，却缺乏应有的热情。截至目前为止，北京电业管理局和电力工业部既没有派人去总结经验，也没有要求石景山发电厂总结经验，更没有组织所属企业去学习。①

很显然，主管部门总觉得自己是本部门的利益代表，总是尽可能地为本部门职工提供更高的福利，并不考虑全局性的问题，而党则通过《人民日报》就这一倾向性的问题提出了明确的批评。《人民日报》的评论文章认为，并非福利越高越能够体现工人地位的提高。石景山发电厂组织职工辩论不合理的生活福利待遇制度，这才是工人当家做主的表现。作为上级的电力工业部却没有给予应有的支持，这是错误的。《人民日报》还提出，类似的情况也出现在北京市电业管理局。电业管理局的同志认为，别的单位做不到石景山发电厂那样，通过发动群众，经过群众辩论，严格按照《劳动保险条例》规定收费，甚至还不负责任地发布了一项"补充规定"，允许职工向企业报销所有药费，不分贵重或普通的药品。《人民日报》认为，北京市电业管理局和电力工业部的规定失之过宽，与《劳动保险条例》的精神相违背。

---

① 《石景山发电厂依靠群众改革不合理制度的创举传遍全国　电力工业部对它无动于衷》，《人民日报》1958 年 2 月 8 日第 5 版。

在国家颁布了《劳动保险条例》之后，各个部门通过上述"土政策"或"补充规定"，各自确定所辖企业的劳保福利标准。这使得劳动保险制度的发展距离社会保险的目标越来越远。计划经济时代"条块分割"的状况也体现为福利保障标准的不同。不同地区之间、不同行业之间，乃至同一地区的不同归属的企业之间、不同地区的同一行业企业之间，保障标准都存在着差异。

截至"文化大革命"爆发前夕，中国的劳动保险制度雏形基本形成，其特点被当时的劳动部办公厅总结为"劳动保险条例""劳动保险集体合同"和"机关和事业单位劳动保险"三种制度。《劳动保险条例》和《国家机关工作人员退休处理暂行办法》在退休待遇方面的规定也不统一，形成攀比，不利于节约开支，也不利于劳动力的流动，而且会影响社会团结。

劳动部办公厅：现行劳动保险制度存在的几个问题[①]

我国现行劳动保险制度有三种，第一种是职工在百人以上的企业单位实行的劳动保险条例，第二种是职工不满百人的企业单位实行的劳动保险集体合同，第三种是机关和事业单位实行的劳动保险制度（如机关和事业单位职工的现行病假事假待遇、退休、退职待遇和公费医疗等）。以上三种制度，其待遇虽然不尽相同，但总起来说，对于解决和减轻职工由于生老病死伤残所引起的困难，都起了重大作用……

---

① 《劳动部办公厅：现行劳动保险制度存在的几个问题》（1965 年 10 月 28 日），见中国社会科学院中央档案馆编《1958—1965 中华人民共和国经济档案资料选编：劳动就业和收入分配卷》，中国财政经济出版社 2011 年版，第 610—611 页。

　　劳动部门意识到了三种制度同时并存的矛盾。首先，《劳动保险条例》所规定的待遇一般都高于劳动保险集体合同规定的待遇；与国家机关事业单位劳动保险制度所规定的待遇相比，则有高有低。因为待遇不一致，常常影响职工的调动和劳动生产的积极性。其次，劳动保险工作由内务部、劳动部等共同负责，多头管理，职责不清。[①] 政出多门、人分多等，加上复杂而又矛盾的管理体制，这是中国社会保障制度初建时期的现实。

　　灵活用工制度的改革更进一步地加剧了标准不统一的状况。根据相关文件，"亦工亦农"制度下的合同工、临时工和季节工的保障标准由各地自行制定，[②] 而在新建企业中原有的《劳动保险条例》只针对"老厂"和"老职工"，在新建企业及新招收的职工群体中则要实行与《劳动保险条例》有所区别的新的保障方式，也必然导致保障水平的差别。

（三）用工制度改革和劳动保险制度调整

1. 灵活用工制度："亦工亦农"和临时工的社会保障

　　1958 年"大跃进"中，上马了大批工业项目，城市劳动力迅速

---

　　① 《劳动部办公厅：现行劳动保险制度存在的几个问题》（1965 年 10 月 28 日），见中国社会科学院中央档案馆编《1958—1965 中华人民共和国经济档案资料选编：劳动就业和收入分配卷》，中国财政经济出版社 2011 年版，第 610—611 页。

　　② 《国务院关于国营企业使用临时职工的暂行规定》（1962 年 10 月 14 日），及《国务院关于改进对临时工的使用和管理的暂行规定》（1965 年 3 月），见中国社会科学院中央档案馆编《1958—1965 中华人民共和国经济档案资料选编：劳动就业和收入分配卷》，中国财政经济出版社 2011 年版，第 119—122 页。

增长，大批农村青壮劳动力、城市未就业劳动力（如妇女）走上工作岗位，成为各类国营企业的正式员工。1958 年年末全国国营、公私合营企业、事业和国家机关的职工达到了 4532 万人，比 1957 年年末增加了 2082 万人，在新增职工中，从社会上招收 1661 万人，其中从农村招收 1104 万人，县级企业新增职工 1100 多万人。由此又产生了劳动生产率、工资开支和市场消费物资供应等一系列问题，妨碍了重大工业项目的进展。① 因此，1959 年提出了减员 800 万人的目标，而裁减的对象主要是来自农村的临时工、合同工以及年轻的学徒，城市新增职工不减或少减以保证城市就业，技术工人以调剂使用为主，不是裁减的对象。②

与此同时，政府开始推广"亦工亦农"制度及临时工制度，以保障工业发展中所需要的中低端劳动力供给，如社办工厂工人、季节性生产企业的工人、一般大中型厂矿企业中的简单体力劳动工人等。③这些亦工亦农的劳动者不被《劳动保险条例》所覆盖，他们既不享受百人以上企业的劳动保险待遇，也不享受百人以下企业的劳动保险集体合同，他们只享有比这两者低的保障待遇。

---

① 《国家计委党组、劳动部党组关于一九五八年劳动工资的基本情况和一九五九年劳动工资的安排意见的报告》（1959 年 5 月 6 日），见中国社会科学院中央档案馆编《1958—1965 中华人民共和国经济档案资料选编：劳动就业和收入分配卷》，中国财政经济出版社 2011 年版，第 34 页。

② 同上书，第 35 页。

③ 《四川省委关于县以上新建工业企业劳动工资和劳保福利问题向中央的请示报告》（1958 年 4 月 25 日），《劳动部党组关于如何推行亦工亦农制度的意见给中共中央的报告》（1958 年 12 月 29 日），《劳动部对实行亦工亦农制度的一些意见》（1964 年 9 月 18 日），《马文瑞部长在试行亦工亦农劳动制度经验座谈会上的讲话》（1965 年 9 月 22 日），《轻工业部两种劳动制度调查组关于实行亦工亦农劳动制度的调查报告》（1964 年 10 月 30 日），见中国社会科学院中央档案馆编《1958—1965 中华人民共和国经济档案资料选编：劳动就业和收入分配卷》，中国财政经济出版社 2011 年版，第 97—113 页。

关于实施"亦工亦农"用工制度的原因，时任劳动部部长马文瑞在 1965 年做了详细的解释，他说：

> 我们搞亦工亦农劳动制度，说明现行的劳动制度有问题，需要进行改革。……一个问题是绝大部分是固定职工。……现有职工中百分之九十左右是固定的。绝大多数都是固定职工好不好呢？大家都认为这是有毛病的。什么毛病？是浪费的毛病。企业的生产往往是不平衡的，有时需用人多，有时需用人少。在不需要那么多人的时候，由于固定起来了，虽然长余几百人、几千人、几万人，还得照发工资，养起来。……由于固定职工长期不动，造成了大量的老、弱、残人员，有的占职工总数的百分之三，有的占百分之四五，有的占百分之七八，长期处理不了。这既不利于保护劳动力，又造成了浪费。假如说，许多职工不是固定的，而采取亦工亦农、临时工的办法，就不会有这么多老、弱、残人员了。再一个浪费是，由于长期固定，职工带家属的就多，就要多修建宿舍和其他福利设施，多投资。总之，由于绝大多数是固定职工，造成了很大浪费，不符合多快好省地建设社会主义的要求。①

适应"亦工亦农"的用工制度，一些国营企业中也开始推行临时工制度，临时工一般也不被《劳动保险条例》覆盖，他们的劳保待遇

---

① 《马文瑞部长在试行亦工亦农劳动制度经验座谈会上的讲话》（1965 年 9 月 22 日），见中国社会科学院中央档案馆编《1958—1965 中华人民共和国经济档案资料选编：劳动就业和收入分配卷》，中国财政经济出版社 2011 年版，第 107 页。

需要按照"各地现行规定执行"①。

亦工亦农劳动者的社会保障②

对于亦工亦农劳动者，不实行现行的劳动保险条例。因工负伤，由企业负责医疗费用，医疗期间照发工资。因工致残，全部丧失劳动能力的，参照劳动保险待遇标准发给抚恤费；部分丧失劳动能力的，由企业商公社、生产队，根据具体情况，一次拨给社、队一定数额的补助费，安置回队。因工死亡的，由企业负担丧葬费，供养直系亲属抚恤费参照劳动保险待遇标准发给。在企业工作期间患病或非因工负伤，连续医疗期在三个月以内的，企业免费给以医疗，病假发百分之五十的工资。患长期慢性疾病的，由企业酌情发给一定数额的医药补助费，送回社、队安置。

裁减职工、推行"亦工亦农"制度和临时工制度，这些措施使原本十分僵化的劳动用工制度变得灵活多样，有限的资源可以相对集中地用于保证国家重点项目的人力物力供给，大型工业企业可以稳定发展，技术工人得到更好的保障。自然，这种制度强化了"城乡二元结

---

① 《国务院关于国营企业使用临时职工的暂行规定》（1962 年 10 月 14 日），及《国务院关于改进对临时工的使用和管理的暂行规定》（1965 年 3 月），见中国社会科学院中央档案馆编《1958—1965 中华人民共和国经济档案资料选编：劳动就业和收入分配卷》，中国财政经济出版社 2011 年版，第 119—122 页。

② 《劳动部对实行亦工亦农劳动制度的一些意见》（1964 年 9 月 18 日），见中国社会科学院中央档案馆编《1958—1965 中华人民共和国经济档案资料选编：劳动就业和收入分配卷》，中国财政经济出版社 2011 年版，第 106 页。

构"。随着农村劳动力进入城市和工业部门的渠道被收紧，农村劳动力和正式职工之间的保障差距也加大了。不仅是从事农业劳动的劳动力没有被保障制度覆盖，"亦工亦农"制度下的工人和国营企业招聘的临时工，也只是享有一些与工作相关的必要保障，他们的家属却不享受任何福利待遇。"亦工亦农"工人的医疗保障也很有限，如果罹患慢性疾病的话，他们只能从企业获得非常有限的帮助。采取这种有失社会公平的措施是因为此前劳动保险超前发展，超出了中国经济发展水平所能承受的水平。

2. 劳动保险制度的改革

不仅"亦工亦农"的工人保障待遇降低了，从 1958 年"大跃进"开始，劳动保险也进行了一系列降低保障水平的改革，[①] 主要体现在三个方面：

第一，降低了医疗保障水平，主要是调整非因工负伤和疾病期间的工资待遇水平。根据 1953 年修订的《劳动保险条例》，工人或职工的病假时间没有上限，病假期间的工资可以达到工作时工资的 100%。从 1958 年后，病假规定了 6 个月的上限，病假工资根据在企业就职的年限确定为正常工资的 50%—90% 不等，病假超过 6 个月仍不能恢

---

① 《国务院关于企业工人、职员劳动保险待遇的若干修正和补充的规定（草案）》（1958 年 2 月 28 日），《国务院关于劳动保险条例若干问题的修正和补充规定（草稿）》（1961 年 11 月 7 日），《劳动部党组关于企业工人、职员劳动保险待遇的若干修正暂行规定的说明（草案）》（1962 年 6 月 14 日），《劳动部、内务部、全国总工会关于修改劳动保险制度的意见（草稿）》（1964 年 11 月 21 日），以及《劳动部办公厅：现行劳动保险制度存在的几个问题》（1965 年 10 月 28 日），见中国社会科学院中央档案馆编《1958—1965 中华人民共和国经济档案资料选编：劳动就业和收入分配卷》，中国财政经济出版社 2011 年版，第 597—611 页。

复工作的，根据职工在该企业就职的时间长短，可以领取正常工资40%—60%①的病伤救济金，至退休、退职或去世为止。② 这一改革的目的除了节约医疗费用之外，③ 也是为了减少"泡病号"的现象。但是，由用人单位负担医疗费用的规定没有改变。

劳动部对降低劳动保险中非因工负伤及疾病待遇的说明④

　　例如连续工龄在八年以上的职工（机关职工为十年），病假在六个月以内的，工资照发。这样的规定本来就偏宽，不利于促使人们积极劳动；加以解放十多年了，大多数职工的连续工龄都在八年以上，按此执行，不仅会加重国家负担，而且体现不出国家对老职工的特别照顾。

---

① 1964 年后提高到 50%—70%。

② 《国务院关于企业工人、职员劳动保险待遇的若干修正和补充的规定（草案）》（1958 年 2 月 28 日），及《劳动部、内务部、全国总工会关于修改劳动保险制度的意见（草稿）》（1964 年 11 月 21 日），见中国社会科学院中央档案馆编《1958—1965 中华人民共和国经济档案资料选编：劳动就业和收入分配卷》，中国财政经济出版社 2011 年版，第 597—611 页。

③ 根据 1964 年劳动部办公厅对辽宁、北京等 12 个省、市 207 个单位的调查，平均每人每月提取 3.3 元医药卫生补助费，开支 4.1 元，超支 25%，其中县以上企业因提取的医药卫生补助费提取额度较高，管理更为严格，超支从 15% 至 45% 不等，重工业企业超支率最低。县和县以下的城镇企业提取率低，平均超支 58%，有些单位超支好几倍。见《企业单位医药卫生补助费超支情况严重》（1964 年 9 月 16 日），中国社会科学院中央档案馆编《1958—1965 中华人民共和国经济档案资料选编：劳动就业和收入分配卷》，中国财政经济出版社 2011 年版，第 688—689 页。

④ 《劳动部办公厅：现行劳动保险制度存在的几个问题》（1965 年 10 月 28 日）。

第二，减少了职工所供养的直系亲属的福利待遇，主要是医疗服务。按照《劳动保险条例》的规定，职工供养直系亲属患病在本企业举办的或者特约的医疗机构治疗时，可以免费诊治，手术费及药费由企业补助1/2。国家机关的职工因其供养的直系亲属患病生活发生困难时，按照生活困难补助办法给予补助。1958年曾一度全面取消了由公家负担直系亲属病伤医疗费用的做法，如职工确有困难可以申请补助。这一待遇在1964年部分得到了恢复，做法是按职工人数每月拨付一定的金额，作为职工供养直系亲属的医疗补助费，由各单位包干使用。①

第三，推行计划生育政策以后，原本在《劳动保险条例》中规定的女职工和男职工之妻的生育补助费取消了，同时规定免除职工和职工配偶的计划生育手术费用，术后休养期间工资照发。②

3. "新厂新办法"和"新人新制度"

除改革原有劳动保险制度之外，自1958年开始还实行了"老厂

---

① 《国务院关于企业工人、职员劳动保险待遇的若干修正和补充的规定（草案）》（1958年2月28日），及《劳动部、内务部、全国总工会关于修改劳动保险制度的意见（草稿）》（1964年11月21日），见中国社会科学院中央档案馆编《1958—1965中华人民共和国经济档案资料选编：劳动就业和收入分配卷》，中国财政经济出版社2011年版，第597—611页。

② 《劳动部、内务部、全国总工会关于修改劳动保险制度的意见（草稿）》（1964年11月21日），见中国社会科学院中央档案馆编《1958—1965中华人民共和国经济档案资料选编：劳动就业和收入分配卷》，中国财政经济出版社2011年版，第597—611页。

老办法，新厂新办法，老人老制度，新人新制度"的改革。①

在 1958 年上马大批工业项目的时候，中央就发现了企业用人和劳保方面的弊病，对于新建的企业提出了更加严格的要求。首先，按规模和主管部门的行政级别将企业分成两类：一类是县以下（包括县、镇、乡营）企业，一类是县以上（包括中央、省、专营及个别县营）企业。县以下企业由于同农业生产和农民有密切的直接联系，且规模小，许多是季节性生产，这些企业不实行《劳动保险条例》，而是要摸索一套适合于农村条件和特点的劳动工资和劳保福利制度。在县以上企业中也不能实行原有的劳动保险条例，而是要实行改良的劳动保险：

> 新建企业不实行劳动保险条例，可以根据实际需要另订若干劳保待遇的规定。已经在老企业中证明了是不适当的某些福利制度，新企业不应该再去建立。劳保福利待遇原则上只适用于固定工；对于合同工，可以采取在工资标准之外另加一定百分数的副工资的办法，在给予合同工这种待遇之后，除因工伤亡而外，其生老病死等企业都不再补助。总之，新建企业的工资和劳保福利制度必须符合多快好省、勤俭建国、勤俭办企业的方针，有利于

---

① 《中共中央转批四川省委关于县以上新建工业企业劳动工资和劳保福利问题的请示报告》（1958 年 6 月 25 日），《四川省委关于县以上新建工业企业劳动工资和劳保福利问题向中央的请示报告》（1958 年 4 月 25 日），《四川省关于县以下工业企业劳动工资与劳保福利待遇的暂行规定（草案）》（1958 年 5 月），《河北省委关于县以下工业企业试行新的劳动工资及劳动保护制度情况向中央的报告》（1958 年 8 月 11 日），《劳动部关于试行亦工亦农劳动制度经验座谈会汇报提纲》（1965 年 9 月 20 日），见中国社会科学院中央档案馆编《1958—1965 中华人民共和国经济档案资料选编：劳动就业和收入分配卷》，中国财政经济出版社 2011 年版，第 371—382 页。

生产和团结，办法上则要简便易行。①

根据同一份文件，县以上新企业的工人应该由少数固定工和大部分合同工组成，固定工是掌握复杂技能的技术工人，而合同工则是普通熟练工人和简单体力劳动者。因此，这种两级企业、两种工人的区别实际上仍然是服务于国家的工业化战略的需要，一方面，保障了重点产业和大中型企业的资源供给；另一方面，也优先为工业化所需的技术工人提供了更好的劳动保障。

在县级以下的企业中，一般没有实行《劳动保险条例》，工人的劳动保障水平普遍低于大工厂中的固定工，根据四川省的规定，"县以下工业企业一律不实行现有国营厂矿的劳动保险条例，有关合同工的病、死、伤、残等问题应由企业、农业社和劳动者三方面订立合同解决。非因公病、伤、残和死亡的费用一律由职工本人自行负责"②。在河北省，县级企业同样不实行《劳动保险条例》，其保障水平千差万别。

---

① 《中共中央转批四川省委关于县以上新建工业企业劳动工资和劳保福利问题的请示报告》（1958 年 6 月 25 日），见中国社会科学院中央档案馆编《1958—1965 中华人民共和国经济档案资料选编：劳动就业和收入分配卷》，中国财政经济出版社 2011 年版，第 371—382 页。

② 《四川省关于县以下工业企业劳动工资与劳保福利待遇的暂行规定（草案）》（1958 年 5 月），见中国社会科学院中央档案馆编《1958—1965 中华人民共和国经济档案资料选编：劳动就业和收入分配卷》，中国财政经济出版社 2011 年版，第 371—382 页。

1958 年河北省县级企业劳保福利制度的状况①

目前除老企业的劳保福利制度维持原状外，一般新建县、乡、社工业都没有实行劳保条例，也没有什么正规的制度，办法也极不统一。

县、乡营企业固定工因工负伤之医疗费均由企业负担，工资照发。合同工则有的发 100%，有的发 50% 的工资。社营工业一般是除医疗费由社负担外，其他一般不管。非因工负伤和疾病的医药费，县、乡工业也有 3 种情况即自费、半费、公费。工资也不一样，有照发、不发和发 50%，生活确有困难给予补助等。社办工业则和社员一样自己负担药费，不记工分。

对于因工致残和死亡者，均主张给予残废津贴和丧葬补助费及家庭抚恤费；但数目不一，按企业平均工资有发 1—4 个月，3—6 个月，1—12 个月不等。

女职工产假期间的工资，待遇也不一样，有的不发工资，有的发部分工资，困难者补助。

而且，在这三部分的社会保障中，企业职工的劳动保险制度与国家机关工作人员的保险是分立的。战争、优抚、残疾、伤亡都有各自特殊的规定。医疗没有采取保险的方式，而是延续了党在根据

---

① 《河北省委关于县以下工业企业试行新的劳动工资及劳动保护制度情况向中央的报告》（1958 年 8 月 11 日），见中国社会科学院中央档案馆编《1958—1965 中华人民共和国经济档案资料选编：劳动就业和收入分配卷》，中国财政经济出版社 2011 年版，第 371—382 页。

地时期的公费医疗制度。全国解放后，由于条件限制，公费医疗只能在部分人员中实行。但是随着 1951 年《劳动保险条例》的出台和 1955 年退休制度的建立，公费医疗的范围也随着逐步扩大，公费医疗经费由国家拨付给卫生部统筹使用，不似退休经费和福利经费那样，由各个企业单位的行政费或事业费列支。

这种标准的不统一成了劳动力流动的障碍，也就是劳动部总结的"不利于职工的调动"的原因。为了改变这一状况，在不同范围内开始出现了最初的统筹尝试，比如行业性的退休统筹尝试：1966 年第二轻工业部、全国手工业合作总社《关于轻、手工业集体所有制企业职工、社员退职统筹暂行办法》和《关于轻、手工业集体所有制企业职工、社员退职处理暂行办法》，规定了由市、县统一筹集经费，对退休职工按月发给本人工资 40%—65% 的退休补助费，退职的一次发给 1—20 个月本人工资的退职补助费。① 但是这种统筹只是便利了行业内劳动力的流动，却自然地阻隔了行业之间的劳动力流动。

不仅在行业之间出现了福利边界，最难以跨越的边界在工业和农业之间。工业现代化和农业集体化这两条路线，加上一系列的相关措施，都加速了工农业劳动者之间壁垒的形成，二元社会逐渐固化。在广大乡村没有公费医疗，一些乡村集体生产组织开始试行合作医疗制度，也称为统筹医疗。1959 年 11 月，山西省稷山县的全国农村卫生工作会议肯定了有些地方出现的农民集资办医疗站和医疗费用互助互济的实践，交流了有关"集体保健医疗""合作医疗""统筹医疗"等做法。"文化大革命"知识青年大规模上山下乡之

---

① 严忠勤主编：《当代中国的职工工资福利和社会保险》，中国社会科学出版社 1987 年版，第 322 页。

后，农村集体医疗的各种实践得到快速发展。

工农业不同的劳动保险和福利待遇更加深了城乡之间的鸿沟，但是也使农村成为工业现代化进程中的解压后盾。20 世纪 50 年代末的工业"大跃进"过后，城市出现了过剩劳动力，而当时的劳动保险并不解决城市失业的问题。1960 年中央提出大办农业、大办粮食的方针，减少城镇人口，精简职工，下放劳动力。城镇失业人员逐步增多。为了解决经济困难，减少城镇人口压力，精简老弱残职工，60 年代出台了安置方法，一些职工做提前退休处理，没有家庭依靠的由民政部门按月发给相当于本人原标准工资 40% 的救济费。自愿下乡落户的职工，还发给生产补助费或退职补助费及安家补助费、车旅费、途中伙食补助费等，由原单位按照规定标准发给。为了适应移动人员的领取，减少基层单位邮寄手续和差错，1960 年中华全国总工会发布《关于享受长期劳动保险待遇的异地支付试行办法》，① 本人自愿申请可办理异地支付手续。企事业单位这种疏散剩余劳动力的做法也为一些城镇集体企业和劳动保险集体合同单位效仿。在没有西方式的社会保险的情况下，中国的广大农村成为中国工业化运动的强大后方。但是，在固化的城市和乡村之间，人口流动的渠道相对固化单一。除了参军入伍以外，城乡之间交流的主要是：从农村进入城市需要通过教育系统逐步升学，直至考入高等院校或分配进入城市的厂矿机关；从城市流入农村则是在自愿的原则下、在政府和企业的支持和资助下，放弃在城里的工作岗位，到乡村务农。这后一条路径从 20 世纪 60 年代初开始，在"文化大革命"期间形成了规模。1966 年企业停产闹革命，以"我们也有一双

---

① 严忠勤主编：《当代中国的职工工资福利和社会保险》，中国社会科学出版社 1987 年版，第 320 页。

手，不在城里吃闲饭"为口号，成千上万的中学生响应毛主席的号召，到农村去、到边疆去、到基层去、上山下乡、插队锻炼，接受贫下中农的再教育，向农村转移了上千万青年劳动力。

综上所述，在1966年"文化大革命"爆发前，中国社会已经分不同区域和行业基本形成了覆盖比较全面的社会保障机制。但是在城乡之间、行业之间、企业之间、村社之间存在着各种各样的差别，甚至是鸿沟。这些差别恰好反映了当时的就业市场分割的状况，也反映了政府在国家优先发展工业和城市方面的战略决策。城乡"二元社会"的形成既是由中国现实经济条件所致，也是国家发展的战略选择。"二元社会"形成以后，在城乡之间、行业之间必然地形成了各种各样限制劳动力自由流动的政策圈，这些政策圈一方面保证了各个圈内社会政策的贯彻实施，另一方面也确实适应当时各个地区和行业发展的现实情况。

◇ 四　"文化大革命"和劳动保险的 "单位化"（1966—1978）

中国的"文化大革命"对劳动和社会保障事业的影响是深刻和极具破坏性的，随着生产的停滞，从农村到城镇，从农业到工业的有限而正常的劳动力转移也基本终止了。提供新劳动力的教育系统"停课闹革命"了，各个厂矿组建了各种工人组织，不是为了生产，而是为了夺权或革命。"文化大革命"前形成体系和制度的劳动保险管理机构被砸烂，负责管理企业职工劳动保险业务的工会组织被停止活动，负责保险业务的内务部门被撤销。更严重的是历史资料丢失，待遇证明残缺不全，手续制度混乱。

鉴于"文化大革命"期间出现的混乱局面，中国财政部于 1969 年 2 月发出了《关于国营企业财务工作中几项制度的改革意见（草案）》，要求"国营企业一律停止提取劳动保险金"，"企业的退休职工、长期病号工资和其他劳保开支，改在营业外列支"。① 也就是说，负责劳动保险统筹的各级工会停止运营以后，劳动保险的全部责任改由各个企业承担，劳动保险原有的社会调剂功能也消失了，劳动保险变成了名副其实的企业保险、单位保险、就业保险。

在劳动保险政出多门的情况下，有些企业停止了退休退职手续办理工作。根据"文化大革命"过后 1978 年的统计，企业职工到龄未退的达到 200 多万人，国家机关中有 60 多万人未办理退休手续，而且退休退职规定是 1958 年制定的，经过 20 年没有修改。

此外，各项保险福利待遇均由企业开支，退休人员多的老企业，如纺织行业和一些轻工业，由于退休人员过多而承担了很重的保险福利开支，一些新兴企业则几乎全无负担。社会开支的畸轻畸重导致了行业与行业之间、企业与企业之间、地区与地区之间的社会责任负担的不公平。社会负担的失衡直接破坏了生产的正常运转，扭曲了竞争，有些企业在保险福利开支之后用于生产和投资的资金不足，一些传统的优势产业，如轻纺行业受到严重的冲击，甚至难以维持正常的运转。而就劳动者来讲，"文化大革命"对劳动保险的冲击直接导致了劳动保险保障水平的降低和保障功能的缺失。

---

① 严忠勤主编：《当代中国的职工工资福利和社会保险》，中国社会科学出版社 1987 年版，第 323 页；另见中国劳动和社会保障部组织编审《新中国劳动和社会保障事业》，中国劳动社会保障出版社 2007 年版，第 14 页。

在这个混乱的时期，国家用有限的资源重点保障了国家机关和国有大中型企业，这些单位中的劳动保险或者直接出自政府财政，或者通过优先保证供应等方式间接地由财政兜底，在这些单位就职的劳动者可以获得由《劳动保险条例》所规定的劳动保障，但是，那些原本实行劳动保险集体合同的集体所有制企业、县级以下企业的劳动者，不仅同工不能同酬，工资水平低于全民所有制企业，而且因为劳动保险的支付取决于企业的经营状况，所以待遇水平比较低，且往往流于纸面，实际上是没有任何保障的。

"文化大革命"打断了中国向全民社会保障制度发展的各种努力，打碎了保障的社会化因素，使劳动保险变成了"企业保险"。这一方面造成了企业不均等地承担了社会责任，同时，也在实际上降低了劳动保险的保障范围和保障水平，并造成了城市就业中因企业性质不同而出现的"三六九等"的区别，即使在同一城市甚至同一行业，"三六九等"的现象也普遍存在，"次等"保障的职工在社会上受到不应有的歧视，而这种状况一直延续到20世纪70年代末的改革开放初期。

　　"文化大革命"过后集体企业职工成为城市中"次等市民"的现实处境①

　　关于歧视街道集体事业生产组青年的事情，在上海时有所闻。最近又听说一件，叫人实在愤愤不平。有一对同在生产组工作的男女青年，经过三年恋爱，准备结婚。女方的父母却因为男方是

---

① 诸晓：《岂能如此歧视集体企业青年》，《人民日报》1979年7月14日第2版。

生产组青年，百般阻挠、反对。他们先是以不断绝同男方的关系就不准女儿顶替进行要挟。后来，竟将女儿关在家里又骂又打。当实在压不服女儿时，就向男方提出了十分苛刻的成婚条件，什么十五平方米一间新房，全套新家具，一千四百元现金等等。不仅如此，还要男方在近期内考上大学或进全民工厂。结果，逼得女儿只能从家里偷了户口簿去办理结婚登记手续。然而结婚后女儿的日子仍不好过，今天招来："不要面孔"之类的臭骂，明天被吆喝着要她"滚出去"。对这两个年轻人的遭遇，不少人深表同情，但也有人为女方"惋惜"，认为她"曲答答"（即傻瓜），"找错了人"。周围舆论的不支持，使这对青年精神上感到很痛苦。

这对青年人的遭遇，很能反映目前广大生产组青年的处境。长期以来，上海市二十万左右的生产组青年，一直没有得到社会应有的重视和关心。对他们的歧视已成为一种极坏的社会现象。在政治上，他们很少有机会参加一些重大的政治活动，评先进也很少想到他们；在生活上，他们工资低，劳保福利差；劳动和学习技术的条件也远不如国营工厂。这就在社会上造成了一种印象，似乎生产组青年低人一等，没有前途。以致有的生产组青年三十多岁还找不到对象，成不了家，发出了"工资没有年龄大，何年才能当阿爸"的感叹。许多生产组青年都感到精神上有一种无形的压力，压得他们抬不起头来。

◇ 五　劳动保险从无到有的建设

新中国诞生之时，农业凋敝、工业落后、百业萧条，国家百废待兴。在经济基础十分薄弱、经济秩序极其混乱的条件下，履行中国共产党建党初期对劳动者和广大群众做出的社会保护承诺，难度可想而知。依靠坚定的政治意愿，进入执政地位的中国共产党从整顿经济秩序、保护劳动者权益着手，根据中国经济落后的现实条件和优先发展重工业的战略选择，分行业、分层次、分步骤、分地区开始建立劳动保险。使得新中国在成立了仅仅两三年后就出现了保障劳动者生老病死的各种制度雏形。随着经济的发展，这些劳动保险的覆盖面也开始逐步扩大，形成了包括《劳动保险条例》《劳动保险集体合同》《机关和事业单位劳动保险》在内的初级保障制度。在广大的农村地区，依托集体化的经济，也开始探索为农业劳动者提供最基本保障的方式。

从制度安排来看，新中国早期的劳动保险充分考虑到就业方式、社会需求和支付能力。与西方发达国家不同的是，首先，在中国，劳动保险的缴费主体是企业而不是个人，受益者是缴费企业的职工，因此在劳动保险的实施过程中，社会再分配和社会成员共担风险的因素很小。其次，执行《劳动保险条例》的企业大都为国有大中型企业，这些企业在上缴利润或结算前扣除保险费，缴费中的70%留在企业内，用于支付受益人，其实是一种企业内部的现收现付制度，相当于企业的运行成本或人工成本。再次，保险的支付主要通过企业内部的行政机构完成，也不具有社会性。上缴的30%虽然具有调剂功能，但是其有限的覆盖范围和行政化的运行方式都决定了这种保险的性质并不是社会化的，而是一种与就业密切关联的劳动保险，甚至可以说是一种由雇主支付的"雇主保险"。这种原理也为《劳动保险集体合同》和《机关和事业单位劳动保险》所参照执行。除了《劳动保险集体合同》外，其余的两类劳动保险的支付者其实就是国家。

由于经济和制度发展的不平衡，在从 1949 年到"文化大革命"结束时的 30 年间，中国的城镇和农村之间出现了巨大的社会保障制度差异。不仅城乡之间的差距明显，而且在城镇中实行的《劳动保险条例》《劳动保险集体合同》和《机关和事业单位劳动保险》之间也存在着制度和待遇的差别，由国家财政保障的《劳动保险条例》和《机关和事业单位劳动保险》的制度比较规范，提供的待遇也相对优厚。但是，由于劳动保险的待遇是由各个企业和单位的行政系统负责贯彻实施，而企业和企业之间，单位和单位之间是相对分割的，因此劳动保险的待遇标准也不尽一致。"亦工亦农"制度下的合同工、临时工和季节工的保障标准由各地自行制定，缺乏制度性保障。

劳动保险制度的初步建立对国有大中型企业"留住人才""鼓励人才""保护劳动者"的政策起到了积极的保障作用，但是，各种劳动保险制度之间的壁垒和差异也成为劳动力合理流动的障碍，这种状态到了"文化大革命"期间发展到了极限。劳动保险在"文化大革命"时期的进一步"单位化"不仅给各个单位造成了负担，给经济发展带来了危害，也不符合社会主义的社会公平尺度。

第 三 章

从"企业保险"到社会保险(1978—1991)

从改革开放初年到1991年，中间涵盖了整个80年代，在中国是一段特殊的历史时期、一个快速发展的时期、一个制度转型和创新的时期。这不是一个在中国社会保障制度改革和建设方面突飞猛进的时期，但却是一个努力遵循经济和社会发展规律，通过转变认识、展开试点、总结经验、打破传统就业的壁垒、逐步推进社会保护体制机制改革的时期。在这个时期，不仅经济体制改革以"摸着石头过河"为主要特征，社会保障政策和体制的改革也是在"摸着石头过河"。

1978年12月22日通过并发布的《中国共产党第十一届中央委员会第三次全体会议公报》（以下简称《公报》）成为中国当代历史上划时代的政治文献。它解决了历史上遗留的一批重大问题，评价了一些重要领导人的功过是非，更郑重宣告了中国共产党将把全党工作的重点转移到社会主义现代化建设上来。公报中虽然没有就如何建立社会保障制度作出具体的说明，但是提出了实现四个现代化和大幅度提高生产力的目标，强调中国正处于"社会主义初级阶段"，需要贯彻社会主义"多劳多得、按劳分配"的原则，同时指出，为了实现这个目标必然要多方面地改变不适应生产力发展的生产关系和上层建筑，改变一切不适应现代化建设的管理方式、活动方式和思想方式。《公报》将这种转变说成是"一场广泛、深刻的革命"①，而从后来中国社会发生的变化来看，这种转变的确堪称革命。

这场革命必然地波及社会保障领域，并引起社会保障整个体制和机制的改革。改革的出发点和动力来自企业和就业方式的改革，是首先作为"国有企业改革……的配套改革"而被提出的。因此在20世纪80年代，社会保障制度的改革一直"围绕增强企业活力这个经济体制改革的中心环节展开。增强企业活力的改革需要社会保障提供什么样的服务，社会保障就出台相关的改革措施，以保证企业改革的顺利进行"②。

◇◇ 一　20世纪80年代的中国：就业方式的变革

（一）依靠企业解决"文化大革命"遗留的劳动就业问题

"史无前例的无产阶级文化大革命"事实上在1976年10月就已经结束了，但是它留下了很多个"史无前例"。在劳动就业领域里就有成堆的遗留问题亟须解决，例如"文化大革命"结束时有200多万名超过退休年龄的企业职工，60多万名年老体弱的国家机关、事业单位工作人员，因为"文化大革命"期间管理机构停止办公而没有办理退休手续。有很多参加革命工作多年的干部在"文化大革命"中受

---

①　《中国共产党第十一届中央委员会第三次全体会议公报》，1978年12月22日通过。

②　中国劳动和社会保障部组织编审：《新中国劳动和社会保障事业》，中国劳动社会保障出版社2007年版，第691页。

到不应有的冲击和不公正的待遇。因此，"文化大革命"结束后的一项重要的善后工作，就是以相对优厚的待遇落实对干部的政策，其中包括提高退休待遇标准，主要是按照老干部参加革命的年限提高他们的退休待遇标准。另外一项工作就是规范退休制度。

1978 年 5 月，国务院"104 号文件"颁发了 5 月 24 日全国五届人大常务委员第二次会议原则批准的《关于工人退休、退职暂行办法》和《关于安置老弱病残干部的暂行办法》。这两个暂行办法与1958 年 2 月 9 日公布施行的《国务院关于工人、职员退休处理暂行规定（草案）》和 1958 年 4 月 23 日发布的《国务院关于工人、职员退休处理暂行规定实施细则（草案）》有了很大改变。主要的变动是将享受《劳动保险条例》的企业职工与享受《国家机关工作人员退休处理暂行规定》的国家机关工作人员在退休条件和待遇方面统一起来，还有就是放宽离职休养的条件。过去为在第二次国内革命战争时期以前参加革命工作的人员制定的优惠标准，放宽至覆盖 1949 年 9 月底以前参加革命工作的人员。退休金的替代率从本人标准工资的40%—60% 提高到 60%—80%，1949 年 10 月新中国成立前参加工作的提高到 80%。新中国成立后参加工作的退休金调整为 60%—75%。病假待遇、死亡抚恤、生活困难补助标准等也都相应提高，并逐渐形成了一套稳定的待遇系统。

"104 号文件"的目的是解决"文革"时期养老保险制度被破坏殆尽的问题，也是兑现政府对干部民众社会保护的承诺。在这时，虽然改革开放已在酝酿之中，但是从生产组织到社会组织仍然保持着浓烈的计划经济时代的特点。企业既是基本的生产单位，也是基层的社会单元，"104 号文件"依然要依靠它们来贯彻执行。这样，在"104 号文件"实施过程中出现的一些非正常状况进一步恶化了企业的经营状况，并极大地增加了企业的社会负担。

由于"文化大革命"对工业生产的破坏，厂矿吸纳新增劳动力的能力十分有限，而上山下乡知识青年大批返城，进一步加大了城镇的就业压力。因此，"104号文件"开了一个政策"口子"，规定职工因病丧失劳动能力或者从事特殊工种的劳动可以提前退休，其工作岗位可以由其子女"顶替"。这样做的初衷是解决病残人员的提前退休问题，同时可以减轻社会就业压力。但是寻求稳定的退休金收入和帮助子女就业，这两者相加形成了一股很强的动力，加上企业也乐意趁机提前招收青年职工，于是利用"104号文件"的政策缺口，通过装病等方式弄虚作假，办理"顶替"手续，就在短时间内形成了一股提前退休的浪潮。① 结果，在"子女顶替"的旋风下，大量老技术工人提前退休，工厂缺乏技术力量，顶替进厂的子女不能干事，企业两头损失。当时的状况是，有技术、有子女顶替的抢着退休，无技术、无子女顶替的到龄不退，"退的不老，老的不退；退的不病，病的不退"。有一个省，在20万退休人员中，"假病退"占到70%以上。一个城市的国营理发店有一两百名理发师"病退"之后开店，挤垮了28家国营理发店，因为国营店的理发师要"背一个（退休），抱一个（顶替的职工子女），领一个（长期病号职工），前三刀都是给别人剃，剃第四刀才是为自己"②。

退休潮导致了全国范围内退休职工人数的激增。1978年全国退

---

① 夏波光：《艰难跋涉的改革前夜（1978—1985）》，《中国社会保障》2009年第10期。

② 夏波光：《三位河南社保人的八十年代记忆》，《中国社会保障》2008年第12期。此文为对原河南省劳动厅社会保险福利处长李秀生、原河南省劳动厅社会保险福利处副处长李家骥和原河南省劳动厅社会保险福利处调研员毛锋军的采访记录。

休职工人数为 314 万人，1980 年猛增到了 816 万人，1984 年又将近翻了一番，达到 1400 多万人，其中全民单位的退休职工有 1000 多万人。退休职工相当于在职职工的 12.3%，退休费用为 100 多亿元，全民单位 80 多亿元，相当于工资总额的 10%，比 1978 年增加了 90 多亿元。[①] 这时，《劳动保险条例》中规定的由中华全国总工会负责统筹部分养老金的功能已经在"文化大革命"中丧失殆尽了。劳动保险的责任主体只剩下了企业一家，变成了"企业保险"，从企业的当年支出中划拨。可想而知，大量新增的退休人员给企业带来了怎样沉重的养老负担。一些老企业由于需要负担沉重的退休费，严重地影响了生产的发展。

（二）企业养老负担的畸轻畸重倒逼养老金制度改革

企业养老负担畸轻畸重的状况越来越严重。有些老企业的退休费开支相当于工资总额的 30%—40%，[②] 有些企业的退休费开支甚至远远超过盈利。例如四川省成都市搬运装卸公司，退休职工和在职职工均为 4000 多人，该企业 1978 年以来盈利不少，但支出了退休费后，盈利变成了"亏损"，年年靠市交通局补贴过日子，给公司和交通局系统的生产发展和在职职工的利益都造成了不利影响。形成鲜明对照的是新兴产业和新办企业，这些企业几乎没有退休费的负担。陕西显

---

① 夏波光：《社保初期改革：摸"试点"过河——访原劳动人事部保险福利局局长傅华中》，《中国社会保障》2008 年第 12 期；傅华中：《做好退休基金的统筹工作》，《中国劳动》1985 年第 9 期。

② 傅华中：《做好退休基金的统筹工作》，《中国劳动》1985 年第 9 期。

像管厂 6000 名职工，只有 15 名退休工人。① 不均衡和不合理的退休负担使竞争机制难以运行，企业活力难以调动，这种扭曲的社会负担甚至直接威胁到了中国的优势产业（如纺织业）的生存和发展。

不仅企业社会负担畸轻畸重影响到企业的效益，早期优先发展工业的战略也是影响企业发展的重要因素。全国的人力、财力、物力资源集中用于保障国有大中型企业的发展，使这些企业成为计划经济管理体制下受到最多、最严格的行政干预的企业，同时也是"大锅饭"现象最严重、最缺乏活力的企业。这些企业"多功能"运行，既从事生产也提供社会服务，企业内部不仅办食堂，也办托儿所、理发室等设施，职工的生老病死都由企业包下来，而且职工一入企业定终生，甚至两三代人都包下来了，劳动力基本不流动。

在计划经济体制下，集体所有制企业同样受到行政干预，例如，在集体所有制企业里，不能实行多劳多得的原则，工资、福利、劳保待遇都要"参照"全民企业，但是又低于全民企业。所以，集体所有制企业虽然因为没有财政靠山而保留了一些基于市场竞争的经营方式，如独立核算、自负盈亏等，而且集体所有制企业也没有国营企业中那么严重的吃"大锅饭"的现象，可以灵活经营，富有竞争力，但是依然不能实行按劳分配、多劳多得的原则。当时的《人民日报》组织了对集体所有制企业的调查，结果证明：集体企业在白手起家创造就业初期无人过问，产生了效益以后却受到了各种行政约束。

---

① 傅华中：《做好退休基金的统筹工作》，《中国劳动》1985 年第 9 期。

《人民日报》刊文批评行政干预企业自主经营的状况①

　　北京市北新桥服装一厂党支部书记刘英杰同志，一九五八年以来，一直在集体所有制企业里工作和劳动，她深有感触地说：街道企事业一般都是家庭妇女和社会上的闲散劳力白手起家干起来的。开始时实行收入很低，有时几个月无"红"可"分"，无人过问；后来，我们把生产搞上去了，收入增加了，有了利润了，有关部门就出面干涉了，并且硬性规定了一条分配原则：集体所有制企业的工人收入必须低于全民所有制企业，月平均工资不得超过三十五元。十几年来，这条原则就象"紧箍咒"一样，套在集体所有制企业职工的身上。目前，不仅工资、福利、劳保待遇比全民企业的职工要低，就连口粮标准，同样的工种也比全民的低。多劳不能多得，有时甚至还要少得。北京市宣武铸造厂，是个集体所有制的工厂，最近北京市进行专业化调整，该厂二百名工人调到全民所有制的北京机修厂，两种的车间干同样的活，同是二级工，集体所有制工人每月拿工资三十五元五角，全民所有制工人每月拿工资四十一元五角。宣武链条厂，也是个集体所有制的工厂，共有二百名工人，平均月工资三十八元，但在该厂二百名工人中，有二十几人是从全民所有制企业中转来的，他们的平均月工资则是五十余元。象这样"全民中有集体"，"集体中有全民"的情形是很多的，都是同样的级别，在同样的条件下，干同样的工种，却拿不同的报酬。工人群众对这种不合理的差别很有意见。

---

　　① 吴富元：《为什么多劳不能多得？——集体所有制企业调查之一》，《人民日报》1979 年 7 月 18 日第 2 版。

企业的生存和发展直接影响到职工的福利和保障待遇。一些企业因为亏损，致使退休人员领不到退休金，报销不了医疗费；有些退休人员只好上街摆摊做小生意或典卖旧衣物，甚至个别的沿街乞讨、跳河自尽，酿成日趋严重的社会问题。① 河南省劳动厅社会保险福利处调研员毛锋军回忆说，1982 年上半年，河南一些地方的退休人员开始闹事，人们形象地称之为"冒烟儿"，当时全国已经四处"冒烟儿"了。

国有企业的职工可能会因为企业效益不好而失去养老保障，集体所有制企业则基本上没有实行退休制度，工人退休一次性发放退休费，多则 300—400 元，少则 200—300 元不等。当时全民所有制企业职工每个月的退休费平均为 60—70 元，集体所有制企业职工的退休费相当于一次性领取全民所有制职工半年的退休费，再无其他年金。② 能发出一次性退休费的集体企业还属于经营不错的，有相当一部分企业甚至负担不了退休人员的退休金，只好不办理职工退休手续，让他们继续工作。结果，集体所有制企业有不少超龄工人。在实行集体企业养老金改革试点的四川省南充市，街道企业中就有 16 名 71—82 岁的老职工退不了休。因为养老没有保障，很多青少年宁愿在家待业，也不愿到集体企业工作，当时流传着这样一句话说："愿意到个孬全民，也不愿上个好集体。"③ 养老保障问题成了制约集体所有制经济发展的重要因素。

---

① 夏波光：《社保初期改革：摸"试点"过河——访原劳动人事部保险福利局局长傅华中》，《中国社会保障》2008 年第 12 期。

② 夏波光：《艰难跋涉的改革前夜（1978—1985）》，《中国社会保障》2009 年第 10 期。

③ 夏波光：《南充试点引发波澜》，《中国社会保障》2008 年第 12 期。

　　"老有所养、病有所医"不仅是新中国缔造者们的理想社会制度，也是古老中国文明的理想社会制度。但是面对现实的养老风险，如何才能破解这个社会难题，通过怎样的制度才可能兑现执政党最初对劳动者的政治承诺？

　　在中国改革开放早期，所谓"摸着石头过河"，重点其实在于"下河摸石头"，也就是深入实际、针对问题进行调查研究。由于中国地域广袤，地区之间差别很大，所以调查研究往往分别进行。例如，1982 年 1 月 4—8 日，国家劳动总局保险福利局在重庆市召开了一个云、贵、川三省和成都市、重庆市参加的社会保险片区座谈会：一是研究集体所有制企业养老金的改革问题；二是研究全民所有制企业退休费用的统筹问题。这两个议题是 20 世纪 80 年代社会保障体系改革的重要内容。两个方面的改革内容和方式不同，但是改革的思路都指向劳动保险制度，提出劳动保险要"去单位化"，要以建立社会化的社会保障体系为目标。

（三）"市场就业"是建立社会化保障制度的突破口

　　在中国改革开放早期，在劳动保险的"去单位化"和逐步社会化的同时，围绕着如何解决就业压力的问题，出现了劳动用工制度市场化的倾向。与新的劳动用工制度相适应，集体所有制企业绕过了劳动保险改革，直接开始了社会化养老保障的制度建设。

1. 多种就业推动了社会保障体系改革

　　改革开放之前，政府的政策主要是让集体所有制企业"参照"全民所有制企业的劳动保险福利待遇。为此，轻工业部、财政部和国家劳动总局于 1977 年，交通部、财政部、国家劳动总局于 1978 年都曾发布通知给相关部门，要求集体企业参照当地国营企业的规定，对职工发放劳动保险待遇。"参照执行"因此成为一种惯例。直至改革开放初期的 1980 年，外资开始进入中国，出现了中外合资的企业，国务院还在发文，要求中外合营企业按照国营企业标准支付职工的劳动保险费用。① 当然，由于各个企业的经营状况和支付能力有别，"参照执行"并没有硬约束机制，因此在实践中是很难得到全面贯彻落实的。

在原有的体制下，不仅劳动者的权益无法得到保障，就连就业问题也无法得到解决。"文化大革命"结束以后，受到严重冲击的厂矿尚未全面恢复生产，而大批上山下乡的知识青年又获准回城，加上留城待业人员和城镇下乡居民返城，社会闲散劳动力数额巨大，城镇面临着巨大的就业压力。在短期内解决这样多的就业，按原来"统包统配"的就业安置办法，政府包不下来，企业没有自主性，劳动者个人缺少择业自主权，社会资源也调动不起来。

寻求就业出路，快速安排成千上万的待业人员就业，成为中国社会大转型的一个节点，这个节点不仅要解决就业的问题，也要连带解决劳动者的社会保障权益问题。破解这个节点的方式是就业多元化。

中国共产党的第十一届三中全会决定，在全民所有制占主导地位的条件下，允许并鼓励多种经济成分并存，一方面大量地引进外资在华办厂兴业雇工，另一方面扶持城镇集体经济组织。在继续实行应届毕业生统包统配的同时，推动市场就业。关于发展多种所有制形式解决就业的问题，1979 年 1 月，中央提出"要广开就业门路，各地要

---

① 国务院：《中外合资经营企业劳动管理规定》，1980 年 7 月。

多办些集体所有制的农林牧副渔业、手工业、商业服务网点、劳动服务公司、城市公用事业"① 的号召。

为了使集体企业能够发展起来，使之吸纳更多的市场就业，政府采取了一些扶持集体企业发展的政策，包括专门针对集体企业的减免税措施。以安置城市知青就业为目的而新办的城镇集体企业，从投产经营的月份起，免征所得税一年。一年以后仍有困难的企业，还可酌情再给予照顾。农村专门为安置知识青年而兴办的独立核算的集体所有制场、队，不分原有和新办，一律自 1979 年起至 1985 年止，免征工商税和所得税。对合作商店从 1979 年起，规定取消加成征税的办法。此外，政府减少行政干预，强化集体企业的自主经营，使其自负盈亏，尤其是取消在用工和收入分配方面的硬性规定，还通过税收调整减轻企业社会福利性质的支出，同时也扩大了集体企业职工所享受的福利待遇，包括手工业、交通运输业职工的退休、退职和医药、福利等费用，由过去在征收所得税前提取一部分的办法，改为全部在征收所得税前列支。对合作商店职工的类似费用，也从过去的税后支付改为税前列支。

上述改革在 1980 年形成了一种被简称为"三结合就业"的方针，即"在国家统筹规划指导下，实行劳动部门介绍就业，自愿组织起来就业和自谋职业相结合"的新的就业方针。②《人民日报》于 1980 年 8 月 13 日在头版发表了长篇文章，论述了改变就业政策的迫切性和基本思路。

---

① 南京地方志编纂委员会：《南京劳动志》，方志出版社 1999 年版，第 68 页。
② 同上。

解决就业问题的根本途径①

劳动就业问题是一件全国性的大事。建国30年来，我国劳动就业工作取得了很大成绩，现在，职工人数比解放初期增加了5倍多。粉碎"四人帮"以后，在各级党委、政府和各部门的努力下，使多年来积累下的城镇待业问题，得到一定程度的解决，3年来全国共安排了约2000万人就业，对促进安定团结、经济发展和人民生活的改善，起了重要作用。但是，当前劳动就业工作还存在一些非解决不可的问题，必须高度重视，下很大的决心，拿出很大的精力，动员各行各业以及社会上各方面的力量，积极而又慎重地把这项工作抓紧、做好。

我国目前所以存在劳动就业问题，原因很多，涉及经济体制、人口布局以及教育制度等许多方面。在劳动制度上统得太多，限制太死，使劳动就业的路子越来越窄。特别是十年浩劫，使生产建设遭到严重破坏，国民经济濒临崩溃的边缘。结果一方面，需要就业的人员增加了，另一方面，吸收就业人员的能力又相对地小了。再加上城镇人口急剧膨胀，这就使劳动就业问题更为突出。

……

过去我国经济体制的主要毛病，是没有从我国的实际情况出发，在国营经济、集体经济占优势的条件下，允许多种经济成分并存；而是不适当地强调集体所有制向全民所有制过渡，限制乃至消灭个体经济。这样，劳动就业的许多门路就被堵死了，剩下的只有国营企业和带有国营性质的"集体"企业，而对国营经济又由国家一统到底，城镇劳动力只能由国家包下来统一分配，造成待业人员

---

① 《解决就业问题的根本途径》，《人民日报》1980年8月13日第1版（节录）。

对国家的依赖，失去了自愿组织起来就业和自谋职业的可能性和积极性。结果，一方面年年有大批需要就业的人员等着国家分配，有人没事干；另一方面又有相当大量的生产和商业、服务业无人从事，有事没人干。这不仅影响了就业，也给人民生活造成极大不便。这种状况必须彻底改变。从目前国营企业的情况看，不少单位人员明显多余，今后一个时期，所能安排的劳动力数目也是有限的。因此，必须解放思想，放宽政策，充分调动地方、企业、劳动者和社会各方面的积极性，大力发展集体经济，广开生产门路、就业门路、就学门路。应当指出，把过去对资本主义工商业限制、改造的一些办法用之于今天的集体经济，不利于发展生产和劳动就业。现在，我们要认真总结经验，研究新情况，冲破旧的框框，改革不适应生产发展的旧制度，在税收、贷款、物资、口粮、劳动保护条件等方面给以积极扶持，促进其发展。这是经济改革中的一个大的变动，一个大的和长期的政策。

后来的历史发展证明，恰恰是"三结合就业"启动了一系列劳动和社会保障制度的改革和创新。首先，调动多方积极性创造就业的政策使集体企业获得了一个发展的机遇期。各种民办和集体办的小型服务性经济实体开始涌现，小企业从业人员的收入大大增加，企业之间出现了职工自由流动的现象。到了1984年，集体企业不再有大小之分，企业之间职工都可以自由流动，经济活力进一步显现出来。

市场就业条件下如何为就业人员提供社会保障？这是一个新问题。与单一就业方式相配套的劳动保险制度已经不能适应现实经济和社会发展的需求。原劳动人事部保险福利局局长傅华中回忆说：

改革开放初期，我国社会保险制度存在的问题，首先是生、老、病、死、伤、残各项保险一揽子综合立法，统得过死。经济条件好的企业全面实行《劳动保险条例》，保险项目齐全，保险待遇好；经济条件差的企业则不能实行《劳动保险条例》，一点保险待遇都没有。其次，社会制度实施范围过窄，几十年如一日，长期局限于全民所有制企业和大集体所有制单位。其三，享受保险的人不缴纳保险费，不利于保险费的开源节流，也不利于培养自我保障意识。其四，计算办法简单。例如，养老保险，规定以本人退休时的标准工资按工龄长短给付 60%、70%、75%。退休金以长期不变的标准工资作为计算基数，标准工资早已与实际工资脱节，退休金不考虑物价变动因素，也不考虑供养人口的负担，这些都不利于保障退休人员的生活。①

为劳动者提供合理的保障，这个问题在人们热议"发展就是硬道理"的时期并没有得到足够的重视。根据原四川省劳动局保险处处长周修杰回忆：

> 那个时候，从上到下流传着一句顺口溜：一工资二调配，保险福利排不上队。每次开工作会，都是负责工资的同志先讲，负责调配的后讲，剩下几分钟了，领导会问问保险工作有什么情况。可你刚一讲，就有人催你了，简单点简单点，什么问题都讲

---

① 夏波光：《社保初期改革：摸"试点"过河——访原劳动人事部保险福利局局长傅华中》，《中国社会保障》2008 年第 12 期。

不透。①

除了重视程度不够以外，改革初期的中国社会也缺乏有关保险福利的基本知识和统一认识。傅华中说：

> 改革之初，什么是社会保险？我国的劳动保险是不是社会保险？现行制度应不应该改革？如何改革？能不能用提高工资、增加福利、扩大救济等办法取代社会保险？人身保险是否就是社会保险？一时议论纷纭、莫衷一是。②

在这种情况下，当时中国的主管部门——劳动人事部保险福利局根据经济和社会形势，以及改革带来的现实需求和挑战，于 1982 年着手起草了《关于保险福利制度的一些情况和改革的初步设想》，提出"要有利生产，保证生活，经费要由三方负担，实行统筹，养老、医疗、伤残保险待遇都要调整"的"三结合"的保障理念。设计的改革步骤是：新兴就业从合同工开始，原有制度从统筹、统管开始。这份设想还提出了，要在"1986 年实现全国统筹，2000 年普及农村保险；建立专门的社会保险机构，实行社会化管理"的远景规划。③但是这样的认识在当时缺乏社会共识，这份改革建议也没有得到充分的政治支持，傅华中回忆说：

---

① 夏波光：《南充试点引发波澜》，《中国社会保障》2008 年第 12 期。
② 夏波光：《社保初期改革：摸"试点"过河——访原劳动人事部保险福利局局长傅华中》，《中国社会保障》2008 年第 12 期。
③ 同上。

整个 80 年代，社会保险改革的推进异常艰难，没有一个"红头文件"，只能动员各地以试点来推动工作，各地也只能靠嘴巴来宣传和推动社保工作，每一项工作都很不容易。法定强制社会保险，没有法律依据开展工作，应该说是不正常的。①

社会保险改革最先起步各地的试点。由于各地的实际条件不同，因此在试点中遇到的问题也各异。从建立社会统筹的养老保险制度来看，阻力来自有实力的国有企业，而对于新兴的非全民所有制企业，由于改革是"从无到有"的创新制度，因此比改革制度要容易得多。对于全民所有制企业来说，改革计划经济的原有保障方式，就要动一些人的奶酪，触动的既得利益越多，改革的阻力和难度也就越大。

2. 劳动用工制度的改革及社会保障方式的变革：深圳的例子

就业方式带动社会保障制度改革的状况在深圳这个经济特区表现得十分明显。深圳在 1980 年建立经济特区时，采取了"建设资金以引进外资为主，企业结构以外商投资企业为主，经济活动以市场调节为主，产品销售以外销为主"的外向型经济模式，传统的固定工制度、工资分配制度和劳动保险制度与经济特区的企业市场化运作不相适应的问题日益突出。1980 年年底，深圳市政府做出了在竹园宾馆和友谊餐厅试行劳动合同制的决定，这一决定也为日后劳动和社会保障体制改革打开了缺口。

---

① 夏波光：《社保初期改革：摸"试点"过河——访原劳动人事部保险福利局局长傅华中》，《中国社会保障》2008 年第 12 期。

深圳市首任劳动局局长张文超讲述深圳进行劳动用工制度改革的故事①

竹园宾馆开业初期生意不错，但好景不长。由于宾馆标准化管理无法落实，服务水准不如人意，住客越来越少。几个月后，生意就冷清下来……

由于在用人方面没有自主权，妨碍了宾馆的发展，刘天就（香港投资人）信心不足，想终止合同。而这变成了深圳劳动用工制度改革的导火索。

得知刘天就想终止合同，1980 年 3 月，广东省劳动局局长程里和工资福利处处长张文超专程来到深圳蹲点调查。他们察觉了用工制度问题，觉得不改确实不行。

怎么改呢？刘天就提出打破"铁饭碗"。他说，"工人捧着'铁饭碗'，我需要的人进不来、不需要的人出不去，企业难以发展。"他建议取消固定工制度，实行合同制，让员工能进能出，称职就留下，否则就走人，用香港话说就是"炒鱿鱼"。"炒鱿鱼"虽然现在司空见惯，但那时在内地还是个新鲜事。为了打开思路，1980 年张文超专程去香港调查了当地的劳动用工制度，"确实觉得视野开阔了"。

调研组听取了刘天就的建议，及时向深圳市领导汇报。市政府同意试行劳动合同制，摔碎"铁饭碗"。1980 年 10 月，竹园宾馆试行劳动合同制，在全国首开先河，6 名员工被"炒鱿鱼"。11 月，一位名叫赖莉的竹园宾馆员工签下了内地第一份雇用合同制工人合同。竹园宾馆成为改革开放后深圳也是内地第一家签订劳动合同的

---

① 刘洪清：《张文超：扛着棉被去"打工"》，《中国社会保障》2008 年第 12 期。

用人单位。《深圳市劳动和社会保障志》编委曾虹文对这一历史事件作出如此评价："劳动合同的出现，犹如原子弹爆炸。"

用工制度改革了，连带着社会保障制度也必须改革。因为在打破"铁饭碗"之后，员工的社会保障问题随之浮出水面，这样，深圳市又开始了改革一个人"生、老、病、死"都由企业保障的旧体制，建立社会共济与个人账户相结合的社会保险新模式。

"要砸'铁饭碗'、破'大锅饭'，就要对工资制度、劳动用工制度、社会保险制度进行全面改革。"深圳市首任劳动局局长张文超回忆道，"社保改革比工资改革还要复杂"。1980 年，张文超在与刘天就等港商开调研会时提出了一个现实问题：搞合同制不搞终身制用工可以，可是员工们的社会保障怎么办？他们退休后怎么生活？"刘天就当场表示，钱他们可以出，但政府应当成立一个部门，统一核算缴费标准和保管这笔钱。新员工可少收保费，老员工则多收。等到员工退休后，由这个部门发放养老金。"这个建议得到了张文超和与会港商的认同。

1982 年 1 月，深圳开始养老保险制度改革的探索，开始对外商投资企业实行社会保险基金统筹，突破企业自保模式，尝试实行社会化保险模式。市劳动局成立了合同制职工保险科，这也是全国首个社会保险机构。合同制职工保险科向竹园宾馆收取了第一笔劳动保险费，标准是员工工资的 25%。根据《广东省经济特区企业劳动工资管理暂行规定》，特区企业工资制度实行劳动服务费的办法，其中 70% 作为职工工资，直接支付给职工，5% 留企业用于补贴职工的福利费用，25% 作为社会劳动保险基金，由企业每月统一上缴市劳动部门，以统筹解决职工的退休和社会保险费用。[1]

这种早期的养老保险制度建设以地区为界限进行统筹，实行属地管理。1983 年，深圳市在保险科的基础上成立市劳动局社会劳动保险公司，明确为处级机构。"那个时候工资、调配等最有权力的部门都是科级，但我们把保险机构的级别定得更高。"[2] 在机构级别设置上，体现出重视社保的良苦用心。同年，《深圳市实行社会劳动保险暂行规定》颁发，全市各种所有制单位合同工养老保险工作全面铺开。一时间，养老金社会统筹成为中国社会热议的话题。

3. 养老金社会统筹及其阻力

1982 年 1 月 4—8 日的重庆座谈会上，会议代表激烈地讨论养老金改革的问题，怎么改？是先搞全民企业退休费用统筹还是先搞集体企业退休费用统筹？当时的四川省劳动局保险处处长周修杰力主先进行集体企业的退休制度改革。按照他的说法，"全民所有制企业存在的问题要解决，尤其是退休待遇低的问题，但集体所有制企业，尤其是小集体，普遍没有实行退休制度，这就好比一个是'吃多吃少问题'，而另一个是'有吃没吃的问题'"[3]。

新建制度可以避免或减少来自各方固有利益和旧制度的制约和阻力。此外，集体企业所在部门一般并非国民经济的支柱产业和命脉，所以改革失败的副作用也比较小。鉴于以上考虑，重庆会议决定，在各省选择一个县或市（县级），或者一个地级市的区，进行集体企业

---

① 《深圳市劳动和社会保障志》编纂委员会：《深圳市劳动和社会保障志》（深圳市专志系列丛书），海天出版社 2005 年版，第 278 页。

② 刘洪清：《张文超：扛着棉被去"打工"》，《中国社会保障》2008 年第 12 期。

③ 夏波光：《南充试点引发波澜》，《中国社会保障》2008 年第 12 期。

退休费用统筹的试点工作。

即使是考虑如此周全，重庆会议的精神仍然遇到了阻力。阻力来自企业，来自在职职工和退休人员，也来自社会上对于集体企业退休养老社会化改革的错误认识和理解。一些学者和官员把社会福利性质的社会保险视为商业保险。许多著名经济学家参与论战，支持将社会统筹的养老保险交给人民保险公司经办。1984 年 4 月 6 日，时任国务院总理的赵紫阳主持中央财经领导小组工作会议，讨论奖金不封顶与保险福利问题。会议最后决定由中国人民保险公司负责全国的集体企业养老保险改革工作。[①]

经历了 20 世纪 80 年代养老金社会统筹的河南社保人回忆改革遇到的阻力[②]

（原河南省劳动厅社会保险福利处调研员毛锋军的回忆）1982 年上半年，开封市第二运输公司的退休人员最先开始闹事。我们形象地把退休人员闹事叫"冒烟儿"，那时候全国已经是四处"冒烟儿"了。开封"冒烟儿"后，劳动人事部保险福利局派叶子成副处长来了解情况。我正好在开封蹲点。在开封，叶子成和一些企业的代表开了一个座谈会，讲了一番退休费用统筹的道理。像第二运输公司这样的穷单位举双手欢迎，而经济效益好且没有退休人员的企业则反对说，"凭什么用我们缴的钱，给其他企业的退休人员发退

---

① 参见夏波光《南充试点引发波澜》，《中国社会保障》2008 年第 12 期；《艰难跋涉的改革前夜（1978—1985）》，《中国社会保障》2009 年第 10 期。

② 夏波光：《三位河南社保人的八十年代记忆》，《中国社会保障》2008 年第 12 期。

休费啊"？叶子成说话比较直，许多反对的企业代表就和他吵了起来，我在那里打圆场……

（原河南省劳动厅社会保险福利处处长李秀生的回忆）武陟县和延津县的统筹办法出台得较快，但也遇到了不小的阻力。我去武陟县蹲点，当时刚刚破除"大锅饭"，一些企业负责人对我说，你们搞什么统筹啊，这不是又回到"大锅饭"了？那时候，县长们也有一个想法，以前发不出退休费，那是企业的事情，搞了统筹以后，一旦发不出退休费，就成了政府的事情，这不是给政府找麻烦嘛。阻力来自方方面面……

当内地还在热议社会保险的实现途径和责任机构时，沿海地区特别是南方经济特区已经开始先行先试，大力推进养老保险社会化的试验了。1983 年，深圳市政府颁发《深圳市实行劳动保险暂行规定》，对全市所有合同制职工实行退休基金统筹。[1] 1985 年 5 月蛇口市劳动局发布了《关于调入特区改为合同制工人的社会劳动保险金收缴办法的通知》，确定凡 1985 年 1 月调入特区改为合同制工人的全民工从调入之日起缴纳保险金。[2]

---

[1]　《深圳市劳动和社会保障志》编纂委员会：《深圳市劳动和社会保障志》（深圳市专志系列丛书），海天出版社 2005 年版，第 1—2 页。

[2]　同上书，第 278 页。

◇ 二 改革开放与社会保障观念的转变

改革开放初期，企业在经营管理、用工制度等方面已经开始了市场化的尝试，但是在人们的观念里，与计划经济相配套的观点和思想仍然占据着主导地位，中国既缺乏有关市场经济的基本知识，也缺少管理市场、纠正市场失灵、弥补市场带来的负面社会影响的经验，缺少在市场经济条件下维护社会公平、防范社会风险的理论。但是，没有社会保障理论和实践的配套，要想从计划经济过渡到市场经济，结果对于社会来说可能是灾难性的。在这种情况下，中国借助改革开放和对外交流的各个窗口，大量地从国外引进有关社会保障的知识、理论、方法和政策，这些学习为中国政策制定者消化吸收，成为中国社会改革的重要思想来源。

（一）传统的社会保障思想观念和理论

在中国的思想传统中，除了孔子的"大同篇"（《礼记》）中"人不独亲其亲，不独子其子。使老有所终，壮有所用，幼有所长。矜寡孤独废疾者，皆有所养"的社会理想以外，还有从社会主义的"各尽所能，按劳分配"向共产主义的"各尽所能，按需分配"发展的社会理想。在改革开放以前，这些理想是通过生产资料的公有化、社会生产和社会分配的计划化具体实施的。由于社会生产的规模和水平与社会理想之间存在较大的差距，因此这些社会理想的贯彻实施是局部的，是分步骤、分行业、分部门的，当然也是不均衡的、缺乏社会公平性的。经济市场化是一柄打破行业和地区壁垒的利器，对于与计划经济相配套的各种保险和福利措施及其理念必然地形成挑战，分割成各个地区和部门的社会体制显然难以为普遍受到市场化经济冲击的社会提供有效的保障，有关社会保障制度改革方向和方法的争论由此而生。

在中国，政策、学术和商业之间存在着一种行政的联系，往往主管行政机构可以联络相关各方，开展政策咨询工作。1983 年 11 月 5—12 日，劳动人事部保险福利局与劳动科学研究所联合在郑州召开了全国性的保险福利问题的学术研讨会。到会的有教学与理论工作者和从事保险福利工作的干部职工，共 140 多人，提交的论文有 120 多篇。讨论的主题是"如何建立和改善具有中国特色的社会主义保险福利制度"，讨论的焦点是中国社会保险的性质、作用、保险基金的筹措和管理体制，以及职工福利等问题。[①] 会议的组织者——挂靠中国劳动部劳动科学研究所的中国劳动学会，在这次会议的综述中明确提出了"保险社会化""保险基金实行统筹"等概念：

> 三中全会以来，我国多种经济的发展，新的劳动制度的试行，需要相应地建立和改善社会保险制度，以解除新办集体、劳动合同制职工和个体经济从业人员的后顾之忧。同时，制度本身也需要进行改革以适应国营企业扩大自主权，实行以税代利的新体制。从发展看，我国人口的增长趋势，劳动队伍的不断扩大，退休人数的增长，社会保险费用的增加等等新情况，都给我国劳动保险工作提出了新课题。主要是要不要把保险实行的范围扩大

① 中国劳动学会秘书处：《改革保险福利制度的理论探讨——记保险福利问题学术讨论会》，《中国劳动》1983 年第 18 期。

到全体劳动者，实现保险社会化？各种经济类型的劳动者都实行何种模式的保险制度？保险基金是实行统筹还是仍由各单位自己管理？各项保险待遇标准根据什么原则确定等等。这些问题都需要从理论上、政策措施上加以研究解决。①

但是，刚刚开始要走出计划经济体系的人们还难以完全体会并解释发生在身边的社会的结构性变化。在会议的讨论中，困惑比比皆是。中国劳动学会秘书处在整理会议记录的时候发现，会议花费了很多时间讨论"保险名称"问题，争论社会保险到底属于"剩余劳动"还是属于"必要劳动"，讨论社会保险的分配原则、保险基金如果实行统筹是否等于平调，等等。这次讨论会虽然认同了建立社会保障制度的必要性，因为在讨论中多数人认为，劳动保险和社会保险并没有本质区别，都是为了"解决劳动者生、老、病、死、伤、残的生活困难问题，是对他们的物质帮助"②，但是一旦开始讨论社会保障制度的覆盖范围、分配原则、执行方式等细节问题，就出现很多不同意见，而且众说纷纭，莫衷一是。

应当说，在社会保险属于"剩余劳动"还是属于"必要劳动"的问题上，认识差别最大。"有的同志认为，社会保险属于'必要劳动'范畴，他们所持的理由是：①社会保险基金用于劳动者的生活需要；社会主义社会'必要劳动'采取劳动力再生产费用的形式，劳动力再生产过程包括成长、发展、维持、衰老、死亡等数阶段，退休费、抚恤金、病产假工资、医疗费等都属生产和再生产劳

---

① 中国劳动学会秘书处：《改革保险福利制度的理论探讨——记保险福利问题学术讨论会》，《中国劳动》1983 年第 18 期。

② 同上。

动力的费用。只有承认社会保险属于劳动者的'必要劳动'，才能在理论上明确，对劳动者的保险应予以保障，不能任意侵犯。有的同志则认为，社会保险属于'剩余劳动'。社会保险费是为'丧失劳动能力而设立的基金'，不是用于劳动者的生活需要，更不是劳动力再生产部分，对于各个劳动者来说，是为社会提供'剩余劳动'。"① 很显然，如果坚持社会保险属于"必要劳动"，费用就应当像计划经济时代一样，从企业的成本中扣除，而不是像多数工业发达国家那样，根据社会风险预防原则，进行社会再分配。

对于社会保险所应遵循的原则，与会者也存在着很大争议。"有的同志认为，按劳分配对劳动报酬有直接作用，对社会保险基金分配有间接作用。也有的同志认为社会保险是按劳分配的'继续'或'推迟实现'。另一部分同志则不同意他们的说法，认为社会保险实行的是社会保障原则，不是按劳分配原则。还有的同志认为，应对各保险项目进行具体分析，其中有的属于按劳分配，有的是根据需要。"② 这些争论反映了当时人们并没有明确意识到，实行社会保险制度需要通过国家权力（包括立法和行政的权力）对市场和社会进行干预，以弥补和修正市场的失灵，因此不能完全依照市场规律和市场原则，不能只算经济账，而必然包含有社会再分配（包括代际再分配）的因素，也必然是一场政治和社会的改革。

与苏联发生的突变相反，在中国，这些变革是渐进式的，甚至可以说是静悄悄的。在改革开放初年，为了发展经济、提高劳动生产率，开始在经济领域里引入竞争机制和市场机制，这些机制同时打破

---

① 中国劳动学会秘书处：《改革保险福利制度的理论探讨——记保险福利问题学术讨论会》，《中国劳动》1983 年第 18 期。

② 同上。

了以传统的城镇劳动保险和农村"五保制度"为基本框架的中国社会保障制度，在让劳动者自由地选择市场就业并参与竞争的同时，使他们暴露在市场风险之中。新的社会保障制度因此呼之欲出。但是，在20世纪80年代初，人们对于市场和市场经济的认识还不清晰，不知道应该在哪些领域建立市场机制和应用市场规则，又用什么方式提供抵御市场风险的社会保护。

在1983年的那次大讨论中还涉及"保险基金统筹"的问题，传统的观念认为这是平调。有的人，特别是站在效益较好的企业的立场上看，认为"社会保险属于劳动者的必要劳动，按劳分配在确定劳动保险待遇中起着影响作用"①，而统筹是搞"大锅饭"，不能体现社会主义按劳分配的原则。但是也有意见认为，各单位之间职工发生生、老、病、死、伤、残的概率极不平衡，保险基金由企业筹集没有切实可靠的物质保障。保险基金必须采取社会统筹的办法，社会保险统筹不是平调，而是社会互助，社会理应承担起调剂的责任。但是对效益好、贡献大的企业应当在计算社会保险待遇时区别对待。②

上述对社会保险认知上的差异，自然地导致了在操作层面上的争议。争议主要围绕着如何统筹社会保险展开。有人主张采取"储蓄积累法"，由企业按月为职工支付保险金；有人认为，除了企业按月缴纳保险金以外，劳动者个人也应当按一定的工资比例投保，这样能够使劳动者更加关心保险事业，也有利于区别计算保险待遇，避免"大锅饭"弊端；还有人提出，社会保险的原则是社会互助，"社会统筹

---

① 中国劳动学会秘书处：《改革保险福利制度的理论探讨——记保险福利问题学术讨论会》，《中国劳动》1983年第18期。

② 同上。

保险基金可以采取现提现用法［即'现收现付'——作者注］，根据
社会保险当前实际需要，按照职工工资一定百分比提供保险基金，按
照享受社会保险的条件、项目和标准支付"①。这种意见其实是主张
劳动保险向社会化保险自然延伸。

观念上的多元和混乱对改革方略的形成产生了一定的负面影响，
为了能够进一步统一认识，创造有利于改革的舆论环境，并提出更加
妥善的改革方案，1983 年 11 月 5—12 日的"务虚"学术讨论会刚开
完，在郑州又召开了"全国保险福利工作会议"（11 月 14—21 日）。
劳动人事部党组成员庞自在总结发言中披露了当时混乱的观念和概
念。至于社会保险制度改革的切入点，即到底是做增量改革，采取
"老人老办法、新人新办法"，还是进行比较全面的改革，仍然没有定
论，但是政策制定者已经倾向于进行比较全面的改革：

　　讨论中，对保险福利制度要改革，大家没有不同意见。但对
为什么要改，意见不尽一致。一种意见是，现行保险福利制度没
有什么问题，主要是工作没有跟上。因此，改革主要是在没有建
立保险福利制度的集体企业和合同制职工中，建立新的保险福利
制度，以适应已经变化了的政治经济形势。另一种意见是，现行
保险福利制度不适应当前政治经济情况固然是个问题，但现行制
度在制订当时也是有弊病的，因此必须改革。也只有这样，建立
新的制度才有正确方向。

　　究竟应该怎样看待这个问题，还可以研究。但我倾向于赞成
后一种意见。因为它较为接近实际，较为符合党中央关于要从多

---

① 中国劳动学会秘书处：《改革保险福利制度的理论探讨——记保险福利问题学
术讨论会》，《中国劳动》1983 年第 18 期。

方面改革那些与"四化"建设不相适应的生产关系和上层建筑的要求。①

还有一个关键的观念问题需要厘清，就是社会保险和商业保险的关系问题。在 20 世纪 80 年代中期，社会保险曾经被视为一种商业保险，由于这种混淆，养老保险统筹业务曾经一度交给中国人民保险公司代办，结果影响了社会保险制度改革的推进。直到 80 年代末，中国的社会保障学界还在努力澄清社会保险与商业保险的区别。

1988 年《中国劳动科学》刊文澄清社会保险同商业保险的区别②

近几年来，理论界和实际工作部门的一些同志把社会保险与人身保险、家庭财产保险等商业保险或金融保险混为一谈。从有利于社会保险事业的正常开展出发，有必要加以澄清。

社会保险是社会保障的重要组成部分，是由国家制定的对公民或劳动者在丧失劳动能力或其他原因不能工作时给予物质帮助的制度……

社会保险具有社会性、强制性、互济性和福利性的特征。其社会性表现在：一方面，它由政府举办，由社会专门机构管理，并体现政府的社会保险政策；另一方面，保险对象广泛，包括社会上不

---

① 《劳动人事部党组成员庞自同志在全国保险福利工作会议上的总结发言》，《中国劳动》1984 年增刊第 2 期。

② 劳动部劳动科学研究所夏积智、葛蔓：《社会保险同现行劳动保险及一般商业保险的区别》，《中国劳动科学》1988 年第 8 期。

同阶层、不同产业的劳动者或者公民，而且由于各种保险计划是针对人的一生中必然会发生的事件设立的，所以为数众多的人能享受到保险待遇。其强制性表现在：由国家确定保险项目、范围，待遇和缴费标准等。一经国家立法确定保险范围，管理社会保险的专门机构与被保险人之间即建立保险关系。其互济性表现在：根据调剂的原则集中和使用资金，解决特殊情况下劳动者特定的基本生活需要，使生、老、伤、残、病、死、失业这些事件造成的经济损失处在人们能够承受的水平，在最大范围内分散经济负担。其福利性表现在：保险待遇根据特殊情况下劳动者或者公民基本生活的需要而制定，而且往往由国家负担一部分保险资金，以满足劳动者的基本生活需要。社会保险之所以由政府指定非盈利性的机构进行管理，就是使其福利性特征有所保证……

社会保险同一般商业或金融保险（简称"一般保险"）有着本质的区别，它们分属于不同的范畴。一般保险属于经济范畴，是一种为应付意外事故而采取的，通过集合多数人的经济能力补偿其中少数人因灾害事故而蒙受经济损失的办法。在社会性、互济性上，与社会保险有相似之处，但它不存在强制性和福利性……

由于一般保险的特性，决定它不能解决社会保险所要解决的问题。以退休养老为例，依照社会保险的原则，劳动者在年老丧失劳动能力时从国家和社会获得物质帮助，这种帮助根据年龄和工龄以及原工资收入水平确定并规定有最低保证数，从而确定了以劳动为尺度的权利与义务关系。资金方面由国家强制用人单位负担，由社会保险专门机构统筹管理，待遇长期享受直至退休者死亡，以满足退休人员基本生活需要。按照一般保险的做法，以劳动者对保险资金的投入为尺度确定权利义务关系，待遇不根据需要制定，资金不采用强制手段征收，而是经过逐年自愿投保，进行一次性补偿。这无法解决社会保障问题。目前我国已有退休人员约1900万，年需退休费用总额约二百亿。这部分人在职期间，个人劳动所得除个人消费以外，没有也不可能向人民保险公司投保。实行社会保险，可以确立"部分累积"的基金方式，那么这部分人的退休养老问题可以得到解决。再以工伤保险为例，一般人身保险对发生伤残者只给予一次性现金补偿，这不足以保障伤残者的生活。属于社会保险范畴的工伤保险由国家和企业给予发生工伤事故的劳动者包括一次性和长期支付的现金补偿以及其它方面的物质帮助，这是一般保险所不能做到的。

劳动保险制度进行改革，只能向社会保险制度发展，决不能实行一般保险。进一步说社会保险事业只能由社会保险机构管理，不能由一般保险机构经营，否则，将使我国社会保险走上商业化保险的歧途。

(二) 借鉴国外经验与社会保障观念的转变

20世纪80年代初，中国社会保障制度面临着亟待改革的巨大压力。但是，如何启动社会保障制度改革的系统工程？从哪里突破？根据什么方案进行改革？却需要破题。从计划经济体制的劳动保险向适应社会主义市场经济的社会保障过渡，是一场前无古人的社会实验。为了能够使这项改革顺利进行，中国的社会保障制度改革者将目光投向外部世界，通过借鉴国外经验，缩短学习和"试错"的过程，希望使中国在社会保障领域的改革和制度建设少走弯路。

自改革开放以来，中国已经通过一些重要的多边国际机构建立了同外部世界开展深入交流的渠道，这些机构包括世界银行、国际劳工组织和联合国开发计划署等，它们在国际上与和社会保障相关的政、商、学界有广泛的联系并拥有一定的资源，这些资源和联系恰好为急于学习和善于学习的中国改革者所用。

1983 年，世界银行与中国在经济领域进行首次合作。中国在与世界银行的合作中特别强调了"知识合作"。世界银行和中国政府的合作协议中提出了引进国际先进理念、知识、管理、制度和经验，以促进中国经济体制改革与制度创新。为此，中国接受了世界银行多期的技术援助项目，尤其是使用了大量的技术合作信贷，通过组织海外参观学习、研究、调研、研讨会及咨询，为中国引入新的理念和方法。在社会保障领域，世界银行为中国深入了解国外的社会保障体制和管理经验创造了条件，一些专门针对社会保障的技术援助项目以及包含在技术合作信贷中的众多子项目，推动了政府在社会保障领域的能力建设。[①]

世界银行还通过发布专题报告的方式在中国传播与市场经济配套的社会保障的观念和做法。在 20 世纪 80 年代，世界银行对中国的政策分析报告总是受到中国政府的高度重视，享有极高声誉。对中国最重要、最具影响力的报告是 1985 年出版的《中国：长期发展的问题和方案》，其中特别指出，中国需要制定新的社会保障制度，以满足日后经济体制改革的需要。1985 年 10 月，该报告推出后不久，当时

---

① 谢世清：《中国与世界银行：推动能力发展》，经济科学出版社 2014 年版，第 25—40 页。

颇具影响力的中国媒体《世界经济导报》就在 1985 年第 266 期刊发了题为《世界银行考察团提出：中国迫切需要制订社会保障制度》的文章，《中国劳动科学》在 1986 年第 1 期全文转载了这篇文章。

> 《中国劳动科学》全文转载《世界经济导报》介绍世界银行建议中国社会保障制度的文章①
>
> 世界银行经济考察团在新近出版的《中国：长期发展的问题和方案》的报告中提出，中国"迫切要求解决的问题是制定一套社会保障制度来满足改革以后的经济体制的需要"。
>
> 报告说，中国企业越来越成为经济实体，这就不可避免地同它们目前所起的提供多种社会服务的作用相矛盾。价格和工资必须越来越反映其经济作用，不能再象过去那样通过人为的操纵来实现社会目标。经济方面的迅速变化将意味着有些企业加速发展，而另一些企业则将收缩，甚至关闭。有些职工可能要暂时失业。这样就有必要采取有组织的手段来援助失业者和其他因经济变化而遭受困难的人。经济增长也会提高人民的期望，要求国家更多更直接地负起提供社会保障和福利的责任。
>
> 报告说，全面的社会保障从行政上来说是复杂的。然而在这方面中国比其他国家有更为有利的条件，特别是中国已经有现成的机构组织可以作为基础。城市地区有户口制度，在农村有原来的公社、大队和生产队制度，可以先利用这套制度来实行社会保障计划。

---

① 《世界银行考察团提出：中国迫切需要制订社会保障制度》，《世界经济导报》1985 年第 266 期；转引自《中国劳动科学》1986 年第 1 期。

报告认为，根据国家直接负责保证最低限度经济保障的原则，中国除从预算收入中调拨必要的资金外，还可以建立一项全国性的社会保险基金。高收入者应在其工资或收入超过规定水平的那部分中拿出一些来付给保险基金，而收入低于某一规定的家庭则可以领取一定数额的补充收入。报告说，这项办法有助于保证今后将实行的改革和政策措施。如：允许企业解雇职工，拉大工资差距，取消对食品、房租等货品的补贴等。不会使有的家庭的生活降低到无法为社会接受的水平。

报告说，社会保障要解决的问题是既向有迫切需要的人提供补助，同时又尽可能不减少鼓励人们就业的刺激因素。因此，不管实行哪一种办法，都要在预算开支、行政开支、损害就业鼓励因素和产生不公平现象这些因素之间权衡利弊。

报告建议，国家管理的社会保障计划及很多复杂的问题，最好建立一个高层的社会保障委员会来制定一项长期办法，分期执行。

除了世界银行外，其他国际多边机构也逐渐扩大了同中国的合作。在世界社会保障领域发挥重要作用的国际劳工组织1985年1月31日开设了北京局。参加开幕仪式的劳动人事部副部长李云川在致辞中阐明了中国政府为了实现现代化目标而引进国外知识和经验的热切愿望，以及与国际劳工组织开展合作的积极态度：

中国人民在为实现"四个现代化"和"翻两番"的宏伟目标进行不懈努力时，还需要引进技术，引进知识，引进资金，这是我们开放政策的主要内容，也是我们持久不变的既定政策。我们知道，国际劳工组织在开发智力，组织培训，传播管理经验等方面做了不少的工作，积累了经验。中国政府一向本着积极态度愿同国际劳动组织在技术培训、劳动保护等方面发展合作，并愿通过它开展多边与双边的交往，为国际劳工组织做出更多的贡献。①

国际劳工组织北京局的首任局长伊恩·钱伯斯则在发言中列举了国际劳工组织与中国政府在职业培训、劳力计划、待业与就业等问题上的长期合作，并强调指出，国际劳工组织的意向是一方面向中国政府机构、工会和企业组织提供国际劳工组织在相关领域里的研究成果、工作经验和知识技能；另一方面从中国学习并积累经验，用于发展中国家的发展。国际劳工组织与中国的合作主要是安排和提供"专家咨询服务"，并且组织考察、提供资金。②

河南社保人回忆参加社会保险培训班的情况③
李家骥（原河南省劳动厅社会保险福利处副处长）：我们的业务水平（在推行养老金社会统筹时）的确有个提高的过程，但这要感谢劳动人事部。那个时候，劳动人事部非常注重业务培训，与国际劳工局搞过多次培训，我参加过 3 次。

---

① 《国际劳动组织北京局隆重举行开幕典礼》，《中国劳动科学》1985 年第 3 期。
② 同上。
③ 夏波光：《三位河南社保人的八十年代记忆》，《中国社会保障》2008 年第 12 期。

> 李秀生（原河南省劳动厅社会保险福利处处长）：第一次社会保险培训班是 1986 年 9 月搞的，在北京西三旗空军招待所，学员有 100 多人，讲课的都是外国专家，来自七八个国家。学员们了解了外国的情况，开阔了视野，也初步明白了社会保险的原理、原则、方法，都反映收获很大。《人民日报》《经济日报》分别给予了报道。

因此，在 20 世纪 80 年代中国改革开放的初期阶段，中国有着强烈的、学习发达国家的发展经验服务于中国发展需要的动力，而各国际组织也有强烈的、向中国提供发展经验和政策建议以影响中国发展进程的动力。这就促成了一波迅速的，并且是全方位的中外在社会保障领域里的交流。世界银行和国际劳工组织是重要的交流渠道，但是中外交流不限于此。除了多边渠道，中国还利用各种可能的双边渠道和各种资助渠道，以“请进来，走出去”的方式，就社会保障制度改革的方式和政策进行考察、调研和交流。例如 1986 年 12 月 27 日到 1987 年 1 月 10 日，一个包括劳动人事部、民政部、人民保险公司、体改委、国家计委和中国社会科学院在内的中国代表团，应美国有关方面的邀请，赴美国专门考察社会保障问题。这次考察历时虽短，但涉及的知识领域相当全面。赴美考察团的领队，中国劳动学会会长悦光昭后来在报告中写道：

> 代表团先后访问了波士顿、纽约、华盛顿三个城市。在波士顿，布兰戴斯大学为我们举办了一期讲习班，介绍了世界各国社会保障制度的历史和现状。在纽约，由代表团的资助单位——美国大都会保险公司介绍了该公司的情况，使我们对私营保险业有

了了解。在华盛顿，代表团受到美国社会保障署、劳工部、城市研究所、国会预算办公室和美中贸易全国委员会的接待，重点是了解由政府举办的社会保障项目的情况。①

这样的交流拓宽了中国人的视野，也迅速更新了中国人在社会保障领域的知识和观念。从代表团成员回国后发表的文章来看，20 世纪 80 年代初期热烈讨论的问题，比如社会保险的属性是"必要劳动"还是"剩余劳动"等，已经开始让位于针对养老金的筹集模式、计算方式和管理模式等务实问题的讨论。

　　劳动人事部工作人员在赴美考察社会保险制度后提出进一步改革中国养老保险制度的建议②

　　随着经济体制改革的进行，企业的经济形式、经营方式和劳动工资制度发生了很多新的变化。我国现行退休养老金的筹集方式、退休金的计算方法以及保险工作的管理，都已很不适应变化了的情况，需要研究改革。最近，我有机会去美国对美国社会保障制度进行了短时间考察，觉得美国的一些做法和经验对于我国职工养老保险制度改革不无参考借鉴之处，值得加以研究。

　　……

　　从我国的具体情况出发，参考美国的做法，下面对我国养老保险制度的改革提出几点不成熟的想法，与大家共同探讨。

---

① 悦光昭：《赴美考察社会保障札记》，《中国劳动科学》1987 年第 5 期。
② 华文：《关于我国职工养老保险制度改革问题——美国社会保险制度考察后的思考》，《中国劳动科学》1987 年第 12 期。

第一，关于养老保险基金的筹集问题。

中共中央关于"七五"计划的建议中指出："建立健全社会保障制度应从我国当前的国情国力出发"，"社会保障资金应由国家、企业和个人合理负担，以企业和有收入的事业单位承担为主，改变过去全部由国家包下来的办法。"政府和企业负担部分养老保险经费是必要的，而职工个人交纳部分养老保险费也是有好处的。第一，可以减轻国家的负担；第二，可以调动个人关心社会保险事业的积极性；第三，可以发动企业和职工监督对社会保险基金的合理使用，防止有关部门任意削减或挪作他用；第四，三方交钱，可以互相制约，防止在交费和享受待遇上弄虚作假，搞不正之风……

对于养老保险基金的筹集"模式"，目前有三种主张。一是"完全积累式"，即本人在职时按月交钱，积攒起来，退休后自己使用；二是"完全现收现付式"，即提取的退休基金以够当年开支为限；三是"部分积累式"。几种方式相比较，"部分积累"的方式有利于应付人口老龄化的需要，也可以较好地发挥社会保险基金在年度之间的调节作用。……我国的养老保险基金将来也可以实行"部分积累"的方式。至于积累额度以多少为宜，要通过较长时期的摸索，方可确定。

第二，关于退休养老基金的计算问题。

这个问题是退休养老保险制度的一个重要问题，它关系到退休金水平的确定，也关系到我国当前劳动和工资制度改革的深入发展。……在经济体制改革中，我国新出现了租赁、承包企业，中外合资、合作企业，外资企业，等等；劳动制度改革，打破了"铁饭碗"，实行了多种用工制度，劳动力能进能出，职工开始合理流动；

工资制度改革，实行职工工资与企业经济效益和个人劳动贡献挂钩，拉开了收入差距。在这种复杂的情况下，退休金再以原来的简单的办法计算，显然不适应……

首先，我国退休金的计算基数也应考虑适当扩大，以保障退休职工不致因退休实际收入下降过多。

其次，退休金的计算方法，可否考虑分段定率，实行高工资低比例、低工资高比例的办法……

第三，关于改变单一层次的退休金制度问题。

美国退休金分为法定退休金、企业补充退休金和个人储蓄退休金三个层次，第一层次约相当于原工资收入的40%，第二层次约为20%，两者合计为60%左右。我国退休金只有国家法定退休金一个层次，最高为标准工资的75%，如按全部工资收入计算，一般不过50%左右。根据我国目前出现的多种经济形式、多种经营方式、多种用工制度、多种工资制度的新情况，看来单一层次的退休金制度，难以适应形势发展的需要。因此，是否考虑改行"基本加补充"的办法，即国家规定基本退休金，企业根据自己的生产情况规定补充退休金。前者用以保障退休职工的基本生活，后者用以体现各企业的经济能力和经济效益差别，以鼓励企业努力把生产搞好……

第四，关于养老保险工作的管理问题。

我国现行养老保险工作的管理，基本上还是手工作业的方式，很不适应工作需要。但是，要象美国那样实行高度集中的现代化管理，眼下也还难办到。……当前的问题是，需要切实执行中央的指示和决议，尽快把各级统筹委员会建立起来，对统筹工作实行人、钱、事统一管理。在统筹范围之内的，该征收的统筹基金要按时收缴上来；该支付的退休待遇，必须及时支付。这项基金，必须专款专用，任何单位和个人都不能挪作它用。为此，应健全机构，充实干部，建立财务管理、财务监督以及工作人员的岗位责任制度，切实把这项工作管好。

在"走出去"学习国外制度和经验的基础上，大批的国外专家和学者还被"请进来"，考察中国的社会保障制度。这些专家针对中国的实际情况，提出一些具体的改革建议。例如，1989 年 3 月 23 日至 4 月 7 日，国家体改委牵头邀请美国麻省理工学院斯隆管理学院弗里德曼教授、国际劳工组织亚太分局顾问汤姆森先生、新加坡中央公积金局副总裁蔡仪先生三位外国社会保险专家来华，对北京、上海、无锡、大连、沈阳等地的社会保险制度改革，特别是对养老保险筹资模式和失业保险等问题，进行了广泛深入的调查研究。在此基础上，国家体改委还邀请了 30 多位中国国内的专家和有关部委的工作人员，召开了为期 2 天的中国社会保险制度改革国际研讨会，并在研讨会上传播三位外国专家的观点，推动思想和意见的统一。[①]

三位社会保险专家基于发达工业化国家对社会保障的规律性认识和长期积累的专业知识，发表了一些有关中国社会保障制度改革的看法，在当时的政学两界受到重视。例如他们提出，"现收现付"的养老保险筹资模式难以应对必将到来的人口老龄化和退休高峰压力，需要采取"部分积累"的方式，建立养老金预筹机制，在这方面西方发

---

① 国家体改委国外经济体制司、分配体制司：《弗里德曼教授等外国专家对我国社会保险制度改革的几点意见》，《中国劳动科学》1989 年第 7 期。

达国家没有现成的经验，但是"新加坡模式"和"智利模式"可以提供参考。当然，专家们也提出一些预警，例如推行预筹积累制需要一些条件，包括财政、企业和个人的承受能力，通货膨胀状况，投资环境与金融市场的发育，管理体制及管理水平。由于以上四个方面的条件尚不成熟，建议中国尽早从部分积累式的预筹入手，逐步向充分预筹制过渡。另外，由于中国在一段相当长的历史时期内将保持多元化的经济格局，且中国内部经济发展不平衡，因此专家们建议中国不要采取单一的养老保险模式，而是实行"混合型养老保险"。他们强调，老年保障是多层次的综合保障，其中包括家庭保障、自我储蓄式的保障、互助互济型的保障等，国家不宜一包到底、全部解决。三位专家还联名讨论了其他相关问题，例如提高退休年龄和青年人就业之间的矛盾如何解决，应当运用精算来确定社会保险的给付水平等。在概念上，专家提出的社会保险作为一大社会系统工程，不仅包括了养老、医疗、失业、工伤等各个方面的保障系统，而且是一项上百年或几百年的事业，制度一旦确立，将影响几代人甚至十几代人，因此对于社会保险制度的改革应慎之又慎，要预估到十年、二十年后可能发生的变化，包括企业、人口、财政等方面的变化，而不能操之过急。①从日后中国社会保障制度改革的实践中，可以清晰看出这些观点对于中国社会保险福利的观念转变，特别是对于社会保障改革总体战略和政策产生了怎样的影响。

---

① 国家体改委国外经济体制司、分配体制司：《弗里德曼教授等外国专家对我国社会保险制度改革的几点意见》，《中国劳动科学》1989 年第 7 期。

◇ 三　社会保障领域里的改革实验

如同其他领域里的改革一样，中国在社会保障领域里的改革和建制也是从"试点"开始：为了达到"过河"的目的，在没有现成"桥梁"的条件下，先派几个人到河里去寻找可以通向彼岸的"石头"。这里，"过河"是目的，"石头"是路径或工具，不过路径或工具没有现成的，需要下力气去寻找。寻找的方法是选择试点，先行先试，总结经验，加以推广。

（一）集体企业的试点工作

试点工作在初期是艰难的。1982 年 1 月，关于社会保险改革的重庆会议过后，四川省确定南充市作为试点县，进行集体企业退休费用统筹的试点。由于中国在社会保障领域的法律不健全，当时的试点工作并没有法律依据，只能参照宪法中的有关条文，"摸着石头"开展工作。

南充市当时是一个以轻工业为主的县级小城市，在职职工只有 7.1 万多人，其中集体企业职工 2.2 万多人，占职工总数的 31%。这些集体企业一般规模不大，生产经营很不稳定，经济力量薄弱，企业之间的经济负担能力相差悬殊。随着职工队伍年龄老化，退休人员逐年增多，退休费用负担过重的问题日益突出。集体企业的养老保障问题严重地制约着集体经济的发展。在推行试点之前，已经有集体企业自发地创办了形式不同的退休养老办法，以保证职工能够安心工作。

> 集体企业退休费用统筹试点前南充集体企业自行创办养老保障方式①
>
> 1981年的时候，南充有个叫张宣和的联合22名待业青年，创办了一个文化生活服务社，属于街道办的集体企业，主要从事书画装裱。因为部分职工担心以后退休无生活来源，从1982年3月开始，这个小企业开始实行劳动保险基金储存办法。规定，全社正式职工按不同年龄每人每月分别从本人工资中提取3至5元，社里再从福利费中相应提取3至5元，作为劳动保险基金，建立专账储存。凡正式职工经批准退休后，可按月领取退休金。

在成为试点后，南充市由副市长分管、由劳动局和第三工业局的干部组成工作组，对全市52个街道企业的生产和盈亏状况、经济能力、职工队伍年龄结构、工资水平、退休费用的开支等情况进行了全面调查，摸清了基础数据，为养老基金的筹集比例和养老金的支付办法提供了参考依据。最后，南充市确定了集体企业退休费用统筹的最终方案：

第一，低标准的退休金。按照傅华中的话说，就是"够吃咸菜饭就可以喽"，这样就保障了退休职工最基本的生活，同时企业的负担也不过重。

第二，采取了"国家资助、企业多纳、个人少出"的原则建立养老保险。企业按照职工工资总额的20%左右提缴养老保险费，个人按照标准工资的3%缴纳。国家资助表现为两个方面：一是给予参保企业

---

① 夏波光：《南充试点引发波澜》，《中国社会保障》2008年第12期。

利润分成的优惠，参保的街道企业上缴街道的利润分成由原来的20%
降为10%；二是税收优惠，企业缴纳养老保险费定在税前缴纳。由于
原来的《劳动保险条例》中规定，保费全部由企业承担，个人无须缴
费，因此南充市在试点过程中，在推行个人缴费时遭遇了很大的阻力。
《南充市城镇集体所有制企业职工老年社会保险暂行办法（试行）》（以
下简称《暂行办法》）出台后，很多领导和职工都强烈地反对个人缴
费，甚至提出个人缴费违反社会主义原则，认为社会主义的国家和企
业应当负责劳动者的保护，不应再由个人缴费，这些反对意见险些使
《暂行办法》胎死腹中。在支持和反对的双方僵持不下的时候，一名企
业的女会计做了一个慷慨激昂的发言，局面才得到扭转。原南充市社
会保险局局长朱梓尧认为，对于当事人来说，个人缴费至少有四项好
处："能够促使职工关心社会保险事业；有利于发动群众监督保险基
金；有利于筹集保险金；还可以作为日后计算退休待遇的一个依据。"①
总之，经过激烈的辩论，个人缴费原则才得以坚持了下来。

第三，退休待遇采取"基本"与"补充"相结合的办法。社会
统筹的退休金采取了低标准的基本退休金，保障退休人员的基本生
活，企业另外想办法，为职工提供补充养老金，保证生产搞得好的企
业的职工可以得到本企业一定的补助退休金。这种"基本加补充"的
办法一方面可以保证退休人员的基本生活，另一方面也可以解决生产
经营条件参差不齐、经济能力高低不一的矛盾，避免全民所有制单位
在保险待遇上"吃大锅饭"的弊端，体现了责、权、利的一致性，把
退休待遇与企业生产好坏结合了起来。

南充试点起到了很好的示范作用，从1982年10月开始，新华

---

① 夏波光：《南充试点引发波澜》，《中国社会保障》2008年第12期。

社、《经济参考》《四川日报》《工人日报》相继对南充试点做了报道。1982 年 12 月，劳动人事部在南充市召开了座谈会，请南充市试点的有关人员介绍改革经验，会后，傅华中在《人民日报》上发表署名文章介绍南充经验，明确提出了要建立"基本加补充"的社会养老保险，养老保险金要通过"缴费"筹集，实行"社会统筹"，"专款专用"等概念，在全国引起了关注。①

傅华中："让他们没有后顾之忧——关于解决集体企业社会保险问题的意见"②

目前，有相当一部分集体所有制单位——主要是区、县以下的"小集体"企业，还没有建立社会保险制度，这些企事业的职工对于因年老、疾病或伤残丧失劳动能力有后顾之忧。这个问题已影响集体经济的进一步发展。我们应当高度重视集体经济职工的社会保险问题，并采取积极措施加以解决。

指导思想上要立足改革，勇于创新。我国国营企业的保险制度，对解除职工的后顾之忧，起了积极的作用。但是，这种保险制度存在包得过多，吃"大锅饭"的问题，因此也有一些消极影响，需要逐步加以改革。我们研究建立集体经济职工的保险制度，一定要立足改革，勇于创新。要从集体经济的实际情况出发，量力而行，瞻前顾后，兼顾国家、集体、个人三方面的利益，探索出一条适合我国国情和集体经济特点的新路子。

---

① 夏波光：《南充试点引发波澜》，《中国社会保障》2008 年第 12 期。
② 傅华中：《让他们没有后顾之忧——关于解决集体企业社会保险问题的意见》，《人民日报》1983 年 2 月 27 日第 5 版。

在具体办法和待遇上，要适合集体经济的复杂情况，提倡灵活多样，不搞"一刀切"。城镇集体经济很复杂，有区、县和各主管局所属的大集体，有街办的小集体，有各个时期建立的老集体，有近几年发展起来的新集体，有厂办的集体，有以家属为主建立起来的"五七"工厂，有以知青为主建立起来的厂、点、社，以及劳动服务公司，等等。他们的经济条件、经营状况、人员构成，都不一样。因此，保险的办法和待遇水平的规定，一定要按照实际情况办，不可强求一致。例如，四川南充市采取社会统筹低标准的基本退休金，保障退休职工的基本生活，企业另搞补充办法，保证生产搞得好的单位的职工可得到本企业一定的补助退休金。这种"基本加补充"的办法，一方面保证了退休职工的基本生活，另一方面也解决了生产经营条件参差不齐、经济能力高低不一的矛盾。这就避免了全民所有制单位那种在保险待遇上吃"大锅饭"的弊病，体现了责、权、利的一致性，把退休待遇与企业生产好坏结合起来。这种社会保险制度就可以起到"有利生产，保障生活"；"发展生产，改善生活"的作用。除了上述办法之外，有的地方和部门还试行了另外一些办法。例如，由集体所有制单位的主管部门，自行规定退休金标准，在本部门范围内统筹退休金；由保险公司规定几种退休金标准，由企业代职工投保，职工退休时，按投保的标准享受待遇，等等。这些办法都可以继续试行，并在实践中总结、完善。

保险经费的来源问题。南充市采取三方出钱，即"国家资助，企业多拿，个人少出"的办法，这就把各方面的积极性都调动起来了。所谓国家资助，主要是指允许企业在税前提取保险基金，银行对保险基金存款给予稍高于企业一般存款的利息，主管部门适当降低企业上交利润的比例。目前，对解决老年社会保险个人要不要出点钱的问题，还有不同看法。我认为，少出一点钱有好处：第一，能够促使职工关心社会保险事业；第二，有利于发动群众监督保险基金的正确使用；第三，对于筹集保险基金也有帮助；第四，还可以作为计算退休待遇的一个依据。

建立老年保险制度，必须有退休基金预备金。建国之初，我国实行的《劳动保险条例》，是预提两个月的保险基金作为预备金，那时职工队伍年轻，看病花钱不多，退休养老费更少。现在情况大不相同了。这笔"开办费"不是预提一两个月，而是要预提一两年，以至更多的费用才能解决问题。这需要有关部门、有关方面好好算账，在实践上研究具体解决办法。

保险基金一定要统筹。最好是经济条件好的和经济条件差的企业一起统筹，新老职工一起统筹。如果社会不统筹，由企业自负退休费，就会产生企业负担畸轻畸重的现象。有些经济力量薄弱或退休职工较多的单位，势必支付不起这笔保险费用，就无法建立老年社会保险制度，勉强搞起来也难以维持下去。社会保险是社会事业，它本身就具有统筹、储备、调剂的特点。当然，集体经济组织的情况千差万别，开始统筹保险基金的范围不宜太宽，可以先按公司、行业、街道统筹，待条件具备后再逐步扩大到市、县（区）以至全省。

统筹的退休金，一定要在银行专项储存，专款专用，不许平调或挪用。

解决好集体所有制单位职工老年社会保险问题，是一个涉及到促进城镇集体经济发展的重大问题，除了制订政策、筹集经费之外，还有大量的组织管理工作要做，需要各级领导重视，认真抓好。

在充分调研试点的基础上，国务院于 1983 年 4 月发布了《关于城镇集体所有制经济若干政策问题的暂行规定》，在全国推广南充经验。《暂行规定》要求城镇集体所有制企业根据自身的经济条件，量力而行，提取一定数额的社会保险金，逐步建立社会保险制度，解决职工年老退休、丧失劳动能力的生活保障问题，社会保险基金在征收所得税前提取，专项储存，专款专用。各省、市、镇要各自制定社会保险办法。实施范围有大有小，项目有多有少，标准有高有低，方式灵活多样。但是对退休费都采取了统筹的方法，对最迫切的养老和医疗都有具体规定。医疗保险一般不是由集体企业全部包下来，职工个人也负担一部分，以便减少医疗费和药费的浪费。①

从南充试点中提取的主要经验是：通过"三结合"的方式（政府、企业、个人三方集资），建立社会养老保险，实现养老金社会统筹，平抑社会风险。改革起始于部分集体所有制企业，后在大集体企业全面试行，仍由行业主管部门实施统筹和管理，劳动部门负责指导和协调。1984 年，南充市开始在国有企业全面推广养老金统筹的经验，由劳动部门经管和实施统筹。同年，养老金社会统筹试点也在江苏、广东等省的部分县市推开，正式拉开了中国养老社会保险制度全面改革的序幕。②

前面讲到，在改革初期，有不少人以为，社会保险与商业保险相似，是一种商业机遇。1984 年国务院决定由中国人民保险公司负责集体企业的养老改革；1984 年 3 月，四川省人民保险公司的经理坐镇

---

① 夏波光：《艰难跋涉的改革前夜（1978—1985）》，《中国社会保障》2009 年第 10 期。

② 中国劳动和社会保障部组织编审：《新中国劳动和社会保障事业》，中国劳动社会保障出版社 2007 年版，第 687 页。

南充，要求南充移交集体企业保险的经管权，而南充的主管部门则拒绝移交经管权，一些集体所有制企业把养老保险的经管权交给了保险公司，但是人民保险公司很快就发现收不上来多少钱，只搞了半年就放弃了这块业务。① 类似的情况也出现在其他地区。商业保险以盈利为目的，当人民保险公司发现社会保险的本质是社会福利，而争来的经营权并无利可图之后便不再积极推动这项工作。② 这样的失败教训汇入中国社会保障制度改革的主流，只产生了短时间的负面影响，随着有关社会保障理论和实践经验的普及，社会保障制度维持社会稳定发展的功能成为普遍的认识。

（二）国营企业的养老金统筹和个人缴费

20 世纪 80 年代初期，国有企业中尚未形成就业市场，国有企业用工制度的改革（劳动合同制和工资制度改革）到 1985 年才开始正式推行。在劳动制度改革推行之前，国有企业就已经开始进行社会保险统筹试点，这不是出于市场化就业的需要，而是出于搞活企业、推动国营企业市场化经营、提高国营企业市场竞争能力的需要。根据四川省职工社会保险事业管理局局长杨大学的回忆，"80 年代初期，增强企业活力是改革重点。实行退休费社会统筹，既能解决退休费负担畸轻畸重的问题，又能让各类企业人才流动起来。可以有效地搞活企业"③。因此，集体企业的社会养老保险统筹试点开始后不久，国营

---

① 夏波光：《南充试点引发波澜》，《中国社会保障》2008 年第 12 期。

② 夏波光：《艰难跋涉的改革前夜（1978—1985）》，《中国社会保障》2009 年第 10 期。

③ 同上。

企业的退休费用社会统筹也开始了。

改革开放之初，在企业管理和经营中引入竞争机制曾经被看作落实社会主义按劳分配原则、提高劳动生产率的关键。1977—1978 年，中国经济学界连续四次就按劳分配问题召开全国规模的讨论会。1978 年 3 月，邓小平与国务院研究室负责人谈话时指出，按劳分配的性质是社会主义的，我们一定要坚持按劳分配的原则。[①] 从 1977 年到 1983 年，在国营企业和机关事业单位中进行了一系列的工资改革，除了要解决历史遗留问题以外，就是要具体落实"按劳分配、多劳多得"的原则。1979 年的工资调整方案强调要按照劳动态度、技术高低、贡献大小进行考核，并以贡献大小作为主要考核依据。在 1983 年的企业职工工资调整中，则采取了调整与改革相结合及"两挂钩""一浮动"的方针。"两挂钩"就是：调整工资与企业的经济效益挂钩，与职工个人的劳动成果挂钩；"一浮动"是：升级后继续考核两三年，合格者的工资才能固定，否则就把级别降下来。同时，国营企业中恢复了计件工资和奖励工资制度。[②] 1985 年以后，企业职工工资的增长实行与本企业经济效益挂钩，国家不再统一安排职工的工资改革和工资调整。[③]"提高效益"成为国企改革初年的关键概念。

与国营企业劳动用工制度改革相适应，企业开始走向市场，自主经营，自负盈亏，同时要奉行竞争和效益原则，摆脱企业和国家之间的"父子关系"。为了使企业能够在市场上公平竞争，需要为企业创

---

① 严忠勤主编：《当代中国的职工工资福利和社会保险》，中国社会科学出版社 1987 年版，第 97—98 页。

② 同上书，第 100—109 页。

③《国务院关于国营企业工资改革问题的通知》，转引自严忠勤主编《当代中国的职工工资福利和社会保险》，中国社会科学出版社 1987 年版，第 115—118、178—181 页。

造一个公平竞争的环境，包括帮助企业卸掉劳动保险的包袱，使包含有"公平"和"社会保护"成分的社会责任负担社会化。因此，在集体企业社会保险统筹改革之后，国营企业的社会保险统筹也开始进行试点。

上面讲到的 1983 年年底的郑州学术讨论会，当时虽然出现了很多争议，但是最终多数与会者仍然认同养老退休费用需要实行社会统筹的观点。在集体企业社会保险统筹取得初步经验的基础上，会议布置在四川省自贡市、广东省江门市和东莞市、江苏省泰州市、辽宁省黑山县等地进行全民所有制企业退休费用统筹试点。① 由于企业养老负担畸轻畸重且退休金缺乏保障的情况影响到了地区经济的发展和社会稳定，这些进行养老金统筹试点的城市都非常积极地开始了试点工作。由于各地的具体情况不同，养老金统筹也各有特点，为日后在全国铺开养老金社会统筹工作积累了经验。

1. 四川自贡试点的情况②

四川省选择的养老金社会统筹试点城市是自贡。自贡以千年盐都而著名，到 1984 年全市已有全民所有制企业 2162 个，职工近 20 万人，其中盐业职工约占 24%。很多盐业工人都是解放前和解放初期参加工作的，企业退休人员多，企业养老负担重，例如自贡的贡井盐厂 1983 年实现利润 79 万元，需要支付的退休费却高达 185 万元。高额

---

① 夏波光：《艰难跋涉的改革前夜（1978—1985）》，《中国社会保障》2009 年第 10 期；傅华中：《关于职工退休费用社会统筹问题》，《中国劳动科学》1987 年第 6 期。

② 关于自贡养老金社会统筹试点的情况参见夏波光《自贡试点的价值与遗憾》，《中国社会保障》2008 年第 12 期。此文是对经历过自贡养老金社会统筹试点的原四川省职工社会保险事业管理局局长杨大学和原自贡市社会保险事业局局长向明富的访谈。

的退休费使一个盈利的企业变成了亏损企业。随着养老负担的逐年加重，退休费占工资总额的比重从 1964 年的 3% 上升到 1984 年的 40%，有的企业甚至高达 69%。养老负担扭曲了企业真实的经营情况和社会分配，这些老企业靠国家补贴过日子，奖金少、集体福利差，职工的生产积极性受到严重挫伤。而机械、化工、电子、纺织等新企业，由于退休职工少，退休费开支仅占工资总额的 5%—10%，还有 86 个市属以上单位尚无退休职工，因为没有退休费负担，因此职工工资高、奖金多、福利好，生产积极性高。这种因退休费负担畸重畸轻而导致企业盈利和亏损的不合理差距，使国家很难考核企业的经济效益。在自贡，受到退休费拖累的企业占到 40%，不仅使改革举步维艰，而且一些退休人员因为领不到退休金经常到省里上访。

自贡市经过大量调查研究、反复测算比较、广泛征求意见，在 26 个方案的基础上制订了一个切实可行的退休费用社会统筹方案，形成了自贡市《全民所有制单位实行退休基金社会统筹试行办法》，从 1985 年 4 月起试行。与南充的养老金社会统筹试点相比，自贡试点的特点是坚持用人单位付费的缴费原则，没有实行个人缴费。

自贡市的退休费用社会统筹试点进展并不顺利，主要阻力仍然是养老负担较轻的企业。例如自贡市的东方锅炉厂，参加养老金社会统筹后，每个月要上缴统筹费 12 万多元，而该厂退休职工的各种费用的总额每月只有 6 万多元，因此自然不愿意参加统筹。自贡市本着根据"实际需要，略有结余"的精神，采取了"统一与区别"相结合的办法，实际也是一种妥协，即"四六开"：六成按工资总额计算，即各单位统一按上年月平均工资总额 12.5% 的比例缴纳退休基金；四成按各单位实际支出的退休费计算，即按上年度月平均实际退休费开支的 40% 缴纳。这样既适当解决了企业退休费用负担畸重畸轻的问题，又避免了按同一比例提取养老金。

统筹后虽然适当解决了企业退休费负担畸重畸轻的问题，但少数企业还是会出现退休费用"大增大减"问题，如大安盐厂一年减少支出 72.7 万元，东方锅炉厂一年要增加支出 26.7 万元。增加支出多的单位还是不愿意参加统筹。由于中央直属企业多是退休职工少、统筹后退休费用增加的企业，它们普遍不愿意参加自贡的养老金社会统筹试点，自贡市就向国务院"告御状"。1984 年 12 月 27 日，国务院法制局就此召集了情况汇报会，会议最终决定：中央、省属单位全部参加退休费社会统筹。中央一声令下，大多中央在自贡的直属企业在几个月内先后签订了退休费社会统筹合同。

尽管如此，第一年下来仍有五个中央直属企业没有参加社会统筹，占了中央所属单位的 1/7，影响了整个统筹工作的顺利进行。企业之间相互攀比，有些已经加入统筹的机关事业单位第二年退出了统筹。一些原本纳入社会统筹的项目（如退休人员的医疗费用），也被迫从统筹中剔除了。

退休费用的社会统筹改革所引发的社会利益再分配一石激起千层浪。反对统筹的意见声势浩大，新华社记者也参与其中，通过撰写报告，批评自贡试点是在搞"平调"，引起很大反响。劳动部门内部也有不同意见，四川省人民保险公司争着要抓养老金社会统筹业务，找学者写文章、造声势，刮起了一阵相当强烈的要养老金社会统筹"下马"的舆论风。

但是，养老金社会统筹的改革毕竟保障了退休人员的利益，改善了他们的生活状况，让他们能够及时、全额领取到养老金；养老金的社会统筹发挥了调剂作用，减轻了部分企业的养老负担，改善了它们的经营环境，促进了这些企业的生产发展；改革还改善了对退休职工的管理服务，统筹以后，自贡市采取了按居住地就近就地定点发放退休费和报销医药费的办法，大大方便了退休职工。自贡市在全市的 17 个县属区建立了退休管理站，170 多个乡、9 个镇、16 条街道，建立了退休管理小组，采取"专群结合"的管理办法，落实了专人管理。所以，自贡市在改革试点的过程中，通过寻求上级支持，打破养老退休领域里的社会分配利益链，实现了社会福利的优化。

2. 江苏泰州试点的情况①

在江苏省泰州市，退休费用负担的畸轻畸重同样带来了严重的社会问题。根据原泰州市劳动局"双退统筹办"干部姜长发回忆："在上世纪 80 年代初期，国民经济结构发生了很大的变化，一些企业处于停产或半停产状态，这些企业退休人员拿的退休金很少，意见很大。随着经济体制改革深入，这一状况进一步加剧，养老制度的改革不得不为。在十一届三中全会以后，随着经济体制改革的进行，完全由用人单位负担退休人员待遇的做法已经无法适应现实的需要，劳动部于是确定在江苏省搞试点。"②

当时泰州市委、市政府也迫切希望在经济领域改革中有所作为，而江苏省确定在泰州市搞试点更是基于多方面的考虑：首先，泰州市是当时江苏省两个计划单列市之一，财政由省里直接管辖，财政体制比较利于推动养老金社会统筹；其次，泰州的城市工业较为发达，改革有利于经济发展，试点经验也便于推广；最后，城市人口不多，但

---

①　向春华：《泰州统筹试点三人谈》，《中国社会保障》2008 年第 12 期。此文是对原泰州市劳动局计划调配科科长王兆明、原泰州市劳动局"双退统筹办"干部姜长发和原泰州市商业局劳资科长殷建华的访谈。

②　同上。

是退休人员比较多，新制度可以更好地保障退休人员的生活。

泰州被定为试点之后，政府有关人员即开始积极筹备养老金社会统筹一事。由于国内普遍缺乏相关知识，他们就开始学习和借鉴其他国家的经验。在社会统筹试点之前，劳动部曾派人到国外进行过考察，泰州市有关人员就联系了这些实地考察过国外社会保障制度的人员，通过他们了解国外的有关情况。同时，还找人翻译了一些国外的资料，从中汲取有益的经验。

之后，泰州市便在全市进行调查摸底，收集进行养老金社会统筹所必需的基础数据。1983 年下半年，泰州市劳动局进行了几次摸底调查，了解全市在职人员与退休人员结构和工资状况。1984 年年初，对统筹缴费比例进行了测算。这些准备工作为社会统筹的实施奠定了较好的基础。

泰州市的养老金社会统筹试点也遭遇了很大阻力。最大的问题是职工在计划经济体制之下养成的观念一时难以扭转。无论是在职职工还是退休人员都不愿意参加社会统筹。在企业保障的条件下，每逢传统节日，企业都会给退休人员发红包、日常生活用品，在退休金之外，仍有一定的福利待遇，而一旦参加了社会统筹，这些福利就没有了，因此已经退休的人员不愿意参加社会统筹。受此影响，临近退休的在职人员也不愿意参加统筹。年轻职工就更不愿意了，他们认为，退休人员享受的养老金都是由他们所缴纳的统筹费用支付的，等到他们自己退休时，情况究竟如何是没办法预料的。

当然，企业养老负担的不同决定了它们对社会统筹态度的差别。一般来说，效益好、养老负担轻的企业都不愿意参加养老金的社会统筹。像石油等资源性企业，效益好，退休人员福利比较高，就不愿意参加统筹。像机械局，新企业多，退休人员少，退休负担轻，也不愿意参加统筹。而商业系统的一些老企业，如饮食服务公司，经济效益差，退休人员多，在职人员与退休人员比例达到 1：1，无论是企业还是退休人员，都愿意参加社会统筹，因为他们参加统筹，对企业来说就意味着减轻了养老金负担，而对个人来说则意味着退休收入有了保障。

为了保证养老金统筹试点能够顺利推进，泰州市在试点伊始就于 1984 年 4 月成立了"双退统筹领导小组"，由副市长朱寿林任组长，下设"双退统筹办公室"，办公地点在劳动局，具体组织"退休费"和"退职生活费"的社会统筹工作。这是试点工作得以推进的组织保障。

面对来自职工和企业的各种阻力，泰州市依靠行政系统的组织和动员能力，首先通过积极的宣传和交流改变人的观念，使职工和退休人员逐步接受了养老金社会统筹的观念。然后，泰州市逐个做通各主管工业局的工作，在工业局领导层达成一致，再通过他们去做具体企业的工作。

此外，在具体落实养老金社会统筹方面，泰州市还采取了"分步走"的做法。首先是依照行政体系在各个行业系统内实行统筹，把大部分统筹费用都留在系统内，小部分上缴统筹办，大概实行了半年多时间。其次就实行全市统筹。之所以过渡一下，是因为有的系统效益好、退休人员少、退休负担轻，而有的系统效益差、退休人员多、退休负担重，一下子就实行全市统筹无论是主管工业局还是企业都接受不了。这个方法收到了很好的效果。像商业局，系统内企业有好有差，但整体比较平衡，先搞系统内统筹，局里基本上没有意见。即使效益好的系统，由于往系统外拨的钱不多，意见也不会太大。但是，"开弓没有回头箭"，一旦参加了社会统筹，再想退出，就没那么容易了，最后不管乐意不乐意，这些企业不得不参与全市统筹。

泰州的养老金社会统筹试点也没有要求个人缴费，所有的养老金负担全部由企业承担。这样做主要是考虑到历史和国情。在当时流行的观念是："我参加了工作，我就是国家的人了。我要认真劳动，国家要负责我的生活和福利。"让个人缴费，无论是领导还是个人一时间都还难以接受。

四川自贡和江苏泰州的试点都是在国有企业和国有经济占有比较大的影响的地方进行的，遭遇了大同小异的阻力。但是，在其他地区，特别是在国有企业缺位或不够强大的地区，养老金社会统筹稳步推进。例如 1985 年 9 月、1987 年 1 月和 11 月，深圳市分别在全民所有制和集体所有制单位实行了退休基金统筹。在七年的时间里，深圳市完成了养老金社会统筹从在合同制职工中试行到成为覆盖全体企业员工的制度的转型。

1986 年，国务院发布《国营企业实行劳动合同制暂行规定》要求对国营企业新招收的工人一律实行劳动合同制，并规定了劳动合同制工人退休养老办法，即企业按劳动合同制工人工资总额的 15% 缴纳退休养老费用，工人按不超过本人标准工资的 3% 缴纳退休养老费用。此后，个人缴费制度逐步推广到全部企业职工。[①] 退休费用的社会统筹成为劳动制度改革的重要配套措施，统筹工作在各地加快推进。到1987 年，全国已经有 600 个市、县实行了养老金的社会统筹，约占全国市、县总数的 1/4。包括上海、北京、武汉等直辖市、计划单列市及一批省会城市在内的 114 个市实现了市级统筹，占当时市级行政区

① 中国劳动和社会障部组织编审：《新中国劳动和社会保障事业》，中国劳动社会保障出版社 2007 年版，第 689 页。

划总数的 1/3。① 当时，全民所有制企业退休基金统筹存在的普遍问题是统筹层次过低，基本是市级和县级统筹。因此，社会统筹对减轻企业社会负担虽然起到了一定作用，但是对于劳动力全国流动、消除地区差别等的促进作用并不明显。

1991 年 1 月，国务院发布了《关于企业职工养老保险制度改革的决定》，提出建立国家基本养老保险、企业补充养老保险和个人储蓄性养老保险相结合的多层次养老保险制度，基本养老保险费用由国家、企业和职工个人三方共同负担，实行个人缴纳养老保险费，基本养老基金实行社会统筹和部分积累的筹资模式。这是改革开放以来国务院关于社会保险工作的一份重要文献。② 与此前的相关文件相比，这一决定明确了中国养老保险制度改革的基本方向是国家、企业和个人三方共担责任，根据"支付费用的实际需要和企业、职工的承受能力"筹集，值得注意的是，《决定》还在借鉴了"新加坡模式"和"智利模式"的基础上，部分采纳了"积累"的概念，提出了要遵循"以支定收、略有结余、留有部分积累的原则"。当然在经办机构方面，确定了"基本养老保险费转入社会保险管理机构在银行开设的养老保险基金专户，实行专项储存、专款专用，任何单位和个人均不得擅自动用"，"地方各级政府要设立养老保险基金委员会，实施对养老保险基金管理的指导和监督"③ 等原则。可以说，这一《决定》奠定了此后中国养老保险制度改革发展的基石。

---

① 傅华中：《关于职工退休费用社会统筹问题》，《中国劳动科学》1987 年第 6 期。

② 中国劳动和社会保障部组织编审：《新中国劳动和社会保障事业》，中国劳动社会保障出版社 2007 年版，第 687 页。

③ 同上书，第 693 页。

养老保险社会统筹的社会作用很快显现出来：在解决了企业养老负担畸轻畸重问题的同时，为数以千万计的退休职工提供了基本生活保障，使得他们获得了社会安全感，而此前，由于他们的退休金由企业支付，安全系数取决于企业的经营状况。对此，《人民日报》专门刊发了署名文章，介绍养老保险社会统筹在保障退休劳动者基本生活和为企业减轻负担方面的作用。

中国：2200 万[①]

……退休职工迅猛增加的企业开始在养老问题的重荷下喘息，这样的企业实在难以胜数……

大连综合修配六厂，这家坐落在沙河口区一条狭窄胡同里的小厂，有 99 名在职职工，而退休人员却多达 445 人，99：445。这家厂子，年利润不过 20 来万元，而每年需支付的退休费用高达 37 万元，10 年间共欠发退休费和各类补贴 34 万元。尽管厂长走马灯似地先后换了 17 任，可谁也没本事开出一剂救治这个企业的灵丹妙药。

不妨听听六厂退休女工丁力荣唠唠家常：俺 1982 年退的休。俺老头是大钢（大连钢铁厂）劳模，47 岁就得癌症没了。俺一人拉扯 4 个孩子。退休头一年，厂里每月还能给俺开 30 块钱，第二年就只有 20 来块了。就这点钱，还没个准儿。逢到开饷，俺心里就犯怵，生怕看到厂门口小黑板上"延期开饷"几个字。那时，一到开饷，厂长、书记都躲着不照面，你着急也没用。有好几次，老姐妹们合计每人凑 3 块钱上访，俺也掏了钱……

---

① 吴光、哈晓斯、戴春华：《中国：2200 万》，《人民日报》1990 年 11 月 11 日第 5 版。

六厂穷在哪里？职工也在议论。

"咱们一人养活四五个人，谁能养活得起？"在职的职工说。

"厂子是咱们打下的江山，到底谁养活谁？"退休的职工说。

类似大连修配六厂的企业，全国有一大批！

进入 80 年代后，建国初期参加工作的一大批老职工陆续进入退休年龄，新老企业之间退休费用负担畸轻畸重的矛盾越来越突出。在纺织、粮食、盐业、搬运等传统产业，退休费用相当于工资总额的 50% 以上，个别企业甚至超过工资总额；而在电子、仪表、化工等新兴产业和新建企业，退休费用不到工资总额的 5%，个别企业一个退休职工也没有。当时的办法是企业"自扫门前雪"，而每个企业门前的雪却厚薄悬殊。越来越多的企业感到难以承受了。

……

1984 年国家劳动人事部受国务院委托，在广东省东莞市、江门市和四川省自贡市开始试行企业职工退休费用社会统筹。

统筹，是国家按企业工资总额的一定比例，从企业征集退休养老基金，经过通盘调剂，再按照企业实际需要的退休费用，返还给各个企业的社会养老管理办法。这是大数法则在社会保险中的具体运用。统筹使企业责任转化为社会责任，让社会来保障退休职工的生活。

1987 年 10 月，奄奄一息的综合修配六厂也参加了大连市职工退休费用社会统筹。到 1989 年底，前后共受益 31 万余元。今年头 3 个月，六厂缴纳的统筹基金为 6400 元，而从社会保险管理机构调剂支付的实际退休费用接近 8 万元。企业负担大大缓解，并能按国家规定，为所有退休人员增加一个工资级差的退休费。六厂退休工人紧锁的眉头舒展了。那些过去常年上访的老太太，如今争先恐后地为养老保险作宣传，其中有几位还上了电视。去年冬天，厂里第一次给退休工人发了取暖费。那天，丁力荣和几个老姐妹流了泪："感谢党！感谢政府办的养老保险！"

一面"社会保险，利国利民"的锦旗，由六厂退休工人送到大连市社会保险管理机构，至今悬挂在会议室里。六厂的今昔，是社会保险制度发挥保障作用，为企业复生增加活力的一个实例与缩影。

历经六个春秋，这项大有前途的事业在全国各地方兴未艾，并已初具雏形。

据劳动部提供的材料，目前全国国营企业已有5000万在职职工、900余万退休职工参加了退休费用社会统筹。社会保险管理部门年调剂、支付退休费用已达100亿元；全国已有1000多个市、县实行了集体企业职工退休费用社会统筹；全国1200万劳动合同制职工也参加了养老保险；全国各级劳动部门已建立2700多个社会保险管理机构，拥有社会保险专职干部2万多人。

……

1989年末，中国的经济在整顿中面对着严峻的形势：银根紧缩，市场疲软，工业生产速度下降，部分企业陷于停产半停产困境。

退休职工的生活怎么办？

丹东，中国最大的边境城市。年初经济发展速度、效益居全省第一，年底一跟头栽到倒数第一。

丹东丝绸四厂，从6月起就有部分车间停工待料，最多时全厂有800多人停工回家，占职工总数1/3还多。停工要减工资，从厂领导起无一例外。幸亏参加了社会统筹，市社会保险部门拨来了30万元，使1000多退休工的退休费分文没少发。

以生产孔雀表著称的辽宁手表厂，在市统筹单位中历来是多交少收的大户，去年陷入窘境：流动资金，一个月至少要600万"开门钱"，现在一分没有；全厂上万张嘴等饭吃，1至3月靠贷款才开出工资；从元旦起，全厂职工医药费一分没报……

没想到，社会保险管理部门找上门来，告诉他们，统筹基金可以缓交，退休费用市里照拨。这真是雪中送炭！

在国务院一次会议上，劳动部长汇报说：到目前为止，参加统筹的900万离退休职工，不论是在退休职工多的企业，还是在停产半停产企业，都能按规定如数领到离退休费。

在经济产生波动时，社会保险表现了保障生活、稳定人心的功能。在不可抵御的自然灾害袭来时，同样如此。

在1988年发生于云南耿马、澜沧的地震中，230户参加退休费统筹的企业或轻或重都遭到破坏，4000多名退休职工的生活立刻成了问题。是社会保险管理部门调剂的38万元救了燃眉之急。

1989年盛夏，一场特大洪灾淹了浙江金华地区200多家参加统筹的企业。社会保险管理部门对受灾企业减免统筹基金近20万元，同时调剂退休费用近10万元，帮助企业和退休职工渡过难关。这已是两年中的第二次了。

养老保险社会统筹给企业松了绑，使得企业作为正常的市场行为主体从事经营活动，或在经营不善的情况下没有社会负担地宣布破产。在全国首例企业破产案——沈阳市防爆器械厂破产案中，退休职工从沈阳市的社会保险机构足额领取了退休金，因此，他们对破产安置表示满意。沈阳市防爆器械厂破产前有职工 72 人。破产后，有一部分职工自找门路，一部分提前办理了退休手续，还有 29 名职工待业。为了妥善安排待业及退休职工的生活，中国人民保险公司沈阳市分公司正式履行救济职责，从社会保险基金中支付救济金。退休职工仍然享受集体企业职工的退休待遇，退休金由沈阳市的保险部门支付，由街道办事处发放。①

破产引起的连锁反应②

8 月 3 日，沈阳市防爆器械厂宣告破产。

对产不抵债、复苏无望的企业宣告破产，波及社会的各个方面，引起了一系列连锁反应。

……

首当其冲的，一是原沈阳市防爆器械厂的职工……

这个厂最后一次全体职工大会结束后，人们三个一群，五个一伙，议论开了：

"倒闭了还能享受退休职工的同等待遇，真没想到。"

"伤残人安置到社会福利企业工作，想得周到。"

---

① 王兴生、赵文泉：《沈阳市防爆器械厂破产后待业职工开始领取救济金》，《人民日报》1986 年 8 月 26 日第 2 版。

② 周保华、江绍高：《破产引起的连锁反应》，《人民日报》1986 年 8 月 8 日第 2 版。

退休工人和伤残人是满意的。

"吃大锅饭不光彩，吃救济饭也丢人。"

"收入减少，虽说能吃饱，但别想吃得那么好了。"

"现在最大的愿望是早一天找个职业！"

这是失业职工们的真实心情。

社会上对破产企业职工受到政府的妥善安排，反应是强烈的。市工商联副主任委员刘永慈感慨不已，她对记者说："企业倒闭，本身是消极的东西。但是，现在要发展商品经济，吃'大锅饭'，好赖都包起来，是包不下去的。经营不下去了，宣告破产，用经济手段管理经济，逼得你好好干，消极办法能起积极作用。"

……

工会，以维护工人合法权益为己任。市总工会的一位负责同志说："一年半以前，说起企业破产时，我们工会是唱反调的。现在，工会成了积极支持者。原因是我们想过这个理来了。濒临倒闭的企业，职工生活也陷入困境，我们包生活，保就业，也没能把他们引出困境，这是消极的维护。破产处理后，大部分职工可以重新就业，在新的天地里施展才干，一部分基本丧失劳动能力的人名正言顺地享受社会救济，这是积极的维护。"

（三）从"就业保障"到"待业保险"：就业市场化的不断深入

20 世纪 80 年代，中国社会保障领域里的另外一项重要改革是开始探索如何建立失业保险制度，这也是经济市场化改革不断深入的结果。随着经济体制改革的不断深入，企业不断地向市场经济主体转变，需要依照市场规律来配置包括劳动力在内的各种要素资源。因此，劳动力资源配置的市场化成为改革的必然趋势，这是企业用工制度改革的根本动力。但是，在20世纪80年代，中国企业还不是单纯的"经济行为体"，还承载着各种各样的社会职能和责任。由于社会保障体系尚未建成，"就业保障"就不只是残存在人们头脑的老观念，同时也是劳动者维持生活的必需。同时，在经济体制转型的过程中，一些在计划经济体制下成长起来的职工，他们需要转变观念和更新技能，才可能适应市场化就业的需要，从被动地被计划经济体制安置，被国家和企业安排工作和生活，转变成为在市场条件下谋生存、谋发展的主动的"经济人"。这种人的能力和生活场景的转变在很大程度上与外部条件和体制的转变联系在一起。需要创造一个"解放劳动力"的体制机制——比如基本的生活保障、必要的技能培训、必需的就业市场信息等。如果社会能够有效地提供这些社会服务，那么，劳动力的转移和解放就会比较顺畅。20世纪80年代中国就业制度的改革采取的不是完全按照一般经济规律将富余劳动力直接推向市场，让他们自生自灭，而是以一种有组织的、疏导的、渐进的方式，推动中国历史上前所未有的劳动力大转移。

1. 劳动制度改革和企业富余人员的安置问题

在计划经济体制中，企业中人浮于事、生产效率低下已成痼疾。中国实行改革开放并引入竞争机制后，必然要触及这种不适应市场经济的用工制度。在1983年整顿企业时，解决企业富余人员的问题就已经提上了议事日程。根据当时的测算，全国企业的富余人员约占职工人数的15%。由于劳动制度和用工制度尚未改革，富余人员的安置工作带有"权宜之计"的味道。劳动人事部、国家经委、财政部为解决企业富余人员的问题制定了若干安置政策，在三年多的整顿期里，从 1983 年至 1985 年，全国共安置富余人员 300 多万人，企业人浮于事的状况得到一定改善。到了 80 年代中期，由于推行了企业承包经营责任制，劳动制度改革进一步深入，提高了劳动效率，加上产业结构调整、生产任务的变化，企业富余人员的问题再度突出。1988 年前后，根据福建、浙江、山西、云南、陕西、河北等省的调查，企业富余人员占职工人数的 8%—15%。按此推算，全国国营企业的富余职工约有 1500 万人。也有的地方和企业估计，如果按严格的定员定额组织生产，企业富余人员比例可能达到职工人数的 15%—20%，实际企业富余人员要超过 2000 万人。[①]

中国在计划经济体制下，由于各方面条件的限制，长期实行的是部分企业的"就业保障"，提供就业机会不仅被视为政府的一项重要任务，而且消除失业也被认为是社会主义制度优越于资本主义制度的一个重要特征。直到 20 世纪 80 年代末，这种观点仍然具有重要的影响力，认为"失业政策"不可行的观点依然十分流行。

关于"失业政策不可行"的观点[②]

改革十年中我们一直使用"待业"的概念，近两年报刊杂志大肆宣传"失业"的"好处"，认为失业可成为调动职工积极性的手段。最突出的观点是某些市场论者认为，不管是社会主义，还是资

---

① 任泽民：《关于解决企业富余人员问题的思考》，《中国劳动科学》1988 年第 11 期。

② 康永和：《论劳动服务公司——兼谈失业问题》，《中国劳动科学》1989 年第 8 期。

本主义，只要实行市场经济都要造就一支失业大军，失业是有益的。并且批评"待业"之说是为了好听，与"失业"没有差别，承认待业不搞"失业"是旧思想观念的反映。这种观点我不赞成。如果这种观点成为制定国家就业政策的原则，安定团结的大局经常受到威胁，就成了不可避免的事情……

现在有些同志提出了改"保障就业"为"保障失业"，使失业成为"安全失业"，这一主张值得商榷。改"保障就业"为"保障失业"，是社会主义所不能允许的，即使资本主义社会也不会提倡。争取提高就业率，实现充分就业，是资本主义国家竞选总统、总理的响亮口号。因为就业意味着劳动力创造财富，失业则只消费而不生产。

"安全失业"的论点也是没有根据的。失业对劳动者毫无安全可言。失业对劳动者只会产生危机感，不可能产生安全感……

"失业是饥饿的鞭子"。饱尝失业痛苦的人，是不愿再挨这种鞭打了。失业者面对的是吃不上饭，吃不饱饭的现实。有许多"安全失业"论者会说，多给你失业救济金，你不是安全了吗？试问，我们实行的是低工资政策，失业救济金能多吗？即便国家有这样的财力，与其搞失业救济，还不如兴办有利于社会的劳动服务公司……

在这样的舆论环境和社会条件下，中国政府确立了处理企业富余职工的两个基本原则：一是效率原则，"对企业富余职工，一要坚决地从岗位上撤下来，不能'三个人的活五个人干'"；二是公平原则：

"要坚持由企业消化，不能推到社会上。要通过发展劳动、生活服务公司和其他形式，开辟新的生产和服务门路；同时，要积极组织培训，为他们的转业创造条件"①。因此，整个 80 年代，在改革企业经营制度和劳动用工制度过程中出现的富余人员，主要是由企业内部自行消化，通过广开生产、服务门路进行安置。那些一时难以安置的，实行企业内待业，并开放企业内的劳务市场，进行厂际交换，一般没有推给社会，成为社会不安定因素。②

依照企业内部安置为主、社会安置为辅的原则，80 年代企业内部富余人员的安置途径主要有：

第一，企业内部安置、消化。主要依靠开辟新的生产项目，发展第三产业，搞多种经营来安置富余人员。据福建等六个省的调查，在已安置的人员中，70% 是通过这条途径安置的。

第二，开展余缺调剂，劳务输出。据福建等六个省的调查，通过余缺调剂的职工，约占被安置富余职工的 10%。富余人员的余缺调剂主要由劳动部门和企业部门在地区和行业范围内，将富余人员调剂到新建、扩建企业，以及其他需要增加人员的单位。

第三，政策性安置。据福建等六个省的调查，政策性安置的人员约占被安置富余人员总数的 9%。安置对象及办法是：对家庭有困难以及怀孕、哺乳期间的女工，经本人申请，可以放长假，放假期间发给 60% 的工资；对愿意辞职的富余人员发给一次性生活补助费；对接近退休年龄不能坚持生产的发给一定的生活费离岗休养，待达到退休年龄再正式办理退休；富余人员要求短期离开企业自谋生计的，可以

---

① 《加快劳动、工资、人事制度的改革——赵守一部长在全国劳动人事厅（局）长会议上的报告（摘要）》，《中国劳动》1985 年第 1 期。

② 倪新松：《十年劳动就业的回顾与展望》，《中国劳动科学》1989 年第 3 期。

办理停薪留职手续等。①

富拉尔基纺织印染厂安置富余人员的调查②

齐齐哈尔市富拉尔基区纺织印染厂是 1966 年建成投产的中型棉纺织厂。现有全民职工 8112 人，其中固定工人 7243 人，合同制工人 867 人，计划外用工 2 人。几年来，该厂以深化企业内部改革为动力，以提高经济效益为中心，整顿劳动组织，坚持有组织、有领导、有计划地把富余人员从一、二线上撤下来安置到劳动服务公司，较好地解决了富余人员安置问题。

该厂精简安置富余人员的具体做法是：

一、配备强有力的劳动服务公司领导班子。……该厂在配备、调整劳动服务公司领导班子中，始终遵循民主评议、组织考核、厂长批准的原则，把最优秀的干部派到劳动服务公司去。强有力的领导班子使整个公司获得了生机，并在发展中壮大，由刚刚成立时的仅有五名手推车的一个回收队，发展到今天拥有四台汽车、一套价值 12 万元的引进干洗设备和一套被服生产电气化设备的综合性服务公司，同时还改善了工作环境，盖起了简易办公楼。职工收入、经济效益也逐年提高。

二、建立精简富余人员制度。为保证富余人员能从岗位上撤下来，充分调动在岗职工的积极性，他们制定了一些制度：一是成立精简富余人员领导小组，主要领导亲自挂帅；二是依据劳动规范，

---

① 任泽民：《关于解决企业富余人员问题的思考》，《中国劳动科学》1988 年第 11 期。

② 孔子为：《富拉尔基纺织印染厂安置富余人员的调查》，《中国劳动科学》1987 年第 11 期。

搞好平均先进的定额和合理的岗位定员，以"先定后减"为原则；三是对被精简人员实行由工段、车间提名，经厂长办公会集体讨论决定；四是对被精简不服从分配的人，首先给予批评教育，如再不服从分配，扣发工资的30%直至停发工资。以上制度的建立，使那些"上班顶不了岗或顶岗不出力"的人及时被调整出岗。自1984年以来，该厂根据上述制度，对全厂二十多个部门和车间的富余人员进行了精简，先后精简了391人，基本上做到了原单位、接收单位和本人满意。

三、广开门路，妥善安置。为安置被精简的富余人员，该厂共上了七个生产项目：

第一是为工厂加工工作服等劳保用品。安置82人。过去工厂购买这些用品每年需4.2万元，现在，全部由劳动服务公司加工，还聘请高级裁剪师指导制作一些中、高档服装，投入市场销售。1986年盈利1万元，今年1—6月份盈利6千元。

第二是生产小香槟饮料。安置63人。1986年盈利10万元，今年1—6月份盈利6.28万元。

第三是回收全厂的废旧物资，修复后再使用。安置112人。1986年盈利5.2万元，今年1—6月份盈利1.9万元。

第四是生产"38"棉平布。安置9人。1986年盈利2.4万元，今年1—6月份盈利2.1万元。

第五是开办了一个印刷厂，对内对外印刷各种表格、文字材料和办公用纸。安置31人。1986年盈利1万元，今年1—6月份盈利1.1万元。

第六是引进意大利干洗设备，成立了干洗店。安置13人。

今年1—6月份盈利5千元。

第七是办了一个百货商店。安置11人。今年1—6月份收支平衡。

这七个生产项目共安置321人，剩下的人员为工厂出劳务，使富余人员都得到妥善安置。

……

该公司还将开辟新的生产门路，扩大安置阵地，继续承担接受安置富余人员的任务。据了解，他们还将建立一个无纺织布生产车间和一个小型塑料制品加工厂。无纺织布是很好的防水用品，生产成本低，利用工厂的废棉、落地棉和回花等作为原料，既利用了废料，又可安置富余人员40—50人。小型塑料制品加工厂还可安置20—30人。

几年来，通过精简安置富余人员，在全厂一、二、三线人员中较好地开展了全面劳动管理，调动了在岗职工的积极性，职工工资收入和企业经济效益普遍提高……

按照上述做法，绝大多数的企业富余人员得到了安置，他们或者走上了新的工作岗位，或者通过病假、退休等方式得到了基本的生活保障。但是，仍然有一小部分富余人员是最终安置不了的。根据有关部门1988年的测算，改革劳动用工制度并允许企业辞退富余职工的结果是，最后可能会有3%左右的职工被辞退到社会。当年全国共有固定职工9000多万人，如果辞退3%的人员，社会上将增加失业人员300多万人，实行企业破产法后，还会有300多万名职工失去工作，加上城镇中已有的300多万失业人员，以及其他原因造成的失业，城镇中的失业人员总数将会达到 1100 多万。① 怎么样保障他们的基本生活并为他们的就业创造条件？这是继续推动企业改革面临的一个重要问题。为了保证进一步改革所需的安定的社会环境，同时也为了解决这些失业人员的生活困难，中国政府开始探索建立失业保险制度的路径。在开始阶段，囿于"社会主义无失业"的观念，解决失业问题的政策被称为"待业"而非失业。1986 年出台的《国营企业职工待业保险暂行规定》就是一例。与此同时，国家开始动员各种力量，包括国家、集体和个人的力量，以及多方面的资源，创造新的就业机会，更新这些富余人员的技能，让他们能够走上新的工作岗位。在这一方面，劳动服务公司发挥了重要的作用。

2. 一种"新型的社会组织"——劳动服务公司

在 20 世纪 80 年代的中国，劳动服务公司在中国的社会变革中发挥了重要的作用。改革开放初期，中国的就业问题十分突出，而且随着改革开放的进程，就业问题不断发展。对于一个十数亿人口的大国来说，保障就业与社会稳定发展息息相关。改革初年，邓小平曾指出："现代化生产只需要较少的人就够了，而我们人这样多，怎样两方面兼顾？不统筹兼顾，我们就会长期面对着一个就业不充分的社会问题，这里问题很多，需要全党做实际工作和理论工作的同志共同研究，我们也一定能找出适当的办法来妥善解决。"② 所以，在解决就业问题方面，中国调动了全党全国的智慧和力量。劳动服务公司就是根据中国国情、为了解决严峻的就业问题而创办起来的，它后来成为

---

① 任泽民：《关于解决企业富余人员问题的思考》，《中国劳动科学》1988 年第 11 期。

② 转引自何光《关于劳动就业工作的几点意见》，《中国劳动》1985 年第 6 期。

中国社会保障改革进程中一个具有浓烈中国特色的机构。

十一届三中全会后，中国各地普遍根据中央政府的要求建立了劳动服务公司。1979 年 1 月，中央提出："要广开就业门路，各地要多办些集体所有制的农、林、牧、副、渔业、手工业、商业服务业、劳动服务公司、城市公用事业等。"①

劳动服务公司创立之初，就得到国家的大力扶持，1980 年 5 月 31 日，财政部和国家劳动总局联合给各省、市、自治区劳动局、财政厅（局）发出了《关于下达一九八〇年城市劳动服务公司补助费指标的通知》，给予劳动服务公司以资金支持。② 除了中央财政的补助之外，一般主办单位也给予一定的财政支持，同时，劳动服务公司还能享受三年减免所得税的税收优惠。③ 这样，劳动服务公司得到了飞速发展，到 1985 年，全国共建立各级各类劳动服务公司 4.5 万多家，建立起 1269 所培训中心和各种培训班，兴办了 21.8 万个小型集体企业，能够提供 614 万个就业岗位，每年可以给 160 万人提供职业培训。④

随着劳动服务公司的发展，并由于它们在安排就业方面发挥了重要作用，政府的劳动部门明确了劳动服务公司的定位：

劳动服务公司既担负着组织社会劳动力，进行经济活动的任

① 南京市地方志编辑委员会：《南京劳动志》，方志出版社 1999 年版，第 68 页。

② 《财政部国家劳动总局下达一九八〇年城市劳动服务公司补助费指标》，《中国劳动》1980 年第 8 期。

③ 王英才：《解决就业问题要发挥劳动服务公司的作用》，《中国劳动科学》1990 年第 4 期。

④ 孙志贤：《劳动服务公司在解决就业上的作用与在劳动力管理中的地位》，《中国劳动科学》1986 年第 6 期。

务，又担负着劳动部门的部分行政职能。它用经济手段和行政管理相结合的方法组织和指导劳动就业。在当地政府的统筹规划和领导下，把待业青年和其他待业人员组织起来，进行就业训练和参加有津贴的义务性劳动，实行半工半读，为就业作好准备。然后按照经济发展的需要和个人具备的条件，经过考核，通过发展集体经济和个体经济就业；按照企业需要介绍就业；向企业输送临时工，或组织临时性的劳动。①

在不能将企业富余职工直接推向社会、不能简单地动用"失业保险"解决劳动力转移这个难题的指导思想下，劳动服务公司就成为企业和社会之间转移劳动力的一座桥梁，被誉为"统筹劳动就业、输送和管理企业临时用工、开展就业训练的一种综合性机构"，一种"劳动力'蓄水池'"②。随着企业经营机制和劳动用工制度的改革，劳动服务公司在吸纳企业富余人员方面起到越来越重要的作用。1985 年，劳动人事部副部长何光在一次讲话中谈道，劳动服务公司是一种新型的社会劳动组织，兼有行政职能和经济职能。它担负着组织、训练、输进、调节、吞吐劳动力的任务。……在劳动制度改革中，劳动服务公司为使职工能进能出提供了社会条件。它开始改变着企业用人不能挑选，个人不能选择职业的状况。……劳动服务公司的生产服务网点和培训基地，容纳着相当数量的劳动力，有些单位需要增人的时候，可以同劳动服务公司签订合同，由它提供合格的劳动力；在一定时期

---

① 《劳动人事部关于发出〈关于劳动服务公司若干问题的意见〉的通知》（劳人培〔1982〕12 号），《中国劳动》1982 年第 11 期。

② 同上。

里不需要的劳动力，可以回到劳动服务公司重新安排。①

1989年，劳动部劳动力管理和就业司副司长倪新松在回顾改革开放10年劳动就业的改革时说：

> 劳动服务公司……的主要任务：一是组织推动发展集体经济，建立劳动生产基地，推动横向经济联合，协调有关经济政策，广开就业门路，为待业人员和企业富余职工创造就业岗位；二是通过自办就业训练中心和推动社会各方面举办多层次、多形式的培训班，开展就业训练和转业训练，为求职者创造就业条件；三是管理职工待业保险金的收缴、使用和发放，为待业职工提供社会保障；四是掌握社会劳动力资源信息，开展就业信息咨询服务，承办职业介绍工作，为发展劳务市场，促进劳动力供求双方互相选择提供服务。②

劳动服务公司不仅在安置企业富余人员方面发挥了重要的作用，而且经过多年发展，劳动服务公司自身也发展出一套深入各行各业、上下贯通、左右交叉的网络型体系。总体来看，劳动服务公司有以下三类：

第一，省、自治区、市、县劳动服务公司，受同级劳动部门领导，业务上受上级公司指导，主要任务是统筹规划本地区劳动就业和劳动力管理，提供劳动力供求信息、市场经济信息，指导就业工作。对下级公司在业务上实行统筹、协调、指导、服务、监督。有的举办了实体性的培训中心及为基层服务的供销部门。

---

① 何光：《关于劳动就业工作的几点意见》，《中国劳动》1985年第6期。
② 倪新松：《十年劳动就业的回顾与展望》，《中国劳动科学》1989年第3期。

第二，街、镇劳动服务公司受基层政府领导，是劳动服务公司的基层组织，具有经济实体性质。主要任务是负责组织管理本辖区的待业人员、组织培训、管理劳务队、兴办和管理集体经济安置就业。

第三，企业、事业等单位的劳动服务公司是经济实体，是劳动服务公司的基层组织，受主办单位和上级公司双重领导，主要任务是负责本单位待业人员的管理、培训、推荐就业，并组织经营集体企业进行安置。[①]

正是这种从"就业"而非"失业"出发的中国式思路，使劳动服务公司成为一种联系企业与社会的就业安置、失业保障和再就业服务组织。随着市场化改革的深入，企业富余人员要从主要依靠企业安置转向社会安置。由于劳动服务公司的性质，以及它所构成的组织网络，在由"企业安置"向"社会安置"的过渡中，自然地承担起了桥梁的作用。在1986年初步推行失业保险制度后，劳动服务公司又成为收缴和发放失业保险金以及为失业人员提供必要的就业培训及其他就业服务的主要机构。这种社会组织形式使得数以千万计的劳动力转移成为一个静悄悄、几乎不为外界注意到的历史过程。

3. "待业保险"作为过渡措施

自20世纪70年代末至80年代中期，中国在安置企业富余职工方面做了大量的工作。这一方面极大地削减了企业富余职工的人数；另一方面，通过组建劳动服务公司来接纳、管理和安置各类待业人员也为推行失业保险、由社会接纳企业不能安置的富余人员创造了条

---

① 孙志贤：《劳动服务公司在解决就业上的作用与在劳动力管理中的地位》，《中国劳动科学》1986年第6期；及《劳动部一月二十五日发出关于劳动服务公司发展和建设中若干问题的意见》，《中国劳动科学》1989年第4期。

件。在初步具备了安置企业辞退职工的条件之后，政府才开始推动更进一步的劳动用工制度改革。1986 年，国务院颁布了《国营企业实行劳动合同制暂行规定》和《国营企业招用工人暂行规定》，要求企业招工面向社会；公开招考，择优录用，并规定对国营企业新招工人实行劳动合同制度，允许企业辞退违纪职工，劳动力市场化进一步深入。1986 年第六届人大常委会第十八次会议通过了《中华人民共和国破产法（试行）》，允许一些因经营不善难以维持生存的企业破产。1986 年 7 月 12 日，国务院颁布了《国营企业职工待业保险暂行规定》①。这样，虽然失业已经成为不可避免的现象，但是这些工人失业之后的基本生活以及未来的再就业都能够得到保障。

根据《国营企业职工待业保险暂行规定》，待业保险覆盖的主要是四类国营企业职工，包括：（1）宣告破产的企业职工；（2）濒临破产的企业法定整顿期间被精简的职工；（3）企业终止、解除劳动合同的工人；（4）企业辞退的职工。待业保险费由用人单位缴纳，职工个人不缴费，待业保险费率为参保单位全部职工标准工资总额的 1%，按月缴纳。待业职工和职工待业保险基金的管理，由当地劳动行政部门所属的劳动服务公司负责。

待业保险对象在待业期间的待遇标准如下：

第一，宣告破产的企业职工和濒临破产的企业法定整顿期间被精简的职工以及企业辞退的职工，工龄在 5 年和 5 年以上的，最多发给24 个月的待业救济金。其中，第 1—12 个月，每月为本人标准工资的60%—75%；第 13—24 个月，每月为本人标准工资的 50%。工龄不足 5 年的，最多发给 12 个月的待业救济金，每月为本人标准工资的

---

① 由于当时在理论上仍然没有澄清社会主义社会是否存在失业这个问题，所以回避了"失业"这个概念，用"待业"来表述失业问题。

60%—75%。第二，终止、解除劳动合同的工人，在扣除已发给本人的生活补助费的月份后，按照上述规定领取待业救济金。

从 1986 年《国营企业职工待业保险暂行规定》颁布到 20 世纪 90 年代初期，失业保险的覆盖范围不断扩大，部分省市还把集体企业职工纳入了失业保险的实施范围。在此期间，失业保险的统筹层次不断提高，部分省市建立了省级失业保险调剂基金，失业保险和促进再就业的机制初步形成，在保证失业职工基本生活的同时，帮助他们尽快实现再就业。截至 1992 年年底，全国参加失业保险的国营企业有47.6 万个，参加失业保险的职工人数达到 7440 万人。全国共建立了2100 多个专门的管理机构，利用失业保险基金建立了 750 多个就业训练基地和 400 多个生产自救基地，用于劳动就业服务的资金投入达9200 万元。[①]

◇ 四　社会保障社会化的转型期

20 世纪 80 年代是中国当代社会保障在体制上进行改革转型的关键时期。从解放初期到"文化大革命"，国家对劳动者实行全面保障的理念在现实中被证明是行不通的，不仅因为全面保障覆盖的人口比例很小，而且劳动者会因出生地、行业和工种的不同而差距过大。除了城乡二元社会在劳动者享受保护权益方面存在差别以外，在国营企业和集体企业，企业和国家机关、事业单位之间也有差别。不仅如此，主要由就业单位实施的保障也难以发挥大数定律的调剂优势，对

---

①　中国劳动和社会保障部组织编审：《新中国劳动和社会保障事业》，中国劳动社会保障出版社 2007 年版，第 765—767 页。

劳动者的保障承诺有时是无法兑现的。进入80年代以后，紧锣密鼓的改革触及中国经济体制的方方面面，引入市场竞争机制必然牵涉劳动用工制度和福利保障制度，中国经过"摸着石头过河"的探索和实验，很快就选择了通过社会化的道路实现对劳动者的保障的改革方向。到了80年代后期和90年代初期，中国的现代社会保险制度呼之欲出。

在80年代，"社会统筹"是一个关键名词。退休养老费用越来越多，资金需要在更大的范围内统筹调剂使用，也需要社会化和专业化的管理。社会统筹机构接替工作单位实行对劳动者的保护，使劳动者可以获得选择的自由，同样获得自由的是工作单位。通过社会统筹解放劳动力，给企业松绑，这一理想状态在80年代虽然尚未得到全面实施，但是已经从理念和制度设计上得到了确立。

"待业保险"是中国独创的一个概念，同样，"劳动服务公司"也是中国的创新，这些概念和做法不仅改变了社会主义国家无失业的现实，将劳动者和企业的契约变为劳动力和市场及社会之间的契约，而且在劳动者下岗和再就业之间铺设了一条有组织的过渡性通道，为中国生产力的发展提供了一个必要条件。

"缴费"是另外一个热词。从劳动合同制用工开始，缴费的概念被引入社会保险改革。多年习惯于国家和企业包办的劳动合同制职工需要缴纳少量费用，以获得享受社会保险的权益，虽然工作单位承担了大部分缴费，有的地方财政也给予适当补助，但是共担风险的社会责任关系首次出现。从1984年开始，全国各地实行在劳保医疗和公费医疗中职工个人适当分担一定比例的医疗费用的办法。有些采取定额包干的办法，有些采取医疗费与职工个人经济利益挂钩的办法，促进职工的自我保障意识和医疗费用的节约。

个人缴费的原则虽然得以确立，但是缴费实践却很艰难。因为收缴工作缺乏强制性措施和法律规范，仅靠各地的行政指令执行，加上人力物力的短缺，企业往往将收缴人员拒之门外。

在农村，随着家庭联产承包制的实行，农民收入有所提高。根据1978 年 12 月中央十一届三中全会通过的《农村人民公社工作条例（试行）草案》，有条件的基本核算单位可以实行养老金制度。1980年，一些富裕省份的乡村开始试行养老保险，到 1984 年已经有 66 万人通过个人缴费等方式参加了养老保险，在医疗合作方面也开始实行集体经济和个人共同筹资，或全部由个人缴纳的制度，并根据不同情况采取"合医合药"（医药费全部或部分报销）、"合医不合药"（只免收注射、处置、出诊等费用，药费自理）、门诊医疗全部自费，住院治疗费用全部或部分报销。个人作为社会保障的责任人而不只是受益人，个人作用的发挥对于社会进步的至关重要性得到了认识。

总之，这一阶段的中国改革已经不可逆转地发展到了社会保障领域。不过，从退休费用的社会统筹到养老保险制度的初步确立，再从待业保险的提出到"劳动服务公司"的成立，改革都是围绕着经济体制改革和企业市场化在做文章，"还没有从整个经济体制建设的高度确立总体改革目标"[1]。

---

[1] 中国劳动和社会保障部组织编审：《新中国劳动和社会保障事业》，中国劳动社会保障出版社 2007 年版，第 691 页。

第四章

社会主义市场经济与社会保障制度的
初步建立:20世纪90年代的发展

20世纪90年代是中国当代社会保障制度改革和建设的关键时期。在这段时期里,中国社会养老保险制度开始定格,失业保险从待业保险中脱胎问世,医疗保险开始了艰难的改革历程。这些改变开始是作为中国经济体制改革的配套措施出台的,后来证明是在经济制度转型和就业方式转变时期适应劳动力转移和流动需求的举措,其基本方向是通过社会保障的制度建设,抵御市场经济带来的风险。

◈ 一 "33号文件"奠定养老保险改革的基础

1991年国务院发布的《关于企业职工养老保险制度改革的决定》(国发33号文件)对于中国社会保障的制度转型和养老社会保险制度的建立与定型起到了关键性的引导作用。用中国原劳动和社会保障部主管副部长王建伦的话说,从计划经济体制下的就业保障过渡到现代社会保障制度,这个"33号文件"相当于"一块摸对了的石头"。

"33 号文件"至少在五个方面为中国现代社会保障制度奠定了基础：一是确定了中国社会保险发展的基本方向，即通过社会保险统筹而不是通过就业单位来实现国家对国民的保障；二是明确了实现社会保障目标的基本路径，即从地、县、市范围的社会统筹，逐步向省级统筹发展，最终实现全国性统筹；三是指明了养老保险费用的来源是国家、企业和个人（当时规定个人缴款 3%）三者结合，而不是像计划经济时期那样，主要依赖国家财政或者企业财政来负担；四是重申了养老保险制度将继续遵循社会主义各尽所能、按劳分配的原则，建立多层次的养老保障制度，适应中国发展的现实条件，实现人人享有社会保障，但并不强求人人社会保障收益的平等；五是规定了社会保险金另账管理、专款专用，缴费转入社会保险管理机构在银行开设的"养老保险基金专户"，储蓄存款利率计息，所得利息并入基金，计发办法暂时不变，但是不排除以后根据经济发展状况有所调整。[①] 中国社会保障制度后来的改革路向大体上是遵循这样的思路前行的。

原劳动和社会保障部养老保险司司长焦凯平在提到"33 号文件"的时候说："这是自 1978 年十一届三中全会以来，养老保险改革出台的第一个重要文件。"而这个红头文件也确实显示出巨大的威力。就在"33 号文件"下发的当年，养老保险统筹取得了突飞猛进的发展。到 1991 年年底，全国有 2300 个县市进行了企业养老保险统筹，占全国市县总数的 98%，其中 1300 多个县市还把城镇集体企业纳入退休

---

① 《国务院关于深化企业职工养老保险制度改革的决定》（国发〔1991〕33 号，1991 年 6 月 26 日），载郑定铨、刘殿军、张宝和主编《社会保障制度改革指南》，改革出版社 1999 年版，第 55—57 页。

统筹的范围。①

"33 号文件"也留下了一些不确定性，例如文件强调，未来中国的社会保障结构应当是多支柱的，是政府、企业和个人风险共担的，但是对于三支柱结构的责任界限并没有作出明确的规范，到底是应当政府多一点，还是政府兜底？企业的责任是缴费，还是其他市场责任？除了缴费是否还要另外鼓励为职工建立年金？个人，还有家庭，除了缴费到底还要承担哪些责任？"33 号文件"的解读因此成为 20 世纪 90 年代中国社会保障改革政策选择的一个关键。"33 号文件"还允许不同地区和企业根据国家统一的政策，采取有差别的措施；同时还提出以支定收、略有节余、留有部分储蓄的原则，具体积累率各省自治区直辖市可以有所不同。后来的发展证明，"留有部分积蓄"的规定调动了不少利益方的想象力和推动力，提出了各种各样的储蓄方案，并最终形成了统账结合的社会保障制度格局；而允许地区和行业差别的规定，在调动了各方积极性的同时，也拉大了地区之间、行业之间的差距。"33 号文件"的适用范围仍然是少数全民所有制企业。其他各种所有制企业的就业者继续采用"参照执行"的方式，特别是对于外商投资企业的中方职工、城镇私营企业职工和个体劳动者来说，"33 号文件"并没有制度性硬约束，只是委托各省、自治区、直辖市政府制定相关政策。② 所以，在中国广大的土地上，社会保障向上趋同的可能和向下趋同的可能同时存在，取决于企业或地方的决策者。

① 夏波光：《从配套到支柱（1986—1997）》，《中国社会保障》2009 年第 10 期。
② 《国务院关于深化企业职工养老保险制度改革的决定》（国发〔1991〕33 号，1991 年 6 月 26 日），载郑定铨、刘殿军、张宝和主编《社会保障制度改革指南》，改革出版社 1999 年版，第 56 页。

◇ 二　就业的市场化转型——从"待业保险"到失业保险

（一）国有企业改革与社会性风险的出现

1992 年，中国共产党第十四次代表大会提出了建立社会主义市场经济体制的改革目标。这一目标深刻地影响了中国社会保障改革的进程。中国的社会保障，无论是在制度建设方面还是在理念定位方面，都带上了"社会主义市场经济"的标签。

20 世纪 90 年代初，中国改革的重心在于推动市场化改革，而市场化改革要啃的硬骨头就是国有企业。国有企业改革面临着诸多瓶颈。一方面是南部中国市场经济的快速发展为中国的改革提供了新鲜的经验；另一方面是集中在中国北部地区的国有企业仍然处于经营不善，甚至亏损严重的困境。在企业内部，用工和用人制度僵化，"铁饭碗""大锅饭"的现象普遍存在，任凭经济效益低下、亏损严重，甚至坐吃山空，但改革举步维艰。

朱镕基评企业用工制度的"大锅饭"现象①

内部机制不转换，企业躺在国家身上，职工躺在企业身上，捧"铁饭碗"，吃"大锅饭"，外部环境再好也没有用。干部、职工的积极性调动不起来，企业缺乏追求技术进步、追求经济效益的内在动力

---

① 《朱镕基讲话实录》（第一卷），人民出版社 2011 年版，第 103—104 页。

和压力，潜力挖不出来，企业的效益怎么能提高呢！现在，相当大比例的国营企业亏损或者是濒于亏损。更为严重的是，有许多企业，问题不只是亏损，而是坐吃山空。……亏损了，职工奖金照发；企业办糟了，厂长易地做官；产品积压，工厂照常生产；任务不足，一个人也不精减；企业内部奖罚不明，干多干少，干好干坏一个样。

　　从国有企业改革的角度看，20世纪90年代的国企改革不是小动小改，而是大幅度的"结构调整"。需要进行的结构调整涉及企业停产搞技术改造，把压库产品变成现金，作为技术改造资金，一部分用于设备，一部分用于工资，工资促进消费。结构调整的思路不是让效益落后的企业搞降价竞争，而是压产、减产、停产，后来被总结为"关、停、并、转"。"关、停、并、转"是企业改革大手术，中央政府制定了各种方针政策，通过了《全民所有制工业企业转换经营机制条例》，但是由于缺乏用工制度改革的配套，企业没有辞退职工的自主权，职工也缺乏必要的，与转业培训、就业介绍、失业保险等相关的保障，因此继续滞留在工作岗位上，"人浮于事，三个人的饭五个人吃的状况"①普遍地存在于各个行业的国有企业内，使国有企业改革难以深入下去。当时负责国有企业改革的朱镕基副总理说："实行关停并转，调整工业内部结构，要和产业结构的调整结合起来。现在加工工业过度膨胀，冗员过多，包袱太重；另一方面，第三产业很不发达。如果能把一部分加工工业工人有组织地转向第三产业，不但有

---

① 《朱镕基讲话实录》（第一卷），人民出版社2011年版，第189页。

利于工业轻装上阵，流通领域获得新鲜血液，也有利于工商企业改善经营状况，提高职工收入。"①

国有企业改革的核心是产业结构的转变。转变产业结构必定带来就业格局和就业方式的转变，带来劳动力的转移。在改革初期，一些国有企业尝试着分流部分劳动力，让一些职工离开生产岗位搞多种经营，发展小商业、服务业等服务性产业。企业保留了这些职工的全民所有制职工身份，让他们享受全民所有制职工的所有待遇，包括劳动保险待遇，等于在企业内部开始建立社会机制。这种"企业办社会"的现象后来发展得越来越严重，分流的劳动力建立起来的集体所有制企业也变成了"二全民"企业，躺在全民所有制怀抱里发展"小社会"：办学校、办医院、办福利机构，坐吃全民企业的资源。更有甚者，有些"二全民"的集体企业利用国有企业的垄断资源"寻租"，从事类似倒买倒卖票据和批件的行为，扰乱市场秩序。

朱镕基批评"二全民"的"东北现象"②

……辽宁最典型是鞍钢，这个企业的职工"全民"有22.3 万人，"集体"有17 万人，"集体"吃"全民"很厉害，简直没法办。你们这里厂办社会（办教育、办医院、搞福利），好像比辽宁还厉害。全民企业怀抱集体企业，很不好管，总得想个办法，通过分流、疏通，让集体企业从全民企业的母体中分离出去。当然，这不是那么容易，但现在就要起步，可以先在少数企业搞试验。这个问题不解决，全民企业的包袱就会越来越重。

---

① 《朱镕基讲话实录》（第一卷），人民出版社 2011 年版，第 97 页。
② 同上书，第 17 页。

让劳动力真正地流动起来，需要改革用工制度和用人制度，打破"铁饭碗"和"大锅饭"，引入竞争机制。为了使劳动者流动起来，还必须建立起一套适应劳动力流动的社会保障制度。

1992 年春，邓小平南方谈话之后，加快国企改革的思路开始逐渐清晰起来，改革并建立现代社会保障制度也随之提上日程。1992年 3 月 25 日，朱镕基在一篇题为《全面正确地理解邓小平同志南方谈话精神》的讲话中明确地提出了"劳动保障制度社会化"的概念。他说："下岗工人怎么办？地方要出来负责，必须建立社会（着重号为作者所加）劳动保障体系，搞职业培训，职业介绍所，做安置劳动力的工作，保证社会的稳定。我觉得这正是企业经营机制转换中一个深层次的矛盾，是要解决的一个首要问题，希望今年在这个方面有所突破。这个问题突破了，可以说就找到了社会主义计划经济和市场调节相结合的运作模式。其他各项改革还有很多，总之，思想都要解放一点。"[1]

当时主管工业的吴邦国副总理也说："经过几年的探索，国有企业改革的方向、目标、方针已经明确……现在一个突出的问题，是企业富余人员过多。……一方面，国有企业冗员过多，不堪重负，严重影响到经济效益的提高。全国现有国有工业企业职工 4000 万人，据有关部门估算，富裕 1000 万人以上，一年的各种开销高达 1000 亿元，而 1997 年国有工业利润只有 451 亿元，人员过多是一些企业生产经营困难，亏损的重要原因。另一方面，企业实行'大锅饭''铁饭碗'的劳动工资制度，人员不能流动，严重束缚了职工的积极性，妨碍了技术进步和生产效率的提高。随着社会主义市场经济的推进，

---

① 《朱镕基讲话实录》（第一卷），人民出版社 2011 年版，第 141 页。

产业结构的调整和升级，以及科学技术的进步，不解决企业冗员过多的问题，不建立适应市场经济的就业机制，实现减员增效，国有企业改革和发展目标就难以实现。"①

（二）与劳动力市场化同步的社会保障制度建设

1．"待业保险"及实施

对于从计划经济转轨来说，往往最先改变的是观念，最后改变的也是观念。在不间断地学习西方国家社会保险经验，并基本接受了社会保险是市场经济的必要配套制度这套理念之后，由于中国社会还不习惯于改变"全民就业""社会主义无失业"这样一些概念，为了体现社会主义制度对劳动力的保护，在改革的早期出现了一个"待业保险"概念，以体现社会主义的中国不同于资本主义的西方国家，不会将转移的劳动力推到市场上自生自灭，而是通过逐步设立的机制，分层次地保护劳动者，而且是一管到底。

1993 年，为了配合国务院《全民所有制工业企业转换经营机制条例》的实施，国务院对 1986 年的《国营企业职工待业保险暂行规定》进行了修订，发布了《国有企业待业保险规定》，扩大了待业保险的覆盖范围，提出由企业缴费，建立待业保险基金，用于保障待业职工的基本生活。同时调整了统筹的层次，提高了缴费标准，改变了待遇计发办法。主要目的是为国有企业改革的顺利进行

---

① 吴邦国：《切实做好国有企业下岗职工基本生活保障和再就业工作》，载郑定铨、刘殿军、张宝和主编《社会保障制度改革指南》，改革出版社 1999 年版，第 15—16 页。

提供配套。①

国营企业职工待业保险暂行规定（节选）②

1986 年 7 月 12 日国发〔1986〕77 号

第一章　总则

为适应劳动制度改革的需要，促进劳动力合理流动，保障国营企业（以下简称企业）职工在待业期间的基本生活需要，特制定本规定。

本规定适用于：

宣告破产的企业的职工；

濒临破产的企业法定整顿期间被精简的职工；

企业终止、解雇劳动合同的工人；

企业辞退的职工。

第二章　职工待业保险基金的筹集和管理

职工待业保险基金的来源：

企业按照其全部职工标准工资总额的 1% 缴纳的待业保险基金（缴纳所得税前列支）；

职工待业保险基金存入银行后，由银行按照国家规定支付的利息；

地方财政补贴。

---

① 中国劳动和社会保障部组织编审：《新中国劳动和社会保障事业》，中国劳动社会保障出版社 2007 年版，第 767 页。

② 郑定铨、刘殿军、张宝和主编：《社会保障制度改革指南》，改革出版社 1999 年版，第 67—69 页。

（略）

（略）

第三章　职工待业保险基金的使用

职工待业保险基金的开支项目：

（一）宣告破产的企业职工和濒临破产的企业法定整顿期间被精简的职工，在待业期间的专业救济金；

（二）宣告破产的企业职工和濒临破产的企业法定整顿期间被精简的职工，在待业期间的医疗费、死亡丧葬补助费、供养直系亲属抚养费、救济费；

（三）宣告破产的企业离休、退休职工和濒临破产的企业法定整顿期间被精简而又符合离休、退休条件职工的离休、退休金；

（四）企业辞退的职工和终止、解除劳动合同的工人，在待业期间的待业救济金和医疗补助费；

（五）待业职工的转业训练费；

（六）扶持待业职工的生产自救费；

（七）待业职工和职工待业保险基金的管理费。

待业救济金，以职工离开企业前两年内本人月平均标准工资额为基数，按以下办法发放：

（一）……工龄在五年和五年以上的，最多发给 24 个月的待业救济金，其中：第 1 至 12 月，每月为本人标准工资的 60—75%，第 13 至 24 月，每月为本人标准工资的 50%；工龄不足 5 年的，最多发给 12 个月的待业救济金，每月为本人标准工资的 60—75%。

1993 年 4 月 12 日《国有企业职工待业保险规定》（国务院令第 110 号）在 1986 年国发第 77 号文的基础上，进一步严格规范了待遇领取的标准，但是增加了"为解决待业职工生活困难和帮助其再就业确需支付的其他费用"[①] 等内容，显示出待业保险促进就业的用途。第 110 号国务院令还增加了"罚则"条款，以防止出现道德风险。紧接着，国务院又发布了第 111 号令，就富余职工的安置做了详细的规定，表示国家虽然已经开始考虑让企业破产，以适应市场经济优胜劣汰的需要，但是对于职工却并没有放手不管，而是在参照了很多西方市场经济国家的经验之后，将失业保险的理念用于待业保险。

安置"待业"职工（实际是富余劳动力）的手续极其细致，包括要求企业"拓展多种经营、组织劳务活动、发展第三产业、综合利用资源和其它措施"，等等。总之，可以说得上是千方百计安置富余劳动力，而不是对这些劳动力撒手不管。国家为了鼓励企业积极主动地安置富余劳动力，还提出了安置富余劳动力的第三产业独立核算单位两年免税、三年减半征收企业所得税等政策优惠，另外要求企业在资金、场地、原材料和设备等方面扶持这些转移的劳动力创业，让他们承包国有企业的项目，转业的职工在转业培训期间的工资待遇由原企业支付。此外，对于退职和退休的职工，甚至对申请辞职的职工都有详细的安排，以确保他们的退休费用和生活补助有着落。对于组织起来自谋职业的职工，如果他们经过企业培训仍然找不到工作，需要在社会上待业的，在待业期间还可以享受待业保险待遇。也就是说，离开工作岗位以后，下岗工人并不直接进入社会，在企业和社会之间

---

① 郑定铨、刘殿军、张宝和主编：《社会保障制度改革指南》，改革出版社 1999 年版，第 70 页。

又编织了多层保护网，帮助这些职工走过转业的过渡期，使职工个人不会有突然失业、生活无着的感觉。

2. 下岗职工基本生活保障

在有组织的下岗政策辅助下，企业改制速度加快，下岗人数也相应激增，但是职工的待业保护措施并非像设计的那样天衣无缝。根据当时主管工业的吴邦国副总理的一个报告，到 1997 年年底，全国国有企业共分流或下岗 1274 万人，占企业职工总数的 17%……除已分流和再就业的人员以外，尚有 634 万下岗职工没有完成再就业，占国有职工总数的 8.9%，其中 309 万人没有基本生活费的保障，占下岗职工的 49%……预计之后的三年，国有企业每年还将有 300 万左右职工下岗。……另外，截至 1997 年年底，全国城镇有 570 多万登记失业人员，今后每年有几百万新增劳动力，农村还有部分富裕劳动力需要转移。[①] 形势的严峻程度可想而知。

在这种情况下，中央政府将做好国有企业职工基本生活保障和再就业工作作为"关系改革、发展、稳定全局的头等大事"[②] 是必然的。在整个 90 年代，中共中央和国务院频频出台各种有关国有企业职工保障和再就业的文件、条例和通知，细致安排、逐条布置、一抓到底。例如，朱镕基总理提出，要明确国有企业下岗职工的基本生活费发放范围，由再就业服务中心发放，同时组织再就业培训，标准期

---

① 吴邦国：《切实做好国有企业下岗职工基本生活保障和再就业工作》，载郑定铨、刘殿军、张宝和主编《社会保障制度改革指南》，改革出版社 1999 年版，第 15 页。

② 《朱镕基总理在国有企业下岗职工基本生活保障和再就业工作会议闭幕时的总结讲话》（1998 年 5 月 16 日），载郑定铨、刘殿军、张宝和主编《社会保障制度改革指南》，改革出版社 1999 年版，第 3 页。

限不超过三年，待遇水平高于当地失业救济金，资金来源于三个渠道，也就是"三三制"，由财政预算安排1/3、企业负担1/3、社会筹集（包括从失业保险基金中调剂）1/3。中央财政以专项转移支付的方式给予适当补助，特别是减轻困难较大的地区和老工业基地的负担。朱镕基说："宁可少上几个项目，砍掉一些楼堂馆所，厉行勤俭节约，反对铺张浪费，过几年紧日子，也一定要把这笔钱挤出来。"[①] 1998年1月26日，劳动和社会保障部等部门进一步提出，因亏损而停产或半停产的国有企业职工，如不能按时领取到最低工资或基本生活费，又未参加养老保险社会统筹的，其所在企业无力支付职工基本养老金，而且收入低于当地最低生活保障标准的离退休人员，要予以兜底性的保障。1998年，中央财政拿出了30亿元，"作为经济体制转轨的代价和成本"[②]。这样，在安排国有企业下岗职工方面，中央财政兜底了，另外，在一段时间内提高了失业保险的缴费率，从1%到3%，个人缴纳1%，企业1%，增加的2个百分点估算100亿元，用于下岗职工。

对于国有企业下岗职工的基本生活费和社会保险费，中央的政策规定十分严格，因为这是工人的保命钱，因此，管理费用、培训费用等都从其他渠道解决。因试点"优化资本结构"而破产的企业，资产变现收入明确要用于下岗职工的安置，被安置的职工一般领取当地年平均工资三倍的安置费。对纺织、煤炭、兵器等困难行业，国家也都

---

① 《朱镕基总理在国有企业下岗职工基本生活保障和再就业工作会议闭幕时的总结讲话》（1998年5月16日），载郑定铨、刘殿军、张宝和主编《社会保障制度改革指南》，改革出版社1999年版，第3页。

② 吴邦国：《切实做好国有企业下岗职工基本生活保障和再就业工作》，载郑定铨、刘殿军、张宝和主编《社会保障制度改革指南》，改革出版社1999年版，第18页。

有政策。纺织行业每压产 1 万锭，财政出 300 万元，中央财政和地方财政各一半，用于下岗职工的安置。中央财政每年给煤炭工业补贴 10 亿元，所得税全部返还。中央财政补贴兵器工业 6.5 亿元。吴邦国副总理认为："只要这些政策真正落到实处，保证下岗职工的基本生活，应该是没有问题的。"[1]

3. 再就业措施

在为下岗职工提供基本生活保障的同时，拓宽就业渠道，提供再就业服务具有同等的重要性。朱镕基总理提出，要"在高度重视和大力发展新兴产业和高技术产业的同时，充分考虑我国劳动力资源丰富的国情，因地制宜地发展劳动密集型的产业。第三产业特别是其中的服务业就业领域非常广阔，社区服务、商品配送、家庭服务、环境保护、植树种草及旅游业、信息业等，都是增加就业的重要渠道。……重视发展中小企业，大力发展城乡集体经济、个体经济和私营经济。要进一步改革就业制度和就业方式，广泛推行阶段性就业，临时工、小时工、季节工和弹性工时制等。"[2]

发展第三产业，创造再就业，在中国的具体落实措施是建立"再就业服务中心"，将富余职工有序地从工作岗位转移出来。要解决的第一步难题是"如何下岗"，而在这个问题上的部署是十分细致的。根据吴邦国副总理的指示，有三点必须强调："一是职工下岗不能放

---

[1]　吴邦国：《切实做好国有企业下岗职工基本生活保障和再就业工作》，载郑定铨、刘殿军、张宝和主编《社会保障制度改革指南》，改革出版社 1999 年版，第 19 页。

[2]　《朱镕基总理在国有企业下岗职工基本生活保障和再就业工作会议闭幕时的总结讲话》（1998 年 5 月 16 日），载郑定铨、刘殿军、张宝和主编《社会保障制度改革指南》，改革出版社 1999 年版，第 3 页。

任自流，要建立职工下岗申报备案制度。目的是要考虑方方面面承受能力。下岗职工基本生活费和缴纳的保险费，大头来自财政和失业保险基金，向劳动和社会保障部门申报备案是理所当然的。二是要规范职工下岗程序，增加工作的透明度。谁下岗谁不下岗，不能经理（厂长）一人说了算，要经企业领导班子集体讨论决定，企业减员增效、下岗分流的方案要充分听取职代会的意见。制定职工下岗方案的同时，要提出再就业的意见，做到公平下岗，竞争上岗，使下岗的人服气，在岗的人有压力。三是要充分考虑职工实际困难，制定一些保护措施，避免夫妻双方同时下岗，尽量避免劳模、烈军属、残疾人下岗等。"①

第二步是"从下岗转移到再就业服务中心"。下岗职工并不推向社会，而是进入企业内的再就业服务中心。"凡是有下岗职工的国有企业，都要建立再就业服务中心或类似机构……负责为本企业下岗职工发放基本生活费和代下岗职工缴纳养老、医疗、失业等社会保险费用，组织下岗职工参加职业指导和再就业培训，引导和帮助他们实现再就业。"所以，职工下岗是就业的延伸，是等待新的就业，不能算是失业。② 根据吴邦国副总理的报告，再就业服务中心是体现社会主义制度优越性的一种制度安排，是从计划经济向市场经济就业转变的一种过渡方法。党、政府和企业对于职工都负有责任。

---

① 吴邦国：《切实做好国有企业下岗职工基本生活保障和再就业工作》，载郑定铨、刘殿军、张宝和主编《社会保障制度改革指南》，改革出版社 1999 年版，第 17 页。

② 《中共中央、国务院关于切实做好国有企业下岗职工基本生活保障和再就业工作的通知》（中发〔1998〕10 号，1998 年 6 月 9 日），载郑定铨、刘殿军、张宝和主编《社会保障制度改革指南》，改革出版社 1999 年版，第 81—82 页。

> 吴邦国："切实做好国有企业下岗职工基本生活保障和再就业工作"①
>
> 需要特别强调，再就业服务中一定要建在企业（着重号为作者所加）。企业要对本企业下岗职工负责到底，不能向社会一推了之。下岗职工与企业没有解除劳动关系，企业理所当然地要关心，这也是企业厂长经理、党政工团义不容辞的责任。……企业对自己下岗职工的情况最熟悉，在保障他们基本生活，提供再就业服务等方面，可以做大量工作，下岗职工也比较容易接受，这并不是又回到计划经济用工制度的老路上去。下岗职工进入再就业中心，是在社会保障制度还不健全的情况下，向市场经济的就业机制转变的一种过渡办法。这不是要求企业将下岗职工一背到底，而是要企业在下岗职工实现再就业之前，在政府和社会的帮助下，保障下岗职工的基本生活，提供再就业服务，承当应有的责任。

第三步，关于再就业服务中心的任务，吴邦国副总理也有详细的解释，主要有三条：

> 一是向下岗职工发放基本生活费；二是为下岗职工缴纳养老、失业和医疗保险费用；三是对下岗职工进行培训，提供就业指导，帮助他们实现再就业。这三条都很重要，但首先要确保下岗职工的基本生活。这要作为一条铁的原则，不折不扣地贯彻执

---

① 吴邦国：《切实做好国有企业下岗职工基本生活保障和再就业工作》，载郑定铨、刘殿军、张宝和主编《社会保障制度改革指南》，改革出版社 1999 年版，第 18 页。

行。下岗职工的基本生活有了保障，就不至于出现大的问题，就能保持社会基本稳定。在这个基础上，职业培训、职业介绍的文章就好做了。①

所以，建立和完善再就业服务中心，实施再就业工程，是向当代社会保障制度过渡的一个阶段，目标是将职工从原岗位上精简下来，又不推向社会，不给社会带来动荡因素，而是要实现平稳过渡。实行这一工程的关键是通过组织的力量，将保障下岗职工的基本生活与促进再就业结合起来。除此以外，还要解决下岗职工的养老、失业和医疗保障的后顾之忧。

吴邦国副总理提出的办法十分具体，他说：

一是下岗职工在原企业所缴纳的社会保障金，包括下岗期间继续缴纳的养老、失业和医疗保险金，应予承认，今后养老保险待遇要连续计算。二是已经在社会保险制度暂时还没有覆盖到的个体、私营、"三资"企业就业的下岗职工，社会保险机构要为他们续缴社会保险提供服务。劳动和社会保障部门要力促这些企业尽快建立社会保险制度。三是企业分给下岗职工的住房，政策上与在职职工一视同仁。对这些政策规定，要通过多种形式向下岗职工宣传解释。有的地方提出："不管你到哪里干，养老保险接着算"；"哪里工作都一样，看病吃药有保障"。这些口号通俗

---

① 吴邦国：《切实做好国有企业下岗职工基本生活保障和再就业工作》，载郑定铨、刘殿军、张宝和主编《社会保障制度改革指南》，改革出版社 1999 年版，第 18 页。

易懂，简单明了，下岗职工很容易理解和接受。①

在上述措施的基础上还辅以思想政治工作，主要是做转变思想观念的工作，让在劳动力市场自谋职业成为一种常态和受人尊敬的举动，让全社会接受各种工作地位相同、不存在低人一等的工作的认识，使富余劳动力乐意进入个体和私营企业就业。在劳动力转移的大潮中，每天平均有 1.65 万人进入个体和私营企业就业，其中 80% 为下岗职工。哈尔滨市 21 万下岗职工中，48% 在第三产业实现了再就业。天津市仅"早点工程"就吸纳了 1000 多名下岗职工。②

在各项政策和组织工作的相互配合下，劳动力转移速度加快。到 1997 年年底，全国已转移分流职工 640 万人，在剩余的 634 万下岗职工中，有 324 万人领到了基本生活费；在 111 个"优化资本结构"试点城市，共成立再就业服务中心 1777 个，初步建立了再就业服务体系。③

上述下岗职工基本生活保障和再就业工程实施的大背景和动力来自企业制度改革。在紧锣密鼓地出台各种安置下岗职工的规定的同时，国有企业破产方法正式出台。国有企业的破产建立在妥善安置下岗职工之后，而不是先于下岗职工的安置。在《国务院关于在若干城市试行国有企业破产有关问题的通知》（国发〔1994〕59 号〕文件中，1994 年 10 月 25 日），第一条就是"实施企业破产必须首先安置好破产企业职工"。在安置方法中，包括转业培训、职业介绍、生产

---

① 吴邦国：《切实做好国有企业下岗职工基本生活保障和再就业工作》，载郑定铨、刘殿军、张宝和主编《社会保障制度改革指南》，改革出版社 1999 年版，第 19 页。
② 同上书，第 20 页。
③ 同上书，第 16 页。

自救、劳务输出、一次性安置费、失业保险待遇，以及养老待遇、职业病救助等规定。① 在随后的《补充通知》中，更强调了职工再就业工作的组织领导工作，责成国家经贸委、国家体改委、财政部、劳动部、中国人民银行、国家土地局、国家国有资产管理局等部门联合组成"全国企业兼并破产和职工再就业工作领导小组"②，要求推广上海市实施再就业工程的经验，结合劳动就业、社会保障制度改革和当地具体情况，从上到下建立再就业服务中心，积极开拓就业门路，关心破产企业职工生活，妥善安置破产企业职工，保持社会稳定。费用从破产企业依法取得的土地使用权转让所得中拨付。不足以支付的，从处置无抵押财产、抵押财产所得中依次支付。职工安置费按照职工上年平均工资收入的三倍计算。次年，中共中央和国务院联合下发《关于切实做好国有企业下岗职工基本生活保障和再就业工作的通知》，要求各级党委和政府"增强紧迫感和责任感"。

在制定这样一些政策措施的时候，中国的领导人一直强调，这是实现更宏大目标的手段，而不是目的。在《中共中央、国务院关于切实做好国有企业下岗职工基本生活保障和再就业工作的通知》中，明确阐述了这些政策的历史阶段性。同时强调了这些工作中体现出来的社会主义制度的本质和中国共产党及政府的责任：

---

① 《国务院关于在若干城市试行国有企业破产有关问题的通知》（国发〔1994〕59号文件，1994年10月25日），载郑定铨、刘殿军、张宝和主编《社会保障制度改革指南》，改革出版社1999年版，第73—75页。

② 《国务院关于在若干城市试行国有企业兼并破产和职工再就业有关问题的补充通知》（国发〔1997〕10号，1997年3月2日），载郑定铨、刘殿军、张宝和主编《社会保障制度改革指南》，改革出版社1999年版，第75—80页。

《中共中央、国务院关于切实做好国有企业下岗职工基本生活保障和再就业工作的通知》（中发〔1998〕10 号，1998 年 6 月 9 日）①

　　我们要建立起社会主义市场经济体制和现代企业制度，不可避免地要经历这样一个历史过程。从长远看，随着改革深入、科技进步和经济结构的调整，劳动力的相应调整与流动也会经常发生。要用 3 年左右的时间使大多数国有大中型亏损企业摆脱困境，促进国民经济发展实现良性循环，一个重要条件就是要切实解决企业人员臃肿、人浮于事的问题。虽然这会给一部分职工带来暂时的困难，但从根本上说，有利于经济发展和社会全面进步，符合工人阶级的长远利益。同时还必须充分认识到，妥善解决国有企业下岗职工基本生活保障和再就业问题，不仅是一个重大的经济问题，也是重大的政治问题；不仅是现实的紧迫问题，也是关系长远的战略问题。做好这项工作，既是社会主义制度的本质要求，也是党和政府应尽的责任。

---

4. 上海的实践

　　在企业改组和安置下岗职工方面，上海的做法获得了中央的认可，并成为"再就业工程"的样板，上海经验在全国推广开来。上海之所以能够成为样板，主要还是因为上海的"再就业工程"有效地缓解了企业改革和产业结构调整过程中的负面社会影响，保证了改革的

---

①　郑定铨、刘殿军、张宝和主编：《社会保障制度改革指南》，改革出版社 1999 年版，第 81 页。

顺利进行。

上海市是一个老工业城市，在 20 世纪 90 年代中期，为了加快发展，上海一方面要改革企业经营机制，实现企业的优胜劣汰，增强企业的竞争力；另一方面还需要优化经济结构，从一个以工业为主的城市向一个以金融和服务业为支柱的城市转型。这两个转型带来了严峻的失业问题和巨大的再就业压力。上海的失业问题具有以下几个特点：

一是在短期内下岗失业人数激增。由于上海全面开展企业经营机制改革和产业结构调整，1996—1997 年，出现了职工集中下岗和失业的状况，成为"爆炸性"的社会问题。

二是上海下岗、失业的面广量大，不但占职工总人数的比例大，而且绝对数字大。基本上各个行业和系统都有职工下岗，像纺织业这样的老行业，受限产压锭的影响，职工下岗的问题更加突出。上棉三十一厂原是上海纺织行业的龙头企业之一，80 年代曾创利税 4425 万元，到 90 年代中期，固定资产达到 8627 万元。但是，1997 年该厂关闭，全厂在职的 3300 多名职工全部下岗。

三是上海的下岗、失业人员中"三多两低"人员占很大比重，即女职工多、年龄偏大的中年职工更多，待岗周期长的多，而且文化教育程度低、生活水平低的职工多。下岗人员主要集中在 36—45 岁年龄段，女性比例占 68.9%，下岗待业时间一年以上的有 39.5%，而且初中及初中以下文化程度的下岗人员占 93.3%。

四是在职工集中下岗的同时，社会保障体系还不完善。许多下岗职工不能依靠社会保障体系解决基本生存问题，基本生活费和医药费报销都成为问题。①

---

① 陈学明、孙承叔：《一个奇迹的诞生——上海市再就业工程扫描》，载《奇迹是如何创造出来的——关于上海市再就业工程的研究报告》，第 32—33 页。

因此，妥善安置下岗人员成了上海产业结构调整和国有企业改革必须突破的难关。在这样的背景下，上海市开始全面动员行政力量来解决下岗人员再就业问题。1996 年年初，上海市委提出，要把再就业工程作为上海改革、发展、稳定全局中的一件大事来抓。与此同时，上海市还成立了高级别的再就业工程领导小组，以保证不同部门之间的协调和协作，将劳动、社保、医保、财政、民政、经委、商委、工会、妇联等各职能部门和相关部门都囊括其中。

有了这样的组织保障，上海市开始全力探索解决下岗工人安置问题的办法。1996 年年初，在基层调研的基础上提出了一个新构想，即建立一个新的机构，把职工从企业剥离出来以后，先进入这个机构，由它负责职工的基本生活保障、职业培训和职业介绍。这样一来，下岗职工既不会滞留在企业内部，也不会被推向社会。1996 年 7 月 8 日，上海市召开市委常委扩大会议，提出解决下岗职工安置问题的新措施是发挥政府、社会、企业和职工四个方面的积极性，建立"再就业服务中心"，由这个"中心"对下岗人员进行托管，并在全社会的范围内开拓再就业的渠道，统筹劳动力结构的调整。会议之后，上海即启动了再就业工程的试点。1996 年 7 月 12 日，市政府下发了《关于推进上海纺织、仪电控股（集团）公司再就业工程试点的意见》，要在上海市下岗人员比较集中的纺织和仪电两大行业内，进行下岗人员安置工作的试点。试点确立的基本原则是：

（1）建立一个模式——企业主管部门与困难企业共同负责，政府与社会共同资助，对下岗职工进行托管的"再就业服务中心"的模式。

（2）形成两个机制——国有企业兼并破产和职工能进能出的新机制。

（3）开辟三个资金来源——"再就业服务中心"的资金由政府、社会、控股（集团）公司三方共同筹集。

（4）界定三个资金用途——筹集的资金主要用于被托管职工的基本生活费、门诊医疗费和社会保险费。

（5）强化四个分流渠道——条块结合，向区县分流；工商结合，二产向三产转移；生产自救；自谋出路。[①]

上海市经委副主任、市劳动局原局长祝均一谈到建立再就业服务中心时做了形象的比喻："我们建构这座桥[②]的目的就是试图让国有企业内的富余职工能够从封闭的围墙里边破门而出，引导他们转变观念，逐步进入劳动力市场。说这座桥是特殊阶段的产物，是因为它主要是针对特殊年龄段的人的。对于35岁以下的年轻人，再就业能力强，基本上要求自己走过桥，直接到劳动力市场就业；年纪大一点的，则分成不同的年龄段，有些给一个社会养老保险的承诺，有些给一个提前退休的承诺，有些干脆提前退休。有了这些相对优惠的政策做保证，这部分人的劳动力价格就会得到一定程度的降低，他们在市场上的竞争力就会因此而增强。总之让你或是拄着拐杖，或是摇着轮椅，都可以达到桥的彼岸——劳动力市场。这样经过若干年的过渡，就可以达到完全的市场就业，到那个时候，我们的用工制度就能够和社会主义市场经济相适应了。"[③]

[①] 陈学明、孙承叔：《一个奇迹的诞生——上海市再就业工程扫描》，载《奇迹是如何创造出来的——关于上海市再就业工程的研究报告》，复旦大学出版社1998年版，第7—9页。

[②] "桥"即再就业服务中心，它被视为连接企业与社会的桥梁。

[③] 陈学明、孙承叔：《一个奇迹的诞生——上海市再就业工程扫描》，载《奇迹是如何创造出来的——关于上海市再就业工程的研究报告》，复旦大学出版社1998年版，第36—37页。

　　上海解决下岗失业问题的办法取得了积极的成效。一方面，下岗职工的生活得到保障，多数下岗职工重新就业，走上新岗位，保证了社会稳定。1991—1996 年，上海累计有 109.1 万人次离开原来的工作岗位，而通过实施再就业工程和创建"再就业服务中心"，使其中 89.1 万人次重新就业，仅 1996 年一年，就实现了 23 万人次下岗同时 23 万人次再就业的业绩，完成了超过一个中等城市人口规模的劳动力队伍的结构调整，在这个过程中没有出现社会动荡，这正是再就业工程的一个重要作用。

　　另一方面，企业改制得以有序、顺利地进行。在实行试点的纺织、仪电两个行业中，1995 年没有一家企业能够完成破产程序。但是，"再就业中心"成立后不到半年，两个行业就有 17 家企业结束破产程序，涉及在职职工近 1 万人、退休职工 1.3 万人。同时，由于纺织、仪电行业的"再就业服务中心"托管了一部分下岗人员，为国有企业的调整、发展创造了条件。1996 年纺织控股（集团）公司经过努力，扭转了 1—7 月全行业亏损 3.5 亿元的局面，全年实现利润 1000 万元。而仪电控股集团所属的仪表公司由"再就业服务中心"帮助安置了 2800 人，占职工总数的 30%，公司得以扭转年初亏损近 1000 万元的局面，使企业出现了转机。[①]

　　总之，20 世纪 90 年代，在中国产业转型、企业改革的疾风骤雨中，中国社会改革的政策制定路向继续还是"摸着石头过河"，一边试点，一边学习，一边利用中国的传统组织优势，以保障人民福祉为根本目标，逐步稳妥地让国有企业富余职工脱离原有工作岗位，有组

---

　　① 陈学明、孙承叔：《一个奇迹的诞生——上海市再就业工程扫描》，载《奇迹是如何创造出来的——关于上海市再就业工程的研究报告》，复旦大学出版社 1998 年版，第 18—19 页。

织地实现劳动力转移，在保障基本生活并接受再就业培训和服务的基础上，过渡到劳动力资源的市场化配置，建立适合社会主义市场经济体制和市场导向的就业和失业保障机制。1999 年，经过多次修改完善的《失业保险条例》正式颁布实施，确立了用人单位和职工共同缴费以及财政补贴的筹资机制，明确了待遇项目及标准，规范了失业保险金申领条件、待遇水平，严格了失业保险基金管理，[①] 并逐渐取代了"待业保险"机制，成为中国现代保险制度体系中的一个成熟制度。

◇ 三　建立社会统筹与个人账户相结合的养老保险制度

进入 90 年代，在中国，关于社会保障整体制度框架和基本内容的认识逐渐丰富起来，对于世界上不同模式的社会保障制度的学习和借鉴也通过各种渠道普遍展开，中国开始将这些认识和学习通过试点用于解决中国改革过程中的现实问题，社会保障的整体制度建设被提到社会主义市场经济五个基本框架之一的高度。这一阶段改革和建设的重点仍然是养老保险的体制建设，当然这也影响到失业保险，以及医疗、工伤等其他保险和城市最低生活保障的改革。与 80 年代的分散试点和各个击破的改革方式不同，90 年代社会保障面临全面铺开改革、建立总体框架的任务。在这种情况下，制度构成就成为一个热烈讨论的话题。

---

① 中国劳动和社会保障部组织编审：《新中国劳动和社会保障事业》，中国劳动社会保障出版社 2007 年版，第 689 页。

前面讲到，《国务院关于深化企业职工养老保险制度改革的决定》
（33 号文件）确立了以社会统筹为主，政府、企业、个人共担风险的
社会养老发展方向。这一原则到底通过怎样的制度结构得到体现？这
个问题成为 90 年代社会保障制度改革者讨论的焦点问题之一。

（一）与养老保险制度构成相关的讨论

关于中国现代社会养老制度应当采取怎样的制度结构，中国的政
策制定者和专家学者开展了热烈的讨论，这对于"统账结合"制度体
系的形成产生了重要的影响，其利弊得失至今仍是争论的题目。

中国改革在很多重要的节点上都广泛地参考了外国的经验，在养
老保险制度确立的过程中，这种经验学习也必不可少。当时主要的学
习对象是美国、主要欧洲国家，还有拉丁美洲的智利、亚洲的新加
坡，甚至中国的香港。在有关社会保障制度模式的各种报告和讨论
中，"新加坡模式"和"智利模式"是常见词。在讨论欧洲国家的社
会统筹模式时，也总少不了对欧洲"现收现付"模式的批评，而
"积累式"的"个人账户"却有很大的吸引力。一些学者和官员提
出，虽然从国际上看，多数国家实行的是不同程度的社会统筹模式，
但社会统筹模式有制度弊病，不排除中国更多地向新加坡和智利借鉴
"公积金"制度模式的可能。例如广东省社会保险学会张光耀提出，
中国不一定"只能走社会统筹路子"。"尝试将单位缴纳的养老金拿
一部分进入个人账户……个人账户随着工资水平提高逐步增加，从广
东省来看是可以做到的。……广东从 1993 年开始实行社会统筹与个
人账户相结合模式，自始至终坚持这种模式，目前正在研究如何完善

这种模式。"①

> 张光耀（广东省社会保险学会）："养老保险制度改革的目标模式"②
>
> 纵观世界，养老保险社会统筹是目前主要模式，世界上实行养老保险的 138 个国家，114 个是实行不同程度的社会统筹模式，只有 19 个实行个人账户式（或称个人储金型、公积金制），但不能说，世界各国以至我国就只能走社会统筹路子。社会统筹体现了社会保险互助调剂职能，以新养老、一代养一代维持下去，实行收入再分配，注重社会公平。这种模式，没有资金贬值的风险，简便易行。因此，建立养老保险制度的国家，愿意采取社会统筹模式；但由于它按以支定收原则进行测算，需要不断调整，提高收费比例，才能运转下去。随着人口老龄化，资金负担愈来愈重，发达国家社会保障开支一般已相当于国民生产总值30%左右，从而削弱了经济实力，很多国家都感到难以为继，重新思考社会统筹这种模式，亟需寻找出路。

除了学习国外的经验以外，调查研究先于改革决策是中国改革的习惯性步骤。1993 年 5 月，根据中央财经领导小组办公室部署，由国家体改委和劳动部牵头，11 个单位参加，组成社会保障制度改革调研组。调研结果写入 1993 年 11 月中共中央十四届三中全会通过的

---

① 张光耀：《"养老保险制度改革的目标模式"——谈谈养老保险社会统筹与个人账户相结合》，《中国劳动科学》1996 年第 5 期。

② 同上。

《关于建立社会主义市场经济体制若干问题的决定》中。1994年4月，中央财经领导小组办公室再次部署，以"建立社会保障体系"为专题赴山东和上海进行二次调研。

上海市是中国工业最发达的特大型城市，也因此积累了大量与工业化和城市化相关的社会问题，职工的退休养老就是其中之一。进入90年代以来，退休人员每年增加10多万人，离退休人员与在职职工的比例1993年为1：2.8。退休保障压力为全国之最。要保障每个职工都享有养老保障，必须扩大统筹范围。但是要推行以社会公平为宗旨的社会养老金统筹，还需要顾及差异性。各地政府都在探索建立怎样的制度来适应复杂而不同的需求。1993年，上海市出台的养老保险制度改革方案是：在全市各类企业和机关事业单位实行统一的养老保险制度，而当时在其他地区实行的多是国有企业和集体企业、企业与机关事业单位有区别的养老保险制度。此外，上海市开始按个人储存与统筹互济相结合的原则，建立个人养老保险账户。个人账户储存额归个人所有，在职时多缴费，退休后养老金就能多得。为了推行养老制度的转制改革，上海市成立了社会保险管理局，作为市政府管理社会保险的职能部门。因为这种改制直接关系到职工的切身利益，对于原有体制做伤筋动骨的改革，所以必须得到群众的理解与支持。为此，上海市委、市政府有组织地将改革方案交给全体职工讨论，广泛听取意见。先是在260个不同类型的企业单位、40万职工中进行重点讨论，然后组织全市3000多个单位、205万职工广泛讨论，取得比较一致的赞同，然后在一部分单位实验，最后在全市推行。①

① 郑定铨：《积极推进社会保障制度改革，建立我国多层次社会保障体系》，载郑定铨、刘殿军、张宝和主编《社会保障制度改革指南》，改革出版社1999年版，第278页。

"建立社会保障体系"专题调研组将上海经验上报国务院，并在报告中认可了社会统筹与个人账户相结合的中国社会保障制度改革总体方案。这一报告直接影响了国务院 1995 年 3 月的"6 号文件"中有关建立"统账结合"的社会保障制度的政策决定。

关于为什么要实行养老保险社会统筹和个人账户相结合的制度结构，国务院体改办宏观体制司司长宋晓梧后来解释说，"新加坡实行国家立法强制雇主、雇员双方缴费的公积金制度，智利实行国家立法强制雇员单方缴费，基金完全由商业保险公司竞争经办的制度。新加坡和智利的社会保障制度改革虽然在世界上有较大影响，但多数国家近年来发展的趋势是建立三层次保险体系。第一层次一般是政府立法强制实施的，采用税或费的办法筹集基金，共济性较强；第二层次是政府给予一定税收优惠，由企业自愿举办的职业保险，共济性很差；第三层次是个人储蓄性保障，政府也给予一定税收优惠，没有共济性。……从我国现状考虑，借鉴新加坡、智利的一些做法，选择三层次保险体制较为稳妥。"①

（二）确立"统账结合"模式

中共中央第十四届三中全会通过的《关于建立社会主义市场经济体制若干问题的决定》（1993）中有关社会保障制度的阐述可以算得上是浓墨重彩。《决定》强调了建立社会保障制度的重大意义；规范了中国社会保障制度所要包括的范围和内容："社会保障体系包括社会保险、社会救济、社会福利、优抚安置和社会互助、个人储蓄积累

---

① 宋晓梧：《关于社会保障体系的几个综合性问题》，载郑定铨、刘殿军、张宝和主编《社会保障制度改革指南》，改革出版社 1999 年版，第 267 页。

保障"①；明确了中国社会保障制度的基本架构将是对企业职工基本养老保险和医疗保险实行"社会统筹与个人账户相结合"（简称"统账结合"）；提出了"社会保障政策要统一，管理要法制化"，实行管理与基金运营分开，管理机构行使行政管理职能等；重申了"社会保障水平要与我国社会生产力发展水平以及各方面的承受能力相适应。城乡居民的社会保障办法应有区别。提倡社会互助"。《决定》还特别提示了"发展商业性保险业，作为社会保险的补充"。此外，《决定》还提出要"建立有政府有关部门和社会公众代表参加的社会保险基金监督组织，监督社会保险基金的收支和管理"②。

中共中央关于建立社会主义市场经济体制若干问题的决定（节选）1993 年 11 月 14 日③

（26）建立多层次的社会保障体系，对于深化企业和事业单位改革，保持社会稳定，顺利建立社会主义市场经济体制具有重大意义。社会保障体系包括社会保险、社会救济、社会福利、优抚安置和社会互助、个人储蓄积累保障。社会保障政策要统一，管理要法制化。社会保障水平要与我国社会生产力发展水平以及各方面的承受能力相适应。城乡居民社会保障办法应有区别。提倡社会互助。发展商业性保险业，作为社会保险的补充。

---

① 中国劳动和社会保障部组织编审：《新中国劳动和社会保障事业》，中国劳动社会保障出版社 2007 年版，第 695 页。

② 同上书，第 693 页。

③ 郑定铨、刘殿军、张宝和主编：《社会保障制度改革指南》，改革出版社 1999 年版，第 33—34 页。

（27）按照社会保障的不同类型确定其资金来源和保障方式。重点完善企业养老和失业保险制度，强化社会服务功能以减轻企业负担，促进企业组织结构调整，提高企业经济效益和竞争能力。城镇职工养老和医疗保险金由单位和个人共同负担，实行社会统筹和个人账户相结合。进一步健全失业保险制度，保险费由企业按职工工资总额一定比例筹交。普遍建立企业工伤保险制度。农民养老以家庭保障为主，与社区扶持相结合。有条件的地方，根据农民自愿，也可以实行个人储蓄积累养老保险。发展和完善农村合作医疗制度。

（28）建立统一的社会保障管理机构。提高社会保障事业的管理水平，形成社会保障基金筹集、运营的良性循环机制。社会保障行政管理和社会保险基金经营要分开。社会保障管理机构主要是行使行政管理职能。建立由政府有关部门和社会公众代表参加的社会保险基金监督组织，监督社会保险基金的收支和管理。社会保险基金经办机构，在保证基金正常支付和安全性流动性的前提下，可依法把社会保险基金主要用于购买国家债券，确保社会保险基金的保值增值。

中共中央第十四届三中全会的《决定》事实上已经就中国社会保障改革的路向做出了战略决策，即从多个层次进行社会保障制度的建设。除了公共养老保险以外，还鼓励用人单位根据本单位实际情况为劳动者建立补充保险，[①] 并决定同时建设社会统筹和个人账户两个层

---

① 见1994年7月颁布的《劳动法》。

次的养老保险。1995 年 3 月 1 日，国务院发布了《国务院关于深化企业职工养老保险制度改革的通知》（国发〔1995〕6 号）。"6 号文件"在十四届三中全会《决定》的基础上，进一步明确提出，"统账结合"是改革的方向，明确基本养老保险费用由企业和个人共同负担，并决定在全国进行社会统筹与个人账户相结合的制度模式试点。[①] "6号文件"强调，要根据中国"生产力水平比较低，人口众多且老龄化问题日益突出等实际情况出发"，保障水平要与我国社会生产力发展水平及各方面的承受能力相适应；在"企业与个人缴纳养老保险费的比例，发放养老金的标准和基金积累率等问题"上，"兼顾国家、企业、个人三者利益，兼顾目前利益和长远利益，在充分测算论证的基础上统筹安排。要严格控制基本养老保险费的收缴比例和基本养老金的发展水平，减轻企业和国家的负担"[②]。"6 号文件"还要求，"积极创造条件，提高养老保险管理服务社会化程度，逐步将企业发放养老金改为社会化发放"，"逐步将主要由企业管理离退休人员转为主要依托社区进行管理"[③]。在中国社会立法缺位的情况下，国务院发布的文件具有足够的规范性和权威性，国务院下属各机构和中国各省份都要执行。

国发〔1995〕"6 号文件"的要义是建立多层次和多责任主体的养老保障制度。不同的层级由不同的责任主体负责，不同的责任主体采取不同的保障方式：基本养老保险采取社会统筹的方式，虽然由企

---

①　中国劳动和社会保障部组织编审：《新中国劳动和社会保障事业》，中国劳动社会保障出版社 2007 年版，第 15 页。

②　《国务院关于深化企业职工养老保险制度改革的通知》（国发〔1995〕6 号，1995 年 3 月 1 日），载郑定铨、刘殿军、张宝和主编《社会保障制度改革指南》，改革出版社 1999 年版，第 58 页。

③　同上书，第 693 页。

业和职工出资，但是由政府负责组织实施，并根据社会再分配和互助共济的原则，由政府进行统筹和调剂。在基本养老保险中有一部分采取个人分账的方式，计入个人账户，既体现多劳多得的原则，也希望采取储蓄的方式，以减少老龄化的压力。但是个人账户的资金并没有像其他发达国家那样，采取由个人负责、政府予以政策优惠的管理方式，而是并入了基本养老保险。在企业层面上，劳动部于1995年12月发布了《关于建立企业补充养老保险制度的意见》，要求企业根据各自的条件，建立企业补充养老，并同时下发了相关经验作为参考。①

虽然建立个人账户、实行统账结合已是共识，但是在具体的实施过程中，由于各方的理解不同，同时在改革现收现付制的过程中各相关部门的出发点和利益考量不同，所以造成了各地实施方案的巨大差异。其中体制改革委员会（体改委）和劳动部就养老保险改革具体实施方案进行的争论比较突出。②

根据体改委当时的设想，应该实行"大个人账户，小社会统筹"（又称"体改委方案"）。这一方案的基本思想是以缴款基准制为主、受益基准制为辅，防止新制度滑向现收现付。可是，由于这个方案没有解决老职工的养老金资金来源问题，可行性并不高。劳动部提出的方案（又称"劳动部方案"）是"大社会统筹，小个人账户"，这个方案提出将个人账户的"全积累"改为"部分积累"，"社会统筹"在很大程度上采用现收现付的方式，以"社会统筹"为基本方法，解决"老人"和"中人"养老金资金的来源问题，为多数地方政府所采纳。

---

① 中国劳动和社会保障部组织编审：《新中国劳动和社会保障事业》，中国劳动社会保障出版社2007年版，第687页。

② 夏波光：《从配套到支柱（1986—1997）》，《中国社会保障》2009年第10期。

在事实上没有就具体实施方案达成一致的情况下，为了推进养老金制度的改革，中央采取了折中的方式，把选择权下放给地方。在1995 年"6 号文件"发布的同时，中央政府还公布了两个差异很巨大的方案：《企业职工基本养老保险社会统筹与个人账户相结合实施办法之一》和《企业职工基本养老保险社会统筹与个人账户相结合实施办法之二》，允许各地自由选择并根据实践要求予以修正。

原劳动和社会保障部副部长王建伦回忆这段历史时讲道："我1994 年调到部里的时候，正好赶上了这场大辩论。当时体改委和劳动部争论得非常厉害，拍桌子、瞪眼睛地争。双方相持不下，最后两个方案并行，让地方自己选择。一个是以上海为代表的大账户方案，一个是以北京为代表的小账户方案。有的地方走的是第三条路，搞了个中账户方案，谁也不得罪。"两个实施办法虽然都体现了"统账结合"的原则，但在目标取向和具体方式上却差异很大。各地形态各异的"统账结合"方案严重损害了制度的效率，妨碍养老保险制度走向统一。① 两个方案开始运行后，在1995—1996 年"统账结合"的试点过程中，全国各地出现了三种账户状况，给社保关系转移造成很大困难。而且由于多种方案的存在，导致了各地出现相互攀比的现象，中央难以调控。在这种情况下，劳动部和财政部报请国务院同意，于1995 年和1996 年先后两次联合下发文件，要求各地区调整企业离退休人员的基本养老金，实现制度上的统一。

关于实行"大账户"还是"小账户"的大辩论到了1997 年还处于白热化的阶段，各方反复调研论证，最终还是采取了折中的"中账户"方案，初步形成了公共养老金的统一制度和养老金的正常调整机

① 夏波光：《从配套到支柱（1986—1997）》，《中国社会保障》2009 年第 10 期。

制。1997 年 7 月 16 日国务院下发《国务院关于建立统一的企业职工基本养老保险制度的决定》（国发〔1997〕26 号），总结了近几年改革的试点经验，并提出养老保险制度改革的目标：

> 到本世纪末，要基本建立起适应社会主义市场经济体制要求，适用城镇各类企业职工和个体劳动者，资金来源多渠道、保障方式多层次、社会统筹与个人账户相结合、权利与义务相对应、管理服务社会化的养老保险体系。①

《决定》要求各地区和各有关部门按照国家规定进一步完善基本养老金正常调整机制，在 1997 年年底前完成向统一制度的并轨。所谓"统一制度"，主要指的是三个统一：统一企业和职工个人缴费比例，统一个人账户规模（记账比例），统一基本养老金计发办法。要求到 1998 年基本实现上述目标。时任劳动部部长的李伯勇在一次报告中指出，《国务院关于建立统一的企业职工基本养老保险制度的决定》是"一项重大决策"，"标志着我国养老保险制度改革进入了一个新的阶段"②。

---

① 中国劳动和社会保障部组织编审：《新中国劳动和社会保障事业》，中国劳动社会保障出版社 2007 年版，第 687 页；及载郑定铨、刘殿军、张宝和主编《社会保障制度改革指南》，改革出版社 1999 年版，第 63—65 页。

② 李伯勇：《按照国务院决定要求切实做好统一企业职工基本养老保险制度的工作——在全国统一企业职工基本养老保险制度工作会议上的讲话（摘录）》，《中国劳动科学》1997 年第 9 期。

> **"三个统一"的企业职工基本养老保险制度**[①]
>
> （1）统一和规范企业和个人的养老保险缴费。即企业缴费比例一般不超过工资总额的20%，个人缴费比例1997年不低于4%，从1998年开始，按照至少每两年一个百分点的速率，逐步提高到8%。
>
> （2）统一个人账户规模，即为每个企业职工以其本人工资为基数，按11%的比例建立个人账户，其中个人缴费部分全部列入个人账户，企业缴费部分划转一部分（11%与现实的个人缴费比例之差）进入个人账户。
>
> （3）统一基本养老金支付结构和标准。即基本养老金分为两个部分，第一部分"基础养老金"按照职工退休时当地社会平均工资的20%计算支付，"个人账户养老金"的月支付标准为个人账户全部储蓄（本息之和）除以120。

至此，"社会统筹与个人账户相结合"由原则变为现实，由试点变为规范，从而确立了养老保险公平与效益相结合的新机制：这种新机制为进一步把养老保险覆盖到所有城镇劳动者，为劳动者的合理流动提供了制度保证。这种制度模式后来继续了规范化和法制化的发展。[②] 李伯勇部长提到，在统一基本养老保险制度之前，各地政策很不一致。但是，自1997年"26号文件"之后，各地一律按照个人缴

[①]　胡晓义：《我国养老保险制度改革的新进展和新目标》，载郑定铨、刘殿军、张宝和主编《社会保障制度改革指南》，改革出版社1999年版，第289页。

[②]　同上书，第290页。

纳工资的11%建立个人账户，过去多的要移出来，少的要补上去。个人账户记录职工个人和企业缴费的金额，还要加上该金额的利息，作为职工退休后领取基本养老金的主要依据。职工基本养老金缴费一般不得超过本企业职工工资总额的20%，包括划入个人账户的部分。"26号文件"还提出，职工跨统筹区域调动时个人账户中的全部金额随同转移，包括个人缴纳和企业缴费的部分，这样便于劳动力流动。劳动力调出较多的地区会有一定难度，但也必须执行。因为基本养老保险是"社会化的、由政府组织实施的、提供基本生活保障的保险"①。

大连开设"个人账户"的例子②

大连市从1993年开始实行固定职工个人缴费，个人缴费比例为本人工资收入的2%，大连市在1996年贯彻国务院6号文件，开始为每个在职职工建立个人账户，总比例为职工工资收入的12%，其中个人缴费2%，单位划转记入10%。同时，大连市社会保险公司决定，从1993年起为每个职工按个人2%、单位划转10%的比例追记个人账户。

一是由于中国行政系统具有很强的组织力，二是由于"统账结

---

① 李伯勇：《按照国务院决定要求切实做好统一企业职工基本养老保险制度的工作——在全国统一企业职工基本养老保险制度工作会议上的讲话（摘录）》，《中国劳动科学》1997年第9期。

② 王文军：《职工基本养老保险个人账户建立时间浅析》，《中国劳动科学》1997年第5期。

合"的社会保险模式兼顾了各个方面的利益诉求和积极性，"统账结合"的养老模式在20世纪90年代的中国得到了快速的推进，这也导致了养老保险的迅速扩面，养老保险金的收缴率得到了提高。朱镕基总理在1997年国有企业下岗职工基本生活保障和再就业工作会议的总结讲话中提道，1997年全国参加养老保险社会统筹的在职职工已经达到8670多万人，覆盖率约80%。包括职工和离退休人员共1.2亿人。其中，国有企业覆盖率为96%，城镇集体企业为53%，其他各种经济类企业为31.8%。但是，大多数外商投资企业并没有参加养老保险的社会统筹。朱镕基强调："不论是国有、集体企业，还是个体、私营企业和外商投资企业，都要按规定缴纳养老保险金，参加社会统筹……这是国际惯例，是各国特别是发达国家通行的劳动保护制度。"[1]

个人账户对养老金覆盖面的扩大起到了一定推动作用。职工个人关心自己的权益保障，成为督促企业按时足额缴费的力量。[2] 1997年年底，全国各地拥有个人账户的职工约为5552万人，比例达到64%；到1998年，这个比例迅速上升至77%，上海、湖南、山东、甘肃、宁夏等地区的比例甚至达到95%。个人账户累计储蓄存额在1997年就达到774.5多亿元，企业职工基本养老金调整机制初步形成。1997年全国各地区一般按工资增长率的40%—60%为离退休人员增加了养老金，使全国平均年养老金水平达到4381元，月均365元。但人均

---

[1] 《朱镕基总理在国有企业下岗职工基本生活保障和再就业工作会议闭幕时的总结讲话》（1998年5月16日），载郑定铨、刘殿军、张宝和主编《社会保障制度改革指南》，改革出版社1999年版，第6页。

[2] 胡晓义：《我国养老保险制度改革的新进展和新目标》，载郑定铨、刘殿军、张宝和主编《社会保障制度改革指南》，改革出版社1999年版，第289页。

养老金相当于人均缴费工资的比例为81.41%，同比下降了2.14个百分点。① 大数定律的规模效益显现出来了。

但是，这一阶段的改革并没有解决从旧体制向新体制过渡过程中的一个主要问题，即老职工的养老基金没有融资来源的问题。新的措施出台后，仍然只能靠"社会统筹"和现有职工个人账户中的资金支付老职工的养老金。在旧的养老保险制度下，由于实行的是现收现付制，老职工没有建立个人账户和积累起养老基金。因此，需要国家出资对老职工（包括"老人"和"中人"）的养老金积累的隐性债务进行补偿。1993—1995年，是讨论这个问题最为热烈的时期，经济学界人士提出了两个途径：将国有资产"切一块"或者发行"认可债券"。但由于政府职能部门的反对，补偿未能实现。

在仍然存在着隐性债务的情况下，基本养老保险个人账户问世不久，就显出了统账结合制度的结构性问题：个人账户虽然单独记账，但却是与现收现付基本公共养老金并账管理，这样就难免将个人账户中的余额用于非个人账户基本养老金的支付。在一些老工业区，由于缴费费率过高，一些企业出现拖欠或逃避缴费的倾向，个人账户用于现收现付养老金支付的情况更加普遍，1997年个人账户记录的累计储存额就超过了全部养老保险基金的结余额。1998年这一现象更加突出，形成了个人账户的"空账"现象，② 引起了政府如何兑现个人账户承诺的担忧，并开始了长达十数年关于"做空"还是"做实"个人账户的讨论。

---

① 胡晓义：《我国养老保险制度改革的新进展和新目标》，载郑定铨、刘殿军、张宝和主编《社会保障制度改革指南》，改革出版社1999年版，第290页。

② 同上。

（三）养老金的社会化发放和提高统筹层次

实现从"企业保险"向"社会保险"的转变，不仅仅要抓"钱"，把退休费用的负担从企业剥离出来，实现养老保险的社会统筹；还要抓"人"，把与养老保险相关的业务从企业剥离出来。养老金的社会化发放是一项关键举措，也就是要解决"钱由谁来发"和"人往哪里去"的问题。[①]

在 20 世纪 90 年代中期，随着养老保险社会统筹的不断推进，养老金的社会化发放也逐步提上日程。在原劳动和社会保障部副部长王建伦看来，"社会化发放就是一种革命，标志着社会保险观念在中国真正的确立和形成。我认为，差额缴拨改为全额缴拨，养老金社会化发放是从'单位保险'向'社会保险'转变的重要标志"[②]。

养老金虽然实现了社会统筹，但是直到 90 年代中后期，养老金的发放仍然委托企业代办。当时，社保机构和企业之间实行的是差额缴拨、双基数，即先计算出每个企业应缴保险费与应支付养老金的差额，如果是正数，企业应将差额缴纳给社会保险机构，是负数的话，社保机构就把不足部分划拨给企业。养老金由企业掌控，很有可能出现养老金被挪作他用的情况，使得退休人员不能足额领取养老金。而且，由于资金由企业掌控，社保机构无法掌握资金的使用情况，养老金是否拖欠、拖欠多少甚至养老金是否发放，这些情况社保机构都不

---

① 陈磊：《韩凤：社会化发放是社保必由之路》，《中国社会保障》2008 年第 12 期。韩凤为原劳动保障部社会保险事业管理中心副主任。

② 刘洪清：《王建伦：横看成岭侧成峰》，《中国社会保障》2008 年第 12 期。

得而知。①

针对这些情况又开始了养老金发放社会化的试点。例如，江苏省常熟市政府为了解决七家破产被兼并纺织企业的 200 多名退休人员的养老金发放问题，决定由社保经办机构的服务站直接发放养老金，以保证养老金的按时足额发放。② 根据试点经验，1995 年 3 月国务院发布《国务院关于深化企业职工养老保险制度改革的通知》（"6 号文件"），要求：

> 各地区和有关部门应积极创造条件，提高养老保险管理服务的社会化程度，逐步将企业发放养老金改为社会化发放，技术条件和基础工作较好的地区，可以实行由银行或者邮局直接发放；暂不具备条件的地区，可以由社会保险经办机构发放。社会保险经办机构也可以通过在大型企业设立派出机构等办法，对企业离退休人员进行管理服务。同时要充分发挥各方面的积极性，逐步将主要由企业管理离退休人员转为主要依托社区进行管理，提高社会化管理水平，切实减轻企业负担。③

为了推动养老金社会化发放的工作，1996 年 9 月 9 日，劳动部在常熟市召开了第一次养老金社会化发放现场会。这次会议总结了一些试点地区实行社会化发放的经验，提出社会化发

---

① 陈磊：《韩凤：社会化发放是社保必由之路》，《中国社会保障》2008 年第 12 期。

② 同上。

③ 《国务院关于深化企业职工养老保险制度改革的通知》（国发〔1995〕6 号，1995 年 3 月 1 日），载郑定铨、刘殿军、张宝和主编《社会保障制度改革指南》，改革出版社 1999 年版，第 57—63 页。

放是建立独立于企业之外的社会保障制度的需要，是切实减轻企业事务性负担的需要，是各级社保经办机构的重要职责。这次会议之后，各地要加快推进养老保险社会化发放的步伐，以期尽快实现全国范围内的基本养老保险基金的全额征缴和养老金社会化发放。

尽管如此，养老金社会化发放的工作还是遇到了各种阻力。首先是关于养老金社会化发放的认识不够统一。有人认为，退休人员是企业的人，应该由企业负责发放养老金，不能把企业的负担转嫁给政府，政府不能背这个"包袱"；有人认为，退休人员在企业干了一辈子，退休后推给社会了，不合理；还有人觉得，这是一个系统工程，在其他配套制度没有建立的情况下，实行社会化发放，就像吃螃蟹，无从下手。①

前劳动和社会保障部副部长王建伦谈关于养老金社会化发放的争论②

先说退休人员。以前职工"一进企业门，就是国家的人"，企业对职工的生、老、病、死、残、遗都得全包。改革开放30年，将职工变成社会劳动者，将"退休职工"变成"退休人员"，这样一种转变，是思想观念和具体身份的重大转变。但在当时，退休人员不认为这是一种能力更加释放、保障更加安全的转变。在惯性思维下，他们认为"企业当时的一砖一瓦建设我都参与了，建设完了，

---

① 陈磊：《韩凤：社会化发放是社保必由之路》，《中国社会保障》2008年第12期。

② 刘洪清：《王建伦：横看成岭侧成峰》，《中国社会保障》2008年第12期。

我老了，你就把我踢出去，那我以后靠谁啊？"当时，我到贵州等地去调研，退休人员都哭啊，伤心得不得了。我们苦口婆心地做思想工作，让他们相信社会化管理、社会化发放的好处。

……

企业退休人员不同意，社保经办机构也不同意。一是社保经办机构对社会发放养老金不同意，认为把企业的责任完全卸掉了，如果发放不到位，就成了经办机构的责任。二是认为社保基金结余少，钱不够发了怎么办。三是认为经办机构的工作量太大了。1997年我们在江苏常熟开了一个社会化发放的现场会，一位厅长站起来说，"就是你王建伦要把社会保险大厦搞垮。你把钱都发出去了，我们以后怎么办？"我回答道，"你不能保证发钱，要你这个机构干嘛！"争论得很激烈。不仅地方有阻力，劳动部内部也有不同意见。

当时，在差额缴拨的情况下，一些企业把拨回的差额抵缴了社会保险费，很多退休人员拿不到养老金。社会化发放的核心是要改差额缴拨为全额缴拨，确保养老金发放。

而更严峻的挑战是如何建立脱离于企业的发放渠道，以及筹措必要的资金。据统计，20世纪90年代中期，全国以企业为责任主体发放养老金的比例为93%，以社保经办机构为责任主体发放养老金的比例只占7%。因为缺乏统计，企业都不愿意承认拖欠退休人员养老金，社保机构也不知道全国范围内养老金拖欠的具体金额。当时还没有建立财政补助机制，仅靠养老保险统筹基金是远远不够足额发放及补发养老金的。因此，在1995年"6号文件"出台后的一段时间里，尽管社保主管部门做了大量的工作，养老金社会化发放仍然没有长足的进展。①

随着企业拖欠离退休职工养老金的情况日益严重，社会矛盾也逐渐突出。1998 年春节前后，部分退休人员长期领不到养老金，爆发了因为要求发放养老金而引起的群众事件。辽宁省沈阳市一个季度发生 137 起突发事件，四川省攀枝花市发生了退休人员堵金沙江大桥事件，内蒙古自治区乌海市发生退休人员堵火车事件，严重影响了社会稳定，引起了中央的高度重视。② 1998 年春，刚刚就任国务院总理的朱镕基到东北调研，并在长春召开了解决下岗职工生活保障问题的座谈会，结果会上反映最强烈的是养老金不能按时足额发放问题。调研之后，朱镕基认为，在确保下岗职工基本生活的同时，应加上一条：确保企业离退休人员养老金按时足额发放。随后，在党中央和国务院召开的"再就业工作会议"上，中央正式确定了"两个确保"的方针，并要求各地将此作为党政领导第一位的工作。"两个确保"的提出标志着养老保障得到了最高领导层的重视，同时也成为中国政府在社会保障领域里职能转变的起点。③

"两个确保"的提出，使养老金社会化发放成为中央层面的工作，也成为劳动保障工作的重中之重。1998 年 5 月底，劳动保障部印发《关于做好企业离退休人员养老金发放工作的紧急通知》，6 月，在北京召开拖欠情况比较严重的 14 个省、自治区、直辖市社保机构负责人座谈会，接着下发《关于建立解决拖欠企业离退休人员养老金问题

---

① 夏波光：《从完善走向覆盖城乡（1998—2009）》，《中国社会保障》2009 年第 10 期。

② 同上。

③ 同上。

情况报告制度的通知》，要求各地每月报送专项报告和月报表。此后，劳动保障部动员行政力量，推进养老金社会化发放的工作。[①] 劳动保障部在《人民日报》开辟社会化发放排行榜，每个季度公布一次各地的进展情况。这项措施影响很大。曾经出现过在排行榜中倒数第一的地区，仅仅经过几个月就快速推进养老金社会化发放工作的情况。中国行政体系的效率在养老金社会化工作中得到了充分体现。1998年年底，全国养老金社会化发放率达35%。在全国范围内，不仅确保了2727万名企业退休人员的养老金按时足额发放，还补发了部分拖欠的养老金，维护了社会稳定。2000年年底，全国养老金社会化发放率达90%，基本实现了目标。全国城镇企业补缴历史欠费115亿元，新发生欠缴97亿元，首次实现清欠大于新欠。[②] 劳动保障部于1999年12月1日在深圳召开了全国养老金社会化发放的现场会，明确了社保局必须委托银行或邮局发放养老金，实行社会化发放。[③]

前劳动和社会保障部副部长王建伦谈在全国推行养老金社会化发放的情况[④]

我们从1998年4月就开始建立一个统计制度，调查养老金发放的情况，哪些地方有历史欠账，哪些地方没有欠账。我记得很清

---

① 韩凤：《社会化发放是社保必由之路》，《中国社会保障》2008年第12期。

② 夏波光：《从完善走向覆盖城乡（1998—2009）》，《中国社会保障》2009年第10期。

③ 同上。

④ 刘洪清：《王建伦：横看成岭侧成峰》，《中国社会保障》2008年第12期。

楚，5 月我们把不能按时足额发放的 16 个省的领导请到北京来了，要求必须把养老金发下去。同时，我们开始着手把差额缴拨改为全额缴拨，和银行逐一签订社会化发放的协议。7 月，镕基总理问我们，历史拖欠有多少钱？我们说欠了 64 个亿。总理说，给 76 个亿，把欠的都补上！

　　……

　　我当时也不明白，我说用不了这么多，统计只欠了 64 亿元。总理说，你不懂，你等着看吧。随后，我们跟财政部一起将 76 亿元资金分发到有历史拖欠的省。结果许多省反馈情况，还有拖欠。最后一统计，欠账 289 亿元。最典型的一个省，统计报表是拖欠养老金 123 万，中央补欠的资金发下去以后，省政府的副省长、秘书长和劳动保障厅厅长来报告情况，你猜最后拖欠多少？8.3 亿元！我明白了总理说的"你不懂"实际是什么情况了。所以我后来说了一句话，"脸皮、肚皮，你们要什么？肚皮是老百姓的，脸皮是你自己的。你是要脸皮，还是要老百姓的肚皮？"

　　……

　　我们作为国务院的一个部门，不可能随便就把省长请来。那阵子急得没办法，我夜里直接给一些省长打电话，请省长督办保发放工作。我觉得不管怎么样，头拱着地也得把社保发放"拱"下来。全额缴拨和社会化发放工作干得很苦，社保中心那一阵是不分白天黑夜地干活，从各地社保经办机构抽人来搞督办工作。我认为，这是我们在中国社会保险制度的建设中迈出的关键一步，那就在这儿。确保发放工作是一场战役。我把它比作解放战争时期的淮海战役。

养老金实现社会化发放后，社保机构将直接面对退休人员，这样，原本存在于企业和退休人员之间的、因退休金发放而起的矛盾，就变成了政府和退休人员之间的矛盾，这样必须保证养老金的支付，由政府完全负起责任。于是，政府开始全面动员行政力量，并采取多种措施千方百计地筹措资金、扩大社会保险的互助共济作用，这进一步带动了养老金统筹层次提高、收缴力度加大，以及建立财政补助制度等改革措施。

养老金的社会化发放使得统筹层次过低的问题凸显出来。很多地区采取县级统筹，分散风险的能力较差，也不利于宏观调控，拖欠离退休人员基本养老金的情况依然严重，[①] 据不完全统计，到 1998 年 5 月底，全国企业拖欠的离退休养老金还有 87 亿多元，涉及 356 万人，[②] 导致上访、请愿事件增多。解决这一问题最好的办法就是扩大社会统筹的范围，发挥大数定律均衡风险的作用。为此，李伯勇部长就国务院的精神进行布置说："国务院领导同志很重视提高统筹层次的问题，在统一制度的决定中专门提到这个问题。各地要借统一制度的良机，认真规划测算，采取有力措施，在尽可能短的时间内将县级统筹向省或省授权的地区统筹过渡，力争在下个世纪初向全国统筹迈进。"[③]

---

① 李伯勇：《按照国务院决定要求切实做好统一企业职工基本养老保险制度的工作——在全国统一企业职工基本养老保险制度工作会议上的讲话（摘录）》，《中国劳动科学》1997 年第 9 期。

② 胡晓义：《我国养老保险制度改革的新进展和新目标》，载郑定铨、刘殿军、张宝和主编《社会保障制度改革指南》，改革出版社 1999 年版，第 291 页。

③ 李伯勇：《按照国务院决定要求切实做好统一企业职工基本养老保险制度的工作——在全国统一企业职工基本养老保险制度工作会议上的讲话（摘录）》，《中国劳动科学》1997 年第 9 期。

在推进养老金社会化发放的过程中，需要打破行业统筹，而这也是困难重重。从养老保险改革伊始，一些央企便抵制社会保险地方统筹，纷纷搞起了行业统筹。据原劳动保障部养老保险司司长焦凯平的回忆，以行业为一方、以各省为另一方的两派经常为了养老金是行业统筹还是地方社会统筹的问题到国务院争吵，"劳动保障部成立后，打的第一个战役就是解决行业统筹下放"①。

现实需求再次成为推动改革的动力。1998年5月中共中央、国务院召开了国有企业下岗职工基本生活保障和再就业工作会议，首先明确了要按时足额发放企业离退休人员养老金，不允许再产生新的拖欠，并逐步补发以前的拖欠，接着，国务院又于1998年8月发布《国务院关于实行企业职工基本养老保险省级统筹和行业统筹移交地方管理有关问题的通知》（国发〔1998〕28号，1998年8月6日），要求建立省级养老金调剂制度，通过扩大统筹规模，加强资金调剂，抵御养老金支付风险。

在中央的统一号令下，各级党委和政府旋即将解除养老金行业统筹作为"头等大事""第一位的工作""一把手工程"进行部署落实。强大的行政力量，加上大量艰苦细致的组织、说服和准备工作，20世纪80年代中期以后建立起来的水利、电力、铁道、邮电、建筑、交通、煤电、银行等行业养老保险统筹项目全部移交给了各省、自治区、直辖市管理，打破了行业之间的管理壁垒，加大了社会共担风险的能力，也减少了行业之间的攀比，为公平竞争创造了一些条件。劳动力自由流动的一个壁垒就这样被扫除了。

为了进一步保障养老金的资金来源，政府还采取措施规范养老金

---

① 夏波光：《从完善走向覆盖城乡（1998—2009）》，《中国社会保障》2009年第10期。

的管理。1999 年 1 月，国务院发布《社会保险费征缴暂行条例》（国务院令第 259 号）①，该条例的实施使社会保险费征缴有了法律依据，成为主管部门清理企业欠费的"尚方宝剑"。这样，劳动保障部采取措施，一方面扩大养老保险的覆盖面，强化基金收缴；另一方面，针对欠缴社会保险费的企业，加强清欠力度。在社保机构把养老保险费全额征缴上来后，实行收支两条线管理，由金融机构代发养老金。

在养老保险基金不足以支撑社会化发放的情况下，开通了财政补助渠道，由各级财政出资补足缺口。如果省级征缴养老金不足支付的话，由中央财政通过转移支付补足缺口。② 1999 年，在中央的统一部署下，中央和地方多渠道筹集资金，在确保当期按时足额发放的基础上，补发拖欠的养老金 144 亿元，进一步维护了退休人员的合法权益。

◇ 四　启动医疗保险制度改革——从"劳动保险"走向"社会保险"

在紧锣密鼓地实行养老和就业制度改革的同时，医疗保险制度也面临着重大改革。

---

① 郑定铨、刘殿军、张宝和主编：《社会保障制度改革指南》，改革出版社 1999 年版，第 140 页—144 页。

② 夏波光：《从完善走向覆盖城乡（1998—2009）》，《中国社会保障》2009 年第 10 期。

（一）公费医疗与劳保医疗的困境

20 世纪 90 年代，中国实行的仍然是 50 年代初期建立起来的职工公费和劳保医疗制度。在这一制度下，政府公务人员享受由财政提供经费的公费医疗，企业职工享受由企业福利费开支的劳保医疗，这些待遇由各个工作单位自行管理。在农村实行由政府补贴、乡镇集体收益提留提供资金的农村合作医疗制度。随着经济体制改革的深入，支撑公费医疗和劳保医疗的计划经济体制发生了巨大变化，导致劳保医疗和公费医疗制度缺陷日益突出，吴邦国副总理曾经将其弊端归结为三个主要方面：一是医疗费用增长过快，导致各级财政难以承受；二是缺乏有效制约，造成医疗服务成本过高、效率偏低、浪费严重；三是覆盖面过窄，社会化程度低，待遇差距大，苦乐不均。[①]

造成上述问题的原因是多方面的。国家财政和用人单位包揽过多是医疗费用增长过快的一个主要原因。职工公费和劳保医疗制度采取从门诊到住院，从小病到大病无所不包的制度。进入 90 年代，职工医疗费用一直保持较高的增长水平，其中公费医疗支出年增长速度超过 30%，人均医疗费支出增长速度超过 20%。[②] 1997 年全国职工医疗费用为 773.7 亿元，比改革初期的 1978 年增加 28 倍，年递增 19%；

[①] 《吴邦国副总理在全国城镇职工医疗保险制度改革工作会议开幕时的讲话》（1998 年 11 月 26 日），载郑定铨、刘殿军、张宝和主编《社会保障制度改革指南》，改革出版社 1999 年版，第 22 页。

[②] 乌日图、陈金甫：《建立城镇职工基本医疗保险制度，全面推进我国医疗保险制度改革》，载郑定铨、刘殿军、张宝和主编《社会保障制度改革指南》，改革出版社 1999 年版，第 358—359 页。

而同期财政收入只增加了 6.6 倍，年递增 11% 。这使得各级财政难以承受，企事业单位负担沉重。①

在国家财政和用人单位仍然包揽医疗费用的情况下，医院的角色却已经发生了变化。在计划经济下，医院的经费全部由财政兜底，不需要自行创收。而在市场化的改革过程中，医院的角色变得复杂起来，它既是提供基础医疗服务的社会性机构，又是通过提供特殊医疗服务以获取利润的市场行为者。医疗卫生行业内部的市场化几乎与改革开放同步。由于十年动乱的影响，医疗卫生事业发展缓慢，百姓称之为"独家办、大锅饭、一刀切、不核算"，医院越办越穷，看病难、住院难、手术难的问题突出。

1979 年元旦，时任卫生部部长的钱信忠在接受新华社记者采访时提出，要"运用经济手段管理卫生事业"。医疗卫生机构的改革初见端倪。不久，卫生部等三部委联合发出了《关于加强医院经济管理试点工作的通知》。由此，医院开始了以经济管理为重点的整顿和改革。从 1981 年至 1989 年，每隔三四年就有中央文件出台，其中关键性的文件是 1985 年 4 月 25 日国务院批转卫生部起草的《关于卫生工作改革若干政策问题的报告》，1985 年因此成为医疗体制改革的启动年。这一时期产生了两个改革典型：一是转换经营机制的"协和经验"，二是后勤服务社会化的"昆明经验"，在全国卫生系统备受推崇。卫生部一位老干部评价医改启动时说："核心思路是放权让利，扩大医院自主权，基本上是复制国企改革的模式。"1989 年，国务院批转卫生部《关于扩大医疗卫生服务有关问题的意见》，医改在争议

---

① 《吴邦国副总理在全国城镇职工医疗保险制度改革工作会议开幕时的讲话》(1998 年 11 月 26 日)，载郑定铨、刘殿军、张宝和主编《社会保障制度改革指南》，改革出版社 1999 年版，第 22 页。

中前行。国家卫生支出缩减，医院开始自己养活自己，开始承担创收压力。改革的手段从最初就十分明确——"给政策不给钱"，虽然经过若干年的努力，医院确实有了很大的发展，但也开始出现一系列乱象：医生走穴、药方里开出电饭煲等……

到了 20 世纪 90 年代，医疗卫生行业内部的市场化趋势仍在继续。1992 年 9 月，国务院下发《关于深化卫生改革的几点意见》。此后，医院市场化的步伐加速，为了创收，各级医院内部如雨后春笋般地出现了点名手术、特殊护理、特殊病房等以盈利为目的的项目，导致医疗费用迅速攀升。[①] 吴邦国副总理提道："医疗问题是当前职工很关心、又很不满意的一个突出问题。许多人抱怨，过去到医院看个小病，少则花几元钱，多则十几元就够了；现在就是看个感冒，也要几十元，甚至几百元。在现行制度下，一些医疗机构为了创收，乱开大处方、人情方，甚至滥检查、乱收费等做法，屡禁不止；职工一人看病开药而全家用药的现象相当普遍。据有关部门调查，不合理的医疗费用支出约占职工医疗费的 20%—30%。"[②]

一方面是包揽过多，财政不堪重负、医疗资源浪费严重。另外一方面却是缺乏保障。随着就业市场化的改革，中国城镇非公有制单位的从业人员从 1977 年改革开放前的 15 万人，增加到 1997 年的 3754 万人，相当于国有企业职工总数的 1/3，而这些职工并没有为职工公费和劳保医疗制度所覆盖。在一些经济不发达地区和生产经营状况不好的国有企业里，有些职工的医疗费长期得不到报销，医疗费拖欠比

---

① 刘洪清：《全民医保：渐行渐近的愿景》，《中国社会保障》2009 年第 10 期。

② 《吴邦国副总理在全国城镇职工医疗保险制度改革工作会议开幕时的讲话》（1998 年 11 月 26 日），载郑定铨、刘殿军、张宝和主编《社会保障制度改革指南》，改革出版社 1999 年版，第 22 页。

较严重。职工因看不起病、医疗费报销不了等问题，找单位、找政府、上访、告状的情况越来越多。①

因企业无力承担医疗费用造成职工缺乏必要医疗保障的案例②

哈尔滨工业制笔总厂这个 1950 年建厂的老企业在机器停止运转的时候，厂里的劳资人员提恩兰记下了几笔沉重的数字：在职职工 780 人，退休人员 1045 人，企业亏损总额 1900 多万元。职工医疗费由按月改为按季报销，后来又改为按年报销。一条条排队等待救命钱的长龙，一把把医疗费发票。结果一个病人几千元的医疗费最后只报销 50 元钱。到停产的时候，企业一分钱也开不出来了，累计拖欠职工医疗费 400 万元，退休人员医疗费 280 万元。在提恩兰的心里，这是一种无法用言语表白的辛酸。

当时中国医疗制度的主要问题在于条块分割，资金没有进行社会化配置，用人企业一旦发生经营困难，即无力承担职工的基本医疗费用。制度的缺憾损害了社会主义制度在人民心中的地位，一个为民众服务的制度怎能使民众享受不到制度提供的必要的医疗服务呢？此外，当时的经济体制迅速市场化，也要求医疗服务走社会化的道路。因此到了 90 年代，中国的医疗制度已经到了非改不可的地步。

---

① 《吴邦国副总理在全国城镇职工医疗保险制度改革工作会议开幕时的讲话》（1998 年 11 月 26 日），载郑定铨、刘殿军、张宝和主编《社会保障制度改革指南》，改革出版社 1999 年版，第 23 页。

② 刘洪清：《全民医保：渐行渐近的愿景》，《中国社会保障》2009 年第 10 期。

（二）启动医保改革试点

医疗保险制度的建立远比养老保险要复杂。先试点再推广依然是改革的法宝。自 1984 年开始，一些地方和行业就开始探索用不同的方式解决医疗制度中的各种弊端。开始时，改革的关注点在于遏制医疗费用的过快增长，实行医疗费用由医院代管，医疗费用与个人、单位、医院"三挂钩"。有的将国家和企业统包的办法改为让职工个人承担少量费用；有的将医疗费用以年工资的方式发给职工个人，实行包干制；北京和武汉实行的是"大病统筹"，上海实行的是"总量控制、结构调整"。总之，各地都在积极探索医疗体制改革的路径。不过，试点多是地方性的尝试，中央还没有统一筹划医保改革试点的工作。

1. "两江试点"的经验

20 世纪 90 年代，由于医疗保险的问题越来越突出，医保改革提上日程，中央开始推进医保改革的试点工作。1993 年 3 月，国家体改委、分管公费医疗的卫生部、分管劳保医疗的劳动部以及财政部在调研的基础上初步形成了进行医疗体制改革试点的意见。1994 年 1 月，国务院总理李鹏召开总理办公会议，专门研究医疗保障制度改革问题。会议研究了如何处理国家、企事业单位、职工个人与医疗单位的关系，决定先选择两个条件较好、有代表性而且不会引起较大震动的中等城市进行试点。被选中的两个试点城市是江苏省镇江市和江西省九江市，简称"两江试点"，试点因循养老保险改革的基本思路，将

"社会统筹与个人账户相结合"模式运用于医疗保险制度改革。[1]

根据时任劳动保障部医疗保险司副司长乌日图的解释,实行"社会统筹与个人账户相结合"的模式,初衷是以个人医疗账户的形式,把个人的医疗费用意识和自我保障责任与社会责任结合起来,使之既能保障职工个人需求的基本医疗,又能有效制约浪费;既保障当前的医疗费用支出,又有利于今后医疗保障基金的积累。[2] 但是,由于医疗保障制度牵涉的行为主体和利益方远比养老保险复杂,所以尽管从中央到地方各级政府都做出很多努力,"两江试点"仍然一波三折。

(1)镇江的情况

1994 年镇江开始医疗保险制度试点时,医疗费用增长过快,财政负担重,而且医疗资源配置不均,许多企业职工得不到足够的医疗保障,同时,医疗费用也是企业进一步发展的沉重负担。被选为试点城市后,镇江的医保体制改革并不顺利,企业和个人的参保意识都不强,职工和退休人员担心待遇会降低,医疗机构担心收入会下降。改革的推动力量主要来自行政机构。镇江市政府提出了"地处长江下游,医疗制度改革要力争上游"的口号,还有"不换思想就换位置"的提法。依靠行政的强大推动力,镇江城镇职工基本医疗保险参保率在第一年就达到了 95%。[3]

尽管参保率取得了令人炫目的成绩,但是由于制度设计存在问

---

① 刘洪清、侯俏俏:《走过"两江试点"》,《中国社会保障》2009 年第 10 期。此文为对主抓"两江试点"工作的前国务委员彭珮云的访谈。

② 乌日图、陈金甫:《建立城镇职工基本医疗保险制度全面推进我国医疗保险制度改革》,载郑定铨、刘殿军、张宝和主编《社会保障制度改革指南》,改革出版社1999 年版,第 360 页。

③ 刘洪清:《镇江医改足迹——访镇江市人民政府副秘书长林枫》,《中国社会保障》2008 年第 12 期。

题，1996 年医保统筹基金即出现了大面积超支。① 1995 年镇江医改起步时实行的是"定额结算"，也就是按医院的工作量、标准定额与医院结算。按这个办法，改革当年实现了基金收支平衡，结余率 8%。但是到了 1996 年，医疗机构就通过分解就诊人次、重复挂号、分解处方、轻病住院、重复住院等方式，虚增工作量，以最大限度获取定额支付，造成医疗保险基金支出大幅上升。同时，病人反复排队挂号就诊，也是怨声载道。1996 年，因为保险扩面的原因，就诊人数增加了 21%，再加上当时参保人员的个人支付比例过低，仅占总费用的 7.3%，几种原因加在一起，致使 1996 年人均医疗费增长了 17%。镇江 1996 年医疗保险基金支出比上年增长了 42%，大大超过了当年基金收入的增长。

在社会上出现了"医保社会化是否可行"的疑虑时，继续推动医改的仍然是行政力量。1997 年，镇江市委、市政府提出要"走稳步、不停步"，采取了一些措施，例如适当加大个人医疗费用分担比例，设立基本医疗保险基金支付封顶线，对超出封顶线的医疗费用实施大病高额医疗费用统筹补充保险等，部分缓解了虚增工作量的问题。但医院方面又出现了推诿病人、减少服务的现象。1998 年镇江市推行"总量控制、定额结算、预算拨付、弹性决算、考核奖励"的办法，用以平衡医疗服务保障和费用控制之间的矛盾，但医院方面又出现了年初开大处方、年底又控制处方值等极端做法。② 1999 年镇江市又改为"个人账户按实支付，统筹基金总额控制"的结算办法。一些医疗

① 刘洪清：《镇江医改足迹——访镇江市人民政府副秘书长林枫》，《中国社会保障》2008 年第 12 期。

② 因实行总量控制，这种做法是为了保证医院收入最大化。

机构又采取了过度诱导需求等做法。① 试点证明，总额控制虽然可能保持保险基金的收支平衡，但却不一定能够完全控制住院医疗费的不合理增长。从 2001 年开始，镇江市淡化了"总额控制"，实行"总额预算、弹性结算和部分疾病按病种付费相结合"的复合式结算办法，统筹基金和个人账户实现了"双结余"，镇江医改取得了阶段性成果。②

（2）九江的情况

"两江试点"中的九江市，其医保改革的曲折程度不输于镇江。在 20 世纪 80 年代，九江的公费医疗和劳保医疗体制就因为问题严重而开始了改革试点。20 世纪 80 年代末，九江市的很多企业面临经营困境，职工的医疗费用无法保障，相当一部分企业采用门诊费用包干的做法，每月发给职工 6—8 元的门诊费，住院费按 60%—90% 的比例报销，但实际上不少职工的医疗费根本无法报销。为此，到市委、市政府上访的人很多。而另一方面，小病大养、乱开补药等浪费医疗资源的现象也很严重。因此，1988 年九江市在下辖的星子县进行国营企事业单位退休人员医疗保险改革试点，1991 年又在下辖的临川县进行全民所有制企业、非财政拨款事业单位的医保改革试点。③

九江的医保改革试点也是在行政力量的推动下进行的。1994 年 4 月在《关于职工医疗制度改革的试点意见》（体改分〔1994〕51 号）下达之后，主抓试点工作的国务委员彭珮云亲自带队到九江部署试点工作，听取部分专家学者参加的"九江、镇江两市医疗制度改革试点

---

① 因个人账户部分按实支付，医院诱导病人接受过度服务，以增加自身收益。
② 刘洪清：《镇江医改足迹——访镇江市人民政府副秘书长林枫》，《中国社会保障》2008 年第 12 期。
③ 张苗：《不能遗忘的九江医保实践》，《中国社会保障》2008 年第 12 期。

方案论证会"，朱镕基副总理专门听取九江、镇江两市医疗改革试点工作汇报，总理办公会议直接审议批准《九江市职工医疗社会保险暂行规定》，重视程度可见一斑。

九江的医保改革试点采取了"一种模式、两个同步、三个统一、四种机制"的方案。"一种模式"是指建立起不分行政、企业、事业单位，不分所有制和用工形式，各类职工都覆盖在内的社会统筹与个人账户相结合的医疗社会保险制度。"两个同步"是指行政、事业单位和各类企业同步进行，全市 15 个县（市、区）同步进行。在体制上，企业单位医疗保险由社会保险局管理，行政事业单位由行政事业医保处管理。"三个统一"是指在属地管理原则下，参保的单位和职工均执行统一的医疗社会保险政策，统一的筹资比例和基本结构，统一的医疗基金管理。"四种机制"是指着力构建稳定的医疗社会保险费筹措机制、医疗费用有效供给机制、职工个人约束机制、医疗单位制约机制。

九江自 1995 年 1 月 1 日实施新的医保方案后，打破了过去一厂一个标准、一厂一个制度的做法，基本实现了医疗保险的社会化，医疗保险的社会调剂功能有所增强，因医疗保险问题上访告状的人没有了。但是，九江的医疗保险基金也出现了巨额赤字。到 1998 年，九江医疗保险基金赤字达到 6000 多万元。根据医保改革当事人的回忆，造成医保基金赤字的主要原因包括：

第一，没有清晰地界定什么是需要保障的基本医疗。在九江试点时期，同一病种费用差别很大，如肾脏移植手术的参保人员，费用低的 12 万元，高的达 17 万元。有一例白血病患者一年的治疗费甚至高达 36 万元，这些都在基本医疗保险费中开支。此外，也没有采取资金封顶的措施。在试点中，由职工个人承担的自费部分全市平均只有

240 元，这种保障水平超越了九江实际的经济发展水平。

第二，管理不善。未缴费的企业或不能及时缴费的企业职工个人账户空账运作，在医疗保险基金征缴不到位的情况下，一方面增加了基金支出规模，另一方面虚增了个人账户结余。

第三，医疗保险费征缴缺乏强有力的手段和措施，基金征缴难的问题较为突出。试点的前三年，行政事业单位医疗保险费征缴率在95% 左右，企业单位医疗保险费的征缴率只有 65% 左右。一些企业效益差，影响了医保基金的到账率，企业负责人的社会保险意识不强，职工也缺乏自我保护意识。[①]

在 1998 年至 2000 年，九江市对医保制度进行了调整。首先采取措施保证缴费，暂停了未缴费单位职工的医保待遇，1998 年医疗保险费实际征缴到账率达到 92.8%。然后改变医疗保险支付方式，在发生医疗费用时，依次先由个人账户支付，个人账户用完，自付本人工资 5%，超过部分由统筹基金分档按 80%—90% 的不同比例支付。自1999 年起，九江市对医疗保险社会统筹基金和个人账户所承担的责任和支付范围进行了界定，规定社会统筹基金只承担职工住院医疗费用，个人账户只能支付门诊医疗费用，个人账户使用完后所发生的门诊医疗费用由职工本人负担，不再从社会统筹基金支付。这样 1999 年当年个人账户结余就有 183 万元；社会统筹基金征缴 1604 万元，当年支出 1704 万元，赤字仅 99 万元，比之前几年大大减少。同时还规定超过 3 万元以上的大额费用实行职工个人、用人单位和社会统筹基金三家分担，这项措施也对促进社会统筹基金收支平衡起到了一定作用。[②]

---

① 张苗：《不能遗忘的九江医保实践》，《中国社会保障》2008 年第 12 期。
② 同上。

2. 进一步扩大试点

"两江试点"为中国医疗保险制度改革积累了许多有益的经验和教训，除了行政的强大推动力以外，最主要的经验就是社会统筹医疗保险支付边界的确定。在改革的过程中，"基本医疗保障"的概念一再被提及。所谓基本医疗保障就是"建立新的医疗保险制度需要明确的最根本的问题，也是试点过程中必须重点研究解决的问题"。虽然"什么病叫基本的病，什么病叫非基本的病，什么病要治，什么病不治，很难说清楚"，但是经过了艰难的改革，控制基本医疗保障被认为是必要的。社会主义制度不能无限制地提供无限度的服务，医疗保障受限制于筹资水平，同时对于基本诊疗技术、基本药物、基本医疗服务设施等也要加以控制，还要制定社会统筹医疗基金的最高支付限额，俗称"封顶线"。[①] 也就是说，要在理想目标和现实之间建立起一套合理的制度。

在试点的基础上，国务院办公厅 1996 年 5 月转发《国家体改委、财政部、劳动部、卫生部关于职工医疗制度改革扩大试点的意见》，决定扩大医疗保险制度改革的试点范围，在全国 29 个省区中选择 38 个城市进一步进行试点。在海南、深圳、上海、青岛等地，共 40 多个城市开始按照社会统筹与个人账户相结合的原则，探索不同方式的医疗保险办法。[②] 其中，海南和深圳的医改实践提供了不同于"两江

---

① 刘洪清、侯俏俏：《走过"两江试点"》，《中国社会保障》2009 年第 10 期。

② 《吴邦国副总理在全国城镇职工医疗保险制度改革工作会议开幕时的讲话》(1998 年 11 月 26 日)，郑定铨、刘殿军、张宝和主编《社会保障制度改革指南》，改革出版社 1999 年版，第 23—24 页；并参见刘洪清《王东进：医保改革的历史性跨越》，《中国社会保障》2008 年第 12 期。

模式"的经验和做法。

（1）海南试点与"板块式"

1989 年国务院将海南省列为社会保障制度综合改革试点省。从 1989 年至 1991 年年底，海南省进行了大量的研究论证和仿真测算后，省政府在 1992 年年初至 1993 年年底发布养老、失业、工伤、医疗四项社会保险暂行规定，实行"四统一"的社会化保险，即统一制度、统一标准、统一管理和统一调剂，实施范围包括国有、集体、外资和私营企业在内的各类企业。在这次改革试点中，由于医保制度设计太过理想化，且医保制度存在着基金不能共济、报销方式没有改变、没有建立费用约束机制等重大缺陷，一些率先改革的县市出现严重的基金赤字，改革被迫中止。

1994 年，时任海南省委书记、省长的阮崇武决定试行个人账户与社会统筹分开独立运作的板块模式。1995 年 2 月，省人大常委会通过《海南经济特区城镇从业人员医疗保险条例》，这是一项确定海南省医疗保险制度的地方性法规。[①] 根据这项法规，所有的城镇从业人员都必须参加医疗保险，医疗保险费分别由用人单位和从业人员个人承担，比例是单位为工资总额的 10%，个人为工资总额的 1%，由此所建立的医疗保险基金实行个人账户和共济账户的分别运作。海南的这种做法被称为"板块式"。[②]

海南省试行的"板块式"的"统账结合"的医保机制的主要特点是：

---

① 刘洪清：《海南医保的前世今生》，《中国社会保障》2008 年第 12 期。

② 高荣海：《探索个人账户与共济账户分别运作模式构建控制医疗费用过快增长的有效机制》，载郑定铨、刘殿军、张宝和主编《社会保障制度改革指南》，改革出版社 1999 年版，第 382 页。

第一，明确划分两个账户各自的支付范围：个人账户负责支付日常普通疾病治疗的医疗费和严重疾病治疗时起付线以下医疗费及起付线以上小比例医疗费；共济账户负责支付严重疾病治疗时起付线以上大比例医疗费。

第二，两个账户的所有权明晰，各自独立核算，不能相互挤占透支。

第三，共济账户的支出管理实行预付制和总量控制相结合的费用结算办法。①

海南省医保改革的另一个重要特点是所有从业人员同步推进，公务员和企业职工一起加入医疗保险，突破了原公费医疗、劳保医疗互相分隔的制度障碍。从 1995 年开始，在海南打工仔和省长一个样，按同一个条例，享受医保的同一种待遇。这在当时成为一件非常轰动的事情。②

由于多方努力，海南的"板块式"医保制度改革取得了成效。海口地区医改前的企业医疗费用支出约为工资总额的13%，医改后，单位承担的医疗保险费率为10%，下降了3个百分点。财政负担减轻得更为明显，省直公费医疗的财政支出，1993 年比 1992 年增长19.7%，1994 年又比上年增长 46.4%，1995 年则比上年增长了60.6%，大大超出了财政的承受能力。实行医改一年后，1996 年省直财政支出医疗保险费与上年实际支出的医疗经费相比，不但没有增长，反而下降了15.2%，财政的医疗支出负担明显减轻，并在医改后

---

① 高荣海：《探索个人账户与共济账户分别运作模式构建控制医疗费用过快增长的有效机制》，载郑定铨、刘殿军、张宝和主编《社会保障制度改革指南》，改革出版社1999 年版，第 384 页。

② 刘洪清：《海南医保的前世今生》，《中国社会保障》2008 年第 12 期。

一直维持在低水平上。①

（2）深圳的"布吉模式"

深圳是一个以移民为主的城市，其医疗保障制度的演变同深圳这个经济特区的发展密切相关。在深圳经济特区发展的早期，大量的外来务工人员涌入深圳，而无论是公费医疗还是劳保医疗都没有充分覆盖这些外来务工人员。为了满足他们对基本医疗保障的需求，深圳出现了一个医疗保障的"布吉模式"，这是一个出自基层的医疗保障方法。所谓"布吉模式"是指20多年前在深圳布吉镇推行的劳务工合作医疗模式。布吉镇位于深圳北部，号称"深圳第一镇"。1983年，特区外来务工人员逐渐增多，为满足他们对基本医疗的需求，布吉镇工业区一家企业开始和布吉镇人民医院开展合作医疗，要求人民医院派医疗队进厂，为外来务工人员提供初级医疗卫生保障。劳务工每人每月只要交1元的医疗基金就可以免费享受基本的诊疗，到镇人民医院看病可报销50%。这种做法深受企业和工人的欢迎。起初只有一两家企业加入，后来整个工业区的企业都参与进来了。随着影响的扩大，布吉镇人民医院先后制定了相关管理办法。1995年，布吉镇颁布了《布吉镇劳务工基本医疗保险暂行规定》，在辖区内的企业推广实施。《暂行规定》对用药范围作了具体规定，参保者门诊和住院费用在用药范围内的免费，对转诊到上一级医院的，按规定项目核实报销80%，报销金额年度计不超过5万元。②

---

① 高荣海：《探索个人账户与共济账户分别运作模式构建控制医疗费用过快增长的有效机制》，载郑定铨、刘殿军、张宝和主编《社会保障制度改革指南》，改革出版社1999年版，第389页。

② 刘洪清：《深圳医保改革二人谈》，《中国社会保障》2008年第12期。此文为对原深圳市医疗保险局局长陈智明和深圳市社会保险局医疗保险处处长沈华亮的访谈。

在"布吉模式"仍在小范围试验时，深圳市启动了自上而下的医保制度改革。1989 年，深圳市被国务院确定为社会保险制度综合改革的试点城市，开始酝酿医疗保险制度的改革。当时国家层面的医疗保险改革还没有开始，深圳试点方案主要是借鉴国外经验，结合深圳实际情况探索起步的。1990 年，深圳市提出了医疗保险制度改革的方案，在全国首次提出了个人医疗账户的概念。方案借鉴了新加坡的一些经验，采取定额管理，超过定额部分个人自付 10%。1992 年 8 月，深圳市出台了《深圳市社会保险暂行规定》和《深圳市社会保险暂行规定职工医疗保险实施细则》，在全国率先打破了原有的劳保医疗制度，建立了一个统一的医疗保险制度，按"同工同酬同保"的原则将劳务工统一纳入。其覆盖的范围包括在深圳市注册登记的各类企业和事业、机关、团体的固定职工、合同制职工和临时工。医疗保险实行基金统筹模式，医疗保险费由财政、用人单位或养老保险机构缴纳，个人不缴费。企业按职工月工资总额的 8% 缴费，党政机关事业单位按职工工资总额的 9.2%（含工伤保险费）缴费，离退休人员按退休金的 10% 缴纳。到 1992 年年底，深圳市参加医疗保险的人数达到了 6.2 万人。[①]

1992 年的医保改革在深圳市初步确立了"统账结合"的模式，但是在试行阶段，深圳市也遇了一些问题。首先是劳务工参保比例不高。由于没有个人分担机制，企业负担较重，全市参保的劳务工只有 2 万人。其次，1992 年医保中采取了"定额内结余有奖，超定额少量

---

① 刘洪清：《深圳医保改革二人谈》，《中国社会保障》2008 年第 12 期；及《深圳市劳动和社会保障志》"医疗保险"部分，海天出版社 2005 年版，第 311—314 页。

自付，自付总额封顶"的原则来控制医疗费用。① 这个办法带来了一些问题，一是借卡看病的人较多，参保人员门诊人次比较高，平均每人每年40次左右，这主要是由于定额结余的奖励力度不够，医院分解处方造成的。二是换药问题严重。深圳是个移民城市，每年春节许多人回老家过年时，到医院排长队开药，换目录外的药品，甚至造成有些药品脱销。由于存在这些问题，深圳市的主管部门一度考虑是否要走真正意义上的个人账户道路。②

1994年，深圳市医保局在南山区进行社会共济与个人账户相结合的医疗保险模式试点，试点的主要内容是：财政或用人单位按照一定标准共同负担医疗保险费，参保人建立个人账户，以此作为控制医疗费用的机制。1996年5月，在南山试点取得成功的基础上，深圳市政府颁布《深圳市基本医疗保险暂行规定》，从1996年7月1日起在全市范围内实行"统账结合"的医疗保险制度。医疗保险针对不同的参保人群采取三种不同的制度：针对有深圳市常住户口的在职职工和退休人员实行综合医疗保险；针对无常住户口的职工（即外来务工人员）和领取失业救济金期间的失业人员实行住院医疗保险；离休人员

---

① 具体的做法是：职工每人每年的医疗费用定额，依不同年龄段按本单位职工上年平均工资总额一定比例确定。退休职工每人每年的医疗费用定额为上年深圳市社会平均工资总额的13%。职工在规定定额内的医疗费用由医疗保险基金支付。超过定额的费用，由职工本人自付少量。职工当年自付医疗费用累计超过上年深圳市退休职工人均退休金总额的8%，不再自付医疗费用，该年内的其余医疗费用由医疗保险基金支付。自付医疗费用确有困难的职工，可申请适当减免。参加养老保险的企业和参加医疗保险的党政机关、事业单位，其离退休职工的医疗费用由医疗保险基金支付。《深圳市劳动和社会保障志》"医疗保险"部分，海天出版社2005年版，第317页。

② 刘洪清：《深圳医保改革二人谈》，《中国社会保障》2008年第12期。

和二等乙级以上革命残废军人参加特殊医疗保险。①

　　这次改革扩大了医疗保险的覆盖面，到1996年年底参保人数达到24.35万人。同时，建立了个人缴费机制，综合医疗保险总的缴费额为月工资总额的9%，其中财政或用人单位负担7%，个人负担2%。住院医疗保险由用人单位或失业保险机构按深圳市上年度职工月平均工资的2%缴纳，个人不缴费。特殊医疗保险中参保人不缴费。参保人享受的待遇则依据不同保险类型而不同：特殊医疗保险医疗费用全部采用记账方式，超出基本医疗保险规定范围的费用，由原缴费方支付。住院医疗保险、综合医疗保险中的住院费用，在职职工由共济基金自付90%，个人自付10%；退休人员由共济基金支付95%，个人自付5%。综合医疗保险门诊可使用个人账户，个人账户用完之后，根据不同情况由个人和共济基金分别承担。②

　　这次改革虽然在费用控制方面有了突破，但是，对于企业来说，按照月平均工资总额的2%为外来务工人员缴纳医疗保险费，其费用仍然高于"布吉模式"下的医疗保障费用，因此，实际上针对外来务工人员的住院医疗保险的参保率仍然不高。深圳外来务工人员的医疗保障问题在20世纪90年代没有得到解决，直到2004年劳务工合作医疗试点期间，在全市范围内推广经过改良的"布吉模式"，这个问题才得到解决。③

---

　　① 《深圳市劳动和社会保障志》"医疗保险"部分，海天出版社2005年版，第312页。

　　② 同上书，第313—317页。

　　③ 刘洪清：《深圳医保改革二人谈》，《中国社会保障》2008年第12期。此文为对原深圳市医疗保险局局长陈智明和深圳市社会保险局医疗保险处处长沈华亮的访谈。

（三）医疗保险制度改革的里程碑——"44 号文件"

在总结试点经验的基础上，1997 年 1 月 15 日，中共中央、国务院做出了《中共中央、国务院关于卫生改革与发展的决定》（中发〔1997〕3 号）。文件重申了社会主义现代化建设的宗旨是"人人享有卫生保障，全民族健康素质的不断提高"①，医疗体制改革的目标不仅仅是效率，而是人人享有保障。中发〔1997〕3 号文件提出，"到 2000 年初步建立起具有中国特色的包括卫生服务、医疗保障、卫生执法监督的卫生体系，基本实现人人享有初级卫生保障，国民健康水平进一步提高"②。但实现这一目标的主要途径仍然是计划主导和财政投入："中央和地方政府对卫生事业的投入，要随着经济的发展逐年增加，增加幅度不低于财政支出的增长幅度。积极拓宽卫生筹资渠道，广泛动员和筹集社会各方面的资金，发展卫生事业。"③ 关于医疗保险，却没有专门论述。

医疗保险思路的确立是在 1998 年年底。1998 年 11 月 26—27 日国务院召开了全国职工医疗保险制度改革工作会议，总结了全国各地的试点经验，正式部署医疗保险制度改革工作。12 月国务院发布了《国务院关于建立城镇职工基本医疗保险制度的决定》（国发〔1998〕44 号），即通常所说的"44 号文件"。"44 号文件"是医保改革中的

---

① 《中共中央、国务院关于卫生改革与发展的决定》（中发〔1997〕3 号，1997 年 1 月 15 日），载郑定铨、刘殿军、张宝和主编《社会保障制度改革指南》，改革出版社 1999 年版，第 43 页。

② 同上。

③ 同上。

一个"里程碑"式的文件，其中的改革基本思路来自此前各地医保改革的经验，即"基本保障、广泛覆盖、双方负担、统账结合"。吴邦国副总理曾经总结说，要"坚持'低水平、广覆盖'，保障职工基本医疗需求。……确定合理的基本医疗保险水平，关键是恰当筹资的比例。国务院《国务院关于建立城镇职工基本医疗保险制度的决定》对全国城镇职工基本医疗保险水平提出了一个宏观控制标准，即用人单位缴费率定位在职工工资总额的6%左右，职工个人缴费率一般为本人工资收入的2%"①。

医疗保险制度改革的基本方法是对原来的公费、劳保医疗制度实行统一管理，在全国范围内建立起城镇职工基本医疗保险制度。基本医疗保险制度在社会保险体系中具有核心地位，采取社会共济和个人自我保障的方式。基本医疗保险制度考虑到了中国幅员辽阔、地区差异巨大的特殊国情，也考虑到了规模效益和社会公平的问题，同时还汲取了养老保险行业统筹造成的实力行业拒绝参保，削弱了地方统筹基金互济能力的教训，直接采取了属地管理而不是行业统筹的方式。在缴费水平上控制在6%左右，个人缴费全部划入个人账户，单位缴费按30%左右划入个人账户，其余部分建立统筹基金。个人账户的本金和利息归个人所有，可以结转和继承。统筹基金和个人账户分开管理，避免统筹基金透支个人账户，不再出现养老保险个人账户"空转"现象。除了基本医疗保险制度以外，国家还鼓励各种补充性医疗保险，以适应不同的市场需求。

2000年7月，国务院在上海召开了全国城镇职工基本医疗保险制

---

① 《吴邦国副总理在全国城镇职工医疗保险制度改革工作会议开幕时的讲话》(1998年11月26日)，载郑定铨、刘殿军、张宝和主编《社会保障制度改革指南》，改革出版社1999年版，第24—25页。

度和医药卫生体制改革工作会议，提出医疗保险、医疗卫生体制和药品生产流通体制"三改并举"、同步推进。有关医疗体制的改革正式拉开了帷幕。到 2000 年年底，70% 的地市级统筹地区开始实施医疗保险改革方案。①

◇ 五　工伤保险与城镇低保制度的建立

在 20 世纪 90 年代，随着市场化的不断深入，不仅养老和医疗保险这些主要的社会保障制度正经历改革，以适应新的政治、经济和社会形势的需要，在工伤保险和社会救助等方面的社会需求也凸显出来。

（一）工伤保险制度的改革

1951 年公布、1953 年修正的《劳动保险条例》中就包含了工伤保险，在当时的条件下，由劳动保险基金承担工伤职工的相关待遇。在"文化大革命"期间，随着"社会保险"变成了"企业保险"，工伤保险也由企业在营业外项目列支，变成了完全由企业承担的责任。在 20 世纪 90 年代，企业工伤保险实施范围狭窄、待遇偏低、抵御风险能力差的缺点日益突出。② 在这种背景下，工伤保险领域里的改革

---

① 中国劳动和社会保障部组织编审：《新中国劳动和社会保障事业》，中国劳动社会保障出版社 2007 年版，第 688 页。

② 董志昌：《我国工伤保险制度改革综述》，载郑定铨、刘殿军、张宝和主编《社会保障制度改革指南》，改革出版社 1999 年版，第 419 页。

取得了重要进展。

1. 工伤保险不适应经济社会发展

旧的工伤保险制度不适应社会和经济发展而产生的问题主要表现为：

第一，待遇偏低，不足以保障伤残职工和工亡职工家属的生活需求。伤残职工和工亡职工家属没有一次性抚恤，供养亲属抚恤费只相当于死者本人工资的 25%—50%。这在 50 年代可勉强维持 1—3 人的生活，而到了 20 世纪 80 年代如不提高就难以保证基本生活需要。部分丧失劳动能力和完全丧失劳动能力的工伤职工退休待遇也偏低，加上国家没有退休费和抚恤费随物价上涨而调整的制度，造成伤残职工生活水平逐年下降，甚至生活困难。[1] 例如，江苏省南京市凤凰山铁矿的王纪范在 1962 年因工伤全残退休，每月待遇 28 元，这个标准 16 年没有变化。1978 年之后虽然小有调整，但到 80 年代中期，也才拿到 38 元。而工亡遗属待遇就更低了，除了在 1985 年给予困难补助外，多数仍执行 50 年代的标准，工伤人员及遗属的意见很大。[2] 从 80 年代开始出现了"闹工伤"的事件，并出现了"大闹大解决，小闹小解决"的现象，加大了工伤事故善后处理的难度，并严重影响了企业生产和工作秩序，甚至影响到社会安定。原辽宁省铁岭市劳动局保险福利科科长杨华回忆说："1986 年，铁岭市化工机械厂的一名职工在外地出差时遇害，厂方本已比照工亡处理，可家属提出让企业出车到南方运回尸体。没办法，厂里只好派人，跑了几千里路把尸体运

---

① 向春华：《工伤保险改革的三个跨越》，《中国社会保障》2008 年第 12 期。

② 向春华：《体系保障法制化——工伤保险发展 60 年（下）》，《中国社会保障》2009 年第 10 期。

回。运回后，家属又提出新的要求，让厂里解决一套住房，并要求将死者弟弟安排进厂工作，不答应条件，就停尸不化。结果，厂里花了上万元不说，近1个月厂长、副厂长、工会主席被闹得精疲力竭，费了好大劲才处理完毕。"① 这类现象在当时具有一定的普遍性。

第二，没有建立工伤保险基金和实行社会化管理，不能发挥工伤保险的互助共济、共担风险的职能。② 由此带来很多问题：一是小企业和微利、亏损企业经济脆弱，工伤待遇难以保障。辽宁省东沟县（现东港市）1989 年上半年对 62 户工亡职工遗属抚恤进行调查，发现有 41 户不能按时领到抚恤金。二是那些关闭破产企业以及不实行《劳动保险条例》的私营、外资企业中的工伤职工的待遇无法保障。1986 年，东沟县的东沟县油嘴厂破产，10 多名工伤职工、工亡人员遗属待遇无着落。外资企业大量出现，而它们并没有执行《劳动保险条例》，这些企业的职工工伤待遇难以解决。到 1990 年年底，全国外商投资企业已有 3 万多家，仅深圳市就有 3000 多家。东莞市某来料加工厂一名工人操作机器切断了手指，后来该企业转给另一港商经营，新老板以工伤不是在他经营期间发生为由不予负责，这位职工上访半年之久，最后劳动局不得不把原老板请回来解决。③ 三是中小企业自己往往不能抵御工伤风险。1989 年 7 月，广东省东莞市一烟花厂爆炸，死亡 5 人，伤 3 人，支出医疗费和抚恤费 30 多万元，工厂被迫关闭。④

---

① 向春华：《体系保障法制化——工保险发展 60 年（下）》，《中国社会保障》2009 年第 10 期。

② 向春华：《工伤保险改革的三个跨越》，《中国社会保障》2008 年第 12 期。

③ 向春华：《体系保障法制化——工伤保险发展 60 年（下）》，《中国社会保障》2009 年第 10 期。

④ 向春华：《工伤保险改革的三个跨越》，《中国社会保障》2008 年第 12 期。

此外，由于缺乏明确规定，工伤保险缺乏强制性，导致部分企业不执行工伤保险规定，有的企业使用临时工只发工资不管伤亡待遇，有的企业隐瞒工伤事故，或者把工伤作为非工伤处理，这样既不能保障职工的权益，也不能制约企业加强安全生产。

2. 酝酿工伤保险改革

由于存在着现实的社会需求，也就出现了推动社会改革的力量。首先，具有现代生产和经营经验的外资企业向主管部门表达了参与工伤保险的愿望。在广东的一些城市，经常有外商主动到劳动部门询问办理工伤保险的事情。他们的主要目的是分散企业的工伤风险，集中精力搞经营。1984 年，香港民安保险公司曾向深圳市政府提出，在深圳市开展工伤保险业务。此事对深圳市触动很大。同年 5 月，深圳市开始着手调查研究进行测算，8 月提出工伤保险改革方案。①

从 20 世纪 80 年代中期开始，中央主管部门开始酝酿工伤保险制度的改革。根据原劳动部社会保险司工伤保险处处长曾宪树回忆，80 年代中期劳动部开始就国内工伤保障情况进行调研，对国外工伤保险制度进行考察，形成先试点、后建制的改革思路，目标是建立社会化的现代工伤保险制度。② 1988 年 12 月召开了全国劳动厅局长会议，劳动部部长罗干提出要"做好工伤保险改革的准备工作"。劳动部拟订了《关于企业职工保险制度改革的设想（讨论稿）》，并在会上征求了意见。③

---

① 向春华：《工伤保险改革的三个跨越》，《中国社会保障》2008 年第 12 期。

② 向春华：《体系保障法制化——工伤保险发展 60 年（下）》，《中国社会保障》2009 年第 10 期。

③ 向春华：《工伤保险改革的三个跨越》，《中国社会保障》2008 年第 12 期。

1989 年 3 月，劳动部保险福利局在烟台召开了社会保险制度改革座谈会，提出了关于工伤保险制度改革的原则意见，共有四点：一是必须走社会化道路；二是调整工伤待遇，对全残职工根据残废等级发给长期残废金和一次性残废补助费，对工亡待遇适当提高丧葬费标准和供养直系亲属抚恤费，建立一次性抚恤制度；三是建立工伤保险待遇随物价上涨和人民生活水平提高定期调整的制度；四是按照"以支定收、略有结余"的原则，实行行业差别费率和浮动费率，建立工伤保险基金。这些原则沿用至今。①

同养老金改革一样，工伤保险的改革也不是一帆风顺，观念差异和部门利益延迟了工伤保险改革的步伐。深圳市在 1984 年就提出了工伤保险改革的方案，而最终全面启动试点则是在六年以后的 1990 年 8 月 1 日。② 20 世纪 80 年代末 90 年代初，除深圳以外，全国陆续有其他一些地方进行了工伤保险制度改革的试点，主要有海南省海口市、辽宁省丹东市、福建省三明市将乐县等。③ 试点中出现的最大问题就是人们对工伤保险缺乏统一合理的认识。当时一些领导人和相关政府部门认为，工伤保险就是商业保险，应该由保险公司而不是由劳动部门负责。商业保险公司则推出了雇主责任险，部分解决了雇主希望分担工伤风险的需求。这使得工伤保险社会化的改革迟迟得不到实施。后来，在劳动部的坚持下，经过长期沟通、交流，关于工伤保险的认识才逐步统一起来，其社会保险性质得到明确。④

---

① 向春华：《工伤保险改革的三个跨越》，《中国社会保障》2008 年第 12 期。

② 同上。

③ 董志昌：《我国工伤保险制度改革综述》，载郑定铨、刘殿军、张宝和主编《社会保障制度改革指南》，改革出版社 1999 年版，第 419 页。

④ 向春华：《工伤保险改革的三个跨越》，《中国社会保障》2008 年第 12 期。

此后的工伤保险改革还是一波三折。劳动部在1988年拟订了《关于企业职工保险制度改革的设想》，其中提出，要在五年内，先用两年的时间试点，在此后的三年讨论和制定工伤保险条例。按照这一计划，劳动部于1991年年底开始拟订《企业职工工伤保险条例（草案）》，1992年2月底印发各省、自治区、直辖市劳动部门和国务院各部委、直属机构征求意见。1992年10月24日条例草案上报国务院审议，并在1993年、1994年多次修改。由于相关部门在工伤保险基金社会统筹和管理方面存在分歧，国务院未开会讨论这一草案。后来根据八届全国人大的立法工作计划，由劳动部、国家计委、国家经贸委、国家体改委、人事部、民政部、卫生部、财政部、中国人民银行、全国总工会等多个部门共同成立了社会保险法起草领导小组和起草办公室。1995年5月8日，《社会保险法（草案）》上报国务院审查，在《社会保险法（草案）》中，工伤保险位居第六章，共11个条款。但是，由于社会保险立法工作中途停滞，工伤保险的立法计划也被搁浅了。[①]

虽然全国性的工伤保险改革被延迟，但各地的工伤保险试点和实践并没有停滞，这些试点和实践工作为全国的工伤保险改革积累了经验。

3. 工伤保险试点的情况：以辽宁为例

在20世纪80年代末90年代初的工伤保险改革试点中，主题是实行工伤保险费用的社会统筹，建立工伤保险基金，制定新的工伤认定和评残标准，使工伤保险趋于规范，减少操作难度，缓解工伤事故

---

① 　向春华：《工伤保险改革的三个跨越》，《中国社会保障》2008年第12期。

处理中的矛盾，确保伤残职工的合法权益。① 辽宁省丹东市和铁岭市是首批进行工伤保险改革试点的城市。

1989 年 8 月丹东市东沟县开始工伤保险改革试点，此后 1990 年 12 月铁岭市也开始试点。根据原东沟县劳动保险办公室第一任主任、后任东港市劳动局局长的孙云波回忆，丹东与朝鲜接壤，地理位置特殊，在 20 世纪 80 年代末 90 年代初的时候，经济发展状况不佳。丹东市第一家破产的企业是东沟油嘴厂，工伤职工和工亡遗属的待遇得不到保障的事情时有发生。1988 年辽宁省通报国家要开展工伤保险试点的情况，并询问各地意见，丹东市就决定开展试点工作。丹东市还是实行劳动用工制度改革的试点城市，早在 1984 年就开始试行全员劳动合同制。1986 年 10 月，东沟县成立了劳动保险办公室，开始实行全民所有制企业养老保险统筹。"当时提 5 项社会保险改革，在养老保险开展之后，我们开始研究工伤的事。说实在的，如果没有这个机构，我们也很难搞试点。"《东沟县职工工伤保险暂行办法》的起草人，当时任东沟县劳动保险办公室副主任的马成玉回忆道。

东沟县的试点办法有几个特点：一是覆盖面广，外资企业、固定工、合同工、临时工、学徒工、见习人员都被纳入工伤保险的覆盖范围。二是适当地提高了待遇，如因完全或大部分丧失劳动能力而退休的，加发退休费；丧葬费按本单位平均工资 3 个月发放，并不得低于 300 元；供养直系亲属抚恤费，除按照《劳动保险条例》执行外，还给予生活困难补助。发放一次性工亡补偿金，标准为 20 个月的本人基本工资，并不得低于 2000 元。三是缴费率比较低，并且按照行业确定不同的缴费率。费率最高的行业是矿业，按工资总额的 0.8% 缴

---

① 中国劳动和社会保障部组织编审：《新中国劳动和社会保障事业》，中国劳动社会保障出版社 2007 年版，第 289 页。

费，最低的是商业，按工资总额的 0.2% 缴费。四是加强了工伤保险
的共济性，设立工伤保险储备金，按工伤保险基金总额的 15% 提取。
五是解决了"老工伤"的保障问题，将用人单位参保以前发生的
"老工伤"一并纳入工伤保险统筹管理。六是确定了争议解决机制，
工伤职工与用人单位就工伤保险待遇产生争议时，可申请劳动仲裁；
与劳动保险办公室发生工伤保险待遇争议时，可以向法院起诉。这些
措施收到了良好的效果，到 1991 年 10 月，也就是启动试点两年之
后，东沟县参加工伤保险的职工达 3 万多人，享受待遇的工残职工
1030 人，工亡遗属 105 人，基金结余 200 多万元，社会效益比较
明显。

辽宁省铁岭市的工伤保险制度改革晚于丹东市东沟县，其试点
的最大特点是实行全市统筹。根据原辽宁省铁岭市劳动局保险福利
科科长杨华解释，当时铁岭市实行全市统筹的原因在于：1990 年上
半年铁岭市劳动局在铁岭县和铁法市摸底，发现如实行市、县两级
统筹，会出现很多问题，铁岭市下辖 9 个县（市、区），职工只占
全市职工一半，大部分效益好的企业集中在市里，县级统筹难以应
付较大的工伤事故，而且会出现工伤保险费用负担畸轻畸重的现
象。1985 年至 1989 年，市属企业工残人数 620 人、工亡 29 人，
1989 年支付工伤保险费用 39 万余元，占工资总额的 0.37%；而 9
个县（市、区）工残人数 1300 人、工亡 94 人，1989 年支付费用
108 万余元，占工资总额的 0.9%。县域经济之间的差异也很明显，
如 1989 年，法库县工伤费用占工资总额的 1.3%，而康平县和铁法
市分别为 0.4% 和 0.01%。此外，实行全市统筹，有利于实现鉴定
标准、待遇标准、管理方法的一致，有利于更好地推进工伤保险工
作。在实行全市统筹的 9 个月后，铁岭市已有 919 家单位参保，收

缴工伤保险基金 76 万余元。①

4. 劳动部发布《企业职工工伤保险试行办法》(1996)

全国层面工伤保险法规的缺位给全国性的工伤保险改革造成了不利影响。由于全国不少地方开展了工伤保险改革试点，很多地方出台了工伤保险暂行办法或暂行规定。由于没有中央的统一政策，这些规定不尽一致，有的甚至差别非常大。如 1992 年颁布的《广东省企业职工社会工伤保险规定》中有 12 种情况可享受工伤待遇，而 1989 年颁布的《海口市企业职工工伤保险暂行规定》只认定了 7 种工伤情况，认定标准的不一致必然导致实践的矛盾和冲突，最终将影响工伤保险的实施和效果。而这一状况只有通过颁行全国统一的工伤保险法律文件才能改变。

当时，《劳动法》已经颁行，需要有配套的措施，而中央各相关部门一直达不成共识，工伤保险条例无法出台。在这种情况下，劳动部退而求其次，通过颁布部门规章的方式解决问题。1996 年 8 月 12 日，劳动部在总结各地试点经验的基础上，颁布了《企业职工工伤保险试行办法》（劳动部发〔1996〕266 号）并于同年 10 月 1 日起试行，这是在改革开放后建设社会主义市场经济的过程中，继养老金和医疗保险的社会统筹之后，又一项重要的社会保险制度进行社会统筹的改革措施。这个文件统一了各地的规定，初步规范了工伤保险的认定条件、待遇标准和管理程序，决定建立工伤保险基金，形成规范的工伤保险制度。② 到 1997 年年底，全国已有 27 个省、自治区的 1400

---

① 向春华：《体系保障法制化——工伤保险发展 60 年（下）》，《中国社会保障》2009 年第 10 期。

② 向春华：《工伤保险改革的三个跨越》，《中国社会保障》2008 年第 12 期。

多个县市开展了工伤保险制度改革试点工作，参加工伤保险的职工达 3507 万人，当年工伤保险基金收入 13.6 亿元、支出 6.1 亿元，全国工伤保险基金累计结余 27.7 亿元。①

《试行办法》作为一份部门文件，其强制性略显不足，以致工伤保险的参保人数在 2000 年之后一直徘徊在 4300 万人左右。但这份文件明确了工伤的范围，确立了"工伤认定—劳动能力鉴定—工伤待遇"的完整体系，使得工伤保险成为我国五项社会保险中规范性最强、权利义务关系最为明晰的一个险种，解决了中国工人在遭受职业伤害后最为迫切的补偿需求。② 更重要的是，这个《试行办法》使全社会认识到了工伤保险在工业化进程中不可替代的社会保障作用，为 2003 年《工伤保险条例》的出台奠定了基础。

（二）城市低保制度的建立

在计划经济时代，由于实行"就业保障"，城镇中实现充分就业，绝大部分城镇人口都在全民所有制和集体所有制单位中就业，并由此享受由单位出面提供的各种社会保障待遇，职工、干部连同他们家属的生、老、病、死都由政府和单位负责。20 世纪 90 年代，随着社会主义市场经济的发展，企业逐步演变成为市场经济主体，其承担的社会责任不断被剥离，"企业保险"逐渐向"社会保险"转变，劳动者个人的生活越来越受到市场活动的影响，城市贫困问题也逐渐突出出

① 董志昌：《我国工伤保险制度改革综述》，载郑定铨、刘殿军、张宝和主编《社会保障制度改革指南》，改革出版社 1999 年版，第 419 页。

② 向春华：《体系保障法制化——工伤保险发展 60 年（下）》，《中国社会保障》2009 年第 10 期。

来，中国的贫困问题突然像传染病一样爆发出来。在国际上，经济全球化和亚洲金融风暴为中国的经济发展带来了巨大影响；在国内，由于向以市场经济为取向的经济体制急剧转轨和企业改革逐步深化，在中国城市社会中引发了诸多经济、社会矛盾。1993—1996 年连续四年物价上涨，1993 年以后国有企业经济效益连续下滑，加上中国的社会保障体系本身尚不完备，短短几年中就在城市中迅速形成了以失业人员、下岗职工、停产和半停产企业的职工、一部分被拖欠养老金的退休人员以及他们赡养的人口为主体的城市贫困群体。为了稳定社会秩序，缓解社会矛盾，政府起初采取了"送温暖工程"等临时性救济措施，但收效不大，也无法根除贫困。此后，建立一种制度化的持久性措施便提上了日程。①

1993 年，上海市政府宣布建立"城市居民最低生活保障线制度"。这是城市低保制度的开端。当时，上海市正在积极推进企业经营机制和用工制度的改革，出现了一批失业人员和下岗人员。同时，物价涨幅较大，一些低收入家庭的生活水平进一步降低。由于社会救济政策跟不上形势的发展，在上海市出现了一批"三不管"人员，他们是"政府管不上、企业靠不上、家庭顾不上"，生活极其困难。根据上海市政府的指示，各有关部门先后提高了死亡职工遗属补助的标准，对 16 类社会救济对象、10 种社会救济标准进行了调整。这种"零打碎敲"的做法工作量很大，但仍然解决不了问题。

1993 年 4 月，上海市民政局在一次市政府会议上提出了一项建议：确定一条最低生活保障线作为各行各业实行困难补助的基本标准，并随物价指数进行调整，此议得到市领导和与会者的赞同。此

---

① 唐钧：《社会救助：从边缘到重点》，《中国社会保障》2009 年第 10 期。

后，民政局、劳动局等有关部门负责提出具体方案。经过反复的调查研究，民政局拿出四套方案，经市政府研究决定，建立城市居民最低生活保障线，标准为月人均 120 元。于是，上海市最低生活保障线制度于 1993 年 6 月 1 日正式实施。最低生活保障线将随着物价的上涨每年调整一次，由市民政局负责调整和发布。[1]

1994 年，民政部召开第十次全国民政工作会议，肯定了上海经验，提出了"对城市社会救济对象逐步实行按当地最低生活保障线标准进行救济"的改革目标，并部署试点。到 1995 年上半年，又有厦门、青岛、大连、福州、广州 5 个大中城市相继建立了城市低保制度。此后，近 20 个城市相继实行了这一制度。此时，城市低保制度的建设基本上是各个城市地方政府的自发行为。[2]

1995 年 5 月，民政部在厦门、青岛分别召开了全国城市最低生活保障线工作座谈会，由已经建立低保制度的城市介绍经验，并号召将这项制度推向全国。在民政部的推动下，城市低保制度在全国快速发展。到 1997 年 5 月底，全国已有 206 个城市建立了这项制度，约占全国建制市的 1/3。[3]

1997 年 9 月，国务院颁发了《国务院关于在各地建立城市居民最低生活保障制度的通知》（国发〔1997〕29 号）。要求到 1999 年年底，全国所有的城市和县政府所在的镇都要建立城市低保制度。到 1999 年 9 月底，全国 668 个城市和 1638 个县政府所在地的建制镇已

---

① 唐钧：《城市低保初创轶事》，《中国社会保障》2008 年第 12 期。

② 唐钧：《社会救助：从边缘到重点》，《中国社会保障》2009 年第 10 期；及中国劳动和社会保障部组织编审：《新中国劳动和社会保障事业》，中国劳动社会保障出版社 2007 年版，第 690 页。

③ 同上。

经全部建立起低保制度，其中，传统民政对象占 21%，新增加的救助对象占 79%。在国庆 50 周年前后，各地的低保标准普遍提高了 30%。1999 年 9 月，国务院颁布了《城市居民最低生活保障条例》，使城市居民最低生活保障制度成为中华人民共和国的一项正式法规制度。据学者估算，到 2000 年年底，有 402.6 万城市居民得到了最低生活保障。①

◇ 六　社会化的体系建设

20 世纪 90 年代是中国社会保障制度走向社会化的关键历史阶段。在这个历史阶段中，中国社会保障在各个领域里经历了艰难审慎的改革，摆脱了"单位保障"的格局，开始了一段堪称社会化和体系化的建设过程。1997 年 7 月，国务院总结了各地和各项改革试点的经验，提出了一些原则性的规定："到本世纪末，适用城镇各类企业职工和个体劳动者，资金来源多渠道、保障方式多层次、社会统筹与个人账户相结合、权利与义务相对应、管理服务社会化的养老保险体系。"②这些原则规定虽然是针对养老保险提出的，但基本上反映了中国社会保障制度改革发展的一般性目标。

在向这一目标改革发展的过程中，新中国早期的"劳动保险"逐

---

① 唐钧：《社会救助：从边缘到重点》，《中国社会保障》2009 年第 10 期；及中国劳动和社会保障部组织编审：《新中国劳动和社会保障事业》，中国劳动社会保障出版社 2007 年版，第 690 页。

② 《国务院关于建立统一的企业职工基本养老保险制度的决定》（国发〔1997〕26 号，1999 年 7 月 16 日），载郑定铨、刘殿军、张宝和主编《社会保障制度改革指南》，改革出版社 1999 年版，第 63—65 页。

渐为"养老保险""医疗保险""失业保险"等社会化的保险所替代，"就业保障"转变为"待业保险"并过渡到"失业保障"。当工业劳动者随着产业调整和企业经营状况而开始流动时，更具有规模和调剂能力、更加社会化的保障措施接连诞生，以接续国家对劳动者进行保护的承诺。

社会保障社会化的过程是打破界限的过程，也是重新组合和分配利益的过程。1997 年 7 月，国务院发布了《国务院关于建立统一的企业职工基本养老保险制度的决定》，统一了企业职工基本养老保险制度。1998 年 8 月，国务院发布了《关于实行企业职工基本养老保险省级统筹和行业统筹移交地方管理有关问题的通知》，电力、铁路等 11 个行业的统筹于当年 8 月底一律移交地方实行升级管理，发挥养老保险社会共济的功能。1998 年 12 月，国务院发布了《国务院关于建立城镇职工基本医疗保险制度的决定》，明确了中国城镇职工基本医疗保险制度的模式和改革方向。1999 年 1 月，国务院对原来的《国有企业职工待业保险规定》进行了修改，发布了《失业保险条例》，进一步明确了覆盖范围、筹资办法、缴费比例、享受条件和保障水平。[①] 从制度设计的角度看，企业社会负担畸轻畸重的问题、行业统筹的利益问题都是改革必须解决的问题。虽然以中国之大，还不能一步实现各项社会保险的全国性统筹，但是向着更大规模的统筹发展是社会主义国家建设的必然方向。

在 20 世纪 90 年代，中国不仅接连出台了全国性的各种社会保障政策和条例，于 2000 年建立起了全国社会保障基金，而且在 2000 年 10 月 11 日，中共十五届五中全会通过的《中共中央关于制定国民经

---

① 中国劳动和社会保障部组织编审：《新中国劳动和社会保障事业》，中国劳动社会保障出版社 2007 年版，第 15 页。

济和社会发展第十个五年计划的建议》中明确提出："要加快形成独立于企业事业单位之外、资金来源多样化、保障制度规范化、管理服务社会化的社会保障体系。"在这个目标下，劳动力的"单位所有"和"单位社会保障责任"状况被改变，国家通过社会保险，承担起劳动力社会保护的责任。社会保险意味着社会保障的资金主要来自企业和劳动者个人的缴费，加上政府的补贴型财政支出，是一个多渠道、多样化的社会保障资金征缴体系。在这一体系内，社会保障实行统一的规定、标准、程序和管理。管理和监督由专门的社会服务机构承担，中国人的认同逐步脱离"工作单位"，向国家认同发展。

第 五 章

走向社会公平——21 世纪的改革

　　早在改革开放初年，邓小平就提出，要解决几亿人口搞饭吃的问题。1984 年 1 月 1 日，《中共中央关于一九八四年农村工作的通知》正式指出："随着农村分工分业的发展，将有越来越多的人脱离耕地经营，从事林牧渔等生产，并将有较大部分转入小工业和小集镇服务业。这是一个必然的历史性进步，可为农业生产向深度广度进军，为改变人口和工业的布局创造条件。不改变'八亿农民搞饭吃'的局面，农民富裕不起来，国家富强不起来，四个现代化也就无从实现。"①

　　20 世纪 80—90 年代，中国社会保障改革主要集中在城镇中进行，改革目标是着力解决经济体制改革造成的社会保障缺失、保障不足以及保障可持续等问题。进入 21 世纪以后，中国的市场经济不断壮大，经济基础日益雄厚，城镇居民生活得到了明显的改善。然而，社会分配不公的问题也随之凸显。除了收入方面的差距以外，社会保险并不够"社会"，人民群众享受的待遇水平高低不同，以及大量农村劳动

---

　　① 这句话是邓小平 1978 年 3 月 18 日《在全国科学大会开幕式的讲话》中提出来的，他说："我们现在的生产技术水平是什么状况？几亿人口搞饭吃，粮食问题还没有真正过关。"

力游离于社会保障制度体系之外等现象受到广泛关注，并引起激烈讨论。对于执政的中国共产党来说，如果不能解决农村劳动力向工业和城镇的转移问题，如果不能为大批离开乡土转入城镇经商务工的农村劳动力建立起与他们的就业和社会权利相适应的社会保障，中国的落后面貌就难以真正得到改变，第一代领导人进行现代化建设的理想也就难以最终实现。

◇ 一 农民的分流与社会保障

自20世纪80年代以来，中国劳动力经历了前所未有的大迁徙，他们不仅顺应时代和机遇的变化在城镇里改换工作、异地择业，更是大批地从广袤的乡村大地涌向沿海和中心城市。劳动力的流动创造了数亿的新就业岗位和难以计数的新财富，也从根本上动摇了自中华人民共和国成立以来就确立的城乡分离的"二元制"社会保护体系。

发生在20世纪80—90年代的一系列社会保障制度改革的主要对象是城镇职工。随着改革开放和现代化建设，他们的人数快速增长，但仍然是中国人口中的少数。到了21世纪初，在拥有13亿多人口的中国还有9亿多人口登记注册为"农民"。他们中有为数不少的人（超过2亿）已经闯入城镇的劳动者群体，但是却因为他们的"农民"身份而并没有被涵盖在已经开始成型的城镇社会保障制度之内。在他们的家乡，由于他们的离去，加上农村生产方式和规模的变化，传统的农村社会保护体系也受到了结构性的破坏，需要修补或重建。

（一）农民社会的变迁及农村养老保障改革的最初尝试

中国经济和社会快速发展的一个重要动力是亿万农民勤劳致富的冲动。这种冲动被改革开放初期的农村联产承包责任制释放出来，先是使得家庭而非集体成为农村主要的经济生产组织者、决策者和实施者，进而农业产品销售开始市场化，吸引了他们中的一部分人尝试将农业产品与当地市场连接在一起。随着商品市场的扩大，交通基础设施的改善，以及沿海地区劳动力市场的开放和就业机会的增加，大批青壮年农民或离土、或离乡、或打工、或经商，争先恐后地走出田野、走出大山，走向厂矿、走向城市的街巷，他们提供了服务，创造了财富，改变了他们自己和传统的中国社会。有学者统计，1983 年离开乡村外出打工的农民约有 200 万人，到 1984 年猛增到 630 万人，1985 年又增加到 1100 万人，此后每年以 500 万人左右的规模递增。[①]根据国家统计局的统计，到 2008 年年底，中国农民工的总量已经达到 2.2542 亿人，其中在本地打工的农民工 850 万人，而跋山涉水、背井离乡外出打工的农民工就有 1.4 亿人，还有 2895 万人是举家外出打工，成为事实上的城镇居民。[②]这样大规模的劳动力流动和人口迁徙，不仅改变了农村原有的社会生态，更改变了中国的就业市场和城镇的就业环境。同时，庞大的、2 亿多人的农民工群体也在重新塑造中国的劳动关系，其中包括社会保障关系。

---

① 顾乐民：《中国外出农民工历史的测算与未来的趋势》，《浙江农业科学》2015 年第 1 期。

② 国家统计局：《2013 年全国农民工监测调查报告》，http：//www.stats.gov.cn/tjsj/zxfb/201405/t20140512_ 551585.html。

在相当长的一段时间内，中国农民工的社会身份是特殊的，他们之所以被称作"农民工"，是因为他们从事工业劳动，但依旧保留了农民的身份。在城镇里，他们的居留只是因为工作，而他们的身份认定，也就是"户口"，却在千里之外的农村家乡。由于农民工保留了与土地的特殊关系，从社会保护的意义上来说，他们在接受"土地保障"的同时，从事工业和其他非农业的劳动，这种特殊的身份使得他们被排除在与法定"城镇职工"身份相关的各种社会保险计划之外，尽管他们所从事的劳动与城镇职工并无二致，有时他们所面临的工业风险甚至高于其他全日制的工人。但是，他们的工作很可能是季节性或临时性的，而成套的劳动保护措施和社会保障待遇都不包括在临时合同中。2005 年的《中国劳动》曾经刊登过一场发生在 2003 年福建省上杭县的劳动纠纷，讲述的就是一家烟草公司将雇用了 20 多年的农民工作为临时工对待，没有给予同等的社会保险待遇，使他们陷入城镇保障和农村保障的制度夹缝中，最后不得不诉诸法律的故事。在当时，这样的故事具有一定的普遍性。①

赖某等 3 人诉上杭县烟草公司（本书作者有所删减）②

赖某等 3 人均为福建省上杭县农民，他们于 20 世纪 80 年代被某县烟草公司招收为农民合同制工人，连续工龄都已经达 20 多年。2003 年 9 月，赖某等 3 人的劳动合同期限届满。离职的时候发现因为他们是农民工，所以没有社会保险。辛辛苦苦工作了 20 多年，他们都已年届四五十岁，不仅无法享受失业保险待遇，更为严重的是，

---

① 华伦辉：《农民工应该享受社会保险待遇》，《中国劳动》2005 年第 5 期。
② 同上。

没有参加养老保险，老了不能享受退休待遇。回农村吧，都把他们当成了城里有工作的人了，家里的田早已被收回。他们要求烟草公司补缴社会保险费，但烟草公司认为，农民工就是农民工，与城镇职工就是有区别。赖某等 3 人 2004 年 4 月 2 日向上杭县劳动争议仲裁委提出申诉，要求：

1. 按有关法律法规的规定补缴从参加工作开始到 2004 年 3 月的各项社会保险费。

2. 按规定缴纳各项社会保险费。

上杭县劳动争议仲裁委立案受理此案。经调查，申诉人所反映的情况属实，于 2004 年 5 月 21 日开庭审理后，依据有关法律法规和事实作出了裁决：

1. 依据《劳动法》第 72 条规定，被诉方上杭县烟草公司应为申诉人补缴自参加工作起至 2003 年 10 月的基本养老保险费。

2. 申诉人 2003 年 11 月起仍被用人单位聘用在原岗位从事原工作，双方已形成事实劳动关系。依据《劳动法》和《福建省劳动合同管理规定》，双方应签订劳动合同，用人单位和劳动者必须依法参加社会保险，缴纳社会保险费，申诉人在被诉方已工作 20 多年，提出签订无固定期限劳动合同，应该签订无固定期限劳动合同。

家庭联产承包制的实施、社会主义市场经济的发展、2 亿多劳动者的迁徙，这一连串的社会变迁也给广大农村带来了很多结构性的社会变化。首先，由于产业结构的家庭化和小型化以及集体经济的退化，农村家庭收入的不稳定性增加，大批青壮年劳动力流出，在为城镇补充青壮年劳动力的同时，也使农村人口的老龄化趋势加重，农村老年人的赡养问题凸显。其次，流动的农民工由于身份的限制和其他原因，没有加入城镇社会保险，因此他们在劳动能力旺盛的时期并没有积累下应对老年和疾病等社会风险的社会权益，只能依靠个人储蓄和家庭调剂作为最后的托底保障，这无疑加大了社会风险的程度，因病致贫、因伤返贫、老而失养成为严重的社会现象。

最初，农村的老年贫困问题主要靠政府的社会救济解决。自20世纪80年代起，世界银行等国际性发展机构有关老龄化社会的研究成果和政策建议在中国广为传播，中国社会保障界也开始探讨各种应对老龄化社会的方案。1986年，中国民政部开始探索农村养老制度的改革，建立农村养老保险制度的建议被写进了第七个五年计划。由于农民开始外出打工，收入有所增加，农村养老基金开始在江浙一带的乡村试点，到了1991年，国家又选择了山东省的五个县进行农村养老保险试点，1992年在试点的基础上颁布了《县级农村社会养老保险基本方案（试行）》。1995年国务院办公厅批文认可了开展农村社会养老保险试点的重要性。从1995年到1997年，全国2900个县中有2123个县引进了农村养老保险制度，参保率达到9.47%。

但是，在当时改革的热情远高于改革的理论准备和实践准备。最初的改革方案并没有充分考虑到农民的流动性和农村人口就业的灵活性，以及其他建立社会保险制度的必要条件。改革方案主要针对农村人口，主要做法是以个人缴费为主、集体补贴为辅、国家政策扶持，采取个人账户基金储备积累模式。将个人缴费和集体补助全部记在个人账户里，个人账户基金积累期实行分段计息，参保人满60周岁后根据其个人账户基金积累本息和平均余命，确定养老金发放标准。[①]
农村个人账户式社会保险的这次最初尝试的目标是：在集体经济相对
衰落后，解决农村中过去依托集体经济的"五保户"和"养老院"
等养老模式难以为继的问题，解决的主要思路是将集体责任变为个人
责任，通过个人缴费建立由政府担保的个人账户，为农民的养老积累
资金。

但是，农业收入与工业收入相比具有很大的不稳定性。工业和其
他非农就业者一般每个月都有比较固定的收入，农业收入则主要是按
年计算，依照年成好坏有所区别。此外，农业收入中实物收入的比重
很大，实物收入本身是很现实的收入保障，但很难计入社会保险。农
村社会养老保险改革的最初方案是从实物保障直接跨入现金收入保
障，农业收入的不稳定性和不规范性直接导致了农村养老保险缴费的
不确定性，造成以缴费为主要来源的农村养老保险经费困难。此外，
个人账户的资金规模小，运营起来相对不易，基金管理人才也十分匮
乏。因此，农村社会养老保险试点一开始就遇到了重重困难，一些已
经积累起来的养老基金出现了可持续性风险，一些个人账户计息标准
过高，还有一些基金的财务制度不健全。

1998 年劳动和社会保障部成立以后，国务院将农村社会养老保
险工作的职能统一划入劳动和社会保障部管理。劳动和社会保障部根
据国务院领导有关"我国农村尚不具备普遍实行社会保险的条件"[②]
的指示精神，提出了对民政系统原来开展的农村社会养老保险进行清

---

① 全国干部培训教材编审指导委员会组织编写：《社会保障制度建设》，人民出版
社 2006 年版，第 148 页。

② 中国劳动和社会保障部组织编审：《新中国劳动和社会保障事业》，中国劳动社
会保障出版社 2007 年版，第 691 页。

理整顿的意见，经 1999 年 7 月国务院批转，于 2000 年 3 月开始整顿规范农村社会养老保险基金，回收了有风险的基金，下调了个人账户计息标准，修订了财务会计制度，完善养老金计发办法。截至 2005 年年底，全国有 31 个省（区、市）1900 个县不同程度地开展了农村社会养老保险工作。5441 万人参加了农村社会养老保险，覆盖人数占农业劳动人口的 7%，基金积累达 310.2 亿元，301.8 万人领取养老保险金。[①] 从制度探索的角度来看，也算是一种尝试和经验及教训的积累。

改革时期的农村医疗保障也经历了大变动。20 世纪 50 年代末，人民公社根据抗战根据地的经验，依托人民公社的集体经济资源，发展了农村合作医疗制度。这一制度到 1980 年已经覆盖了全国 90% 的行政村（生产大队），农村合作医疗制度与乡村卫生保健站和"赤脚医生"制度相配合，在经济水平较低的条件下尝试解决农民的看病问题，在解决农村居民缺医少药和因病致残的问题上起到过积极的作用。中国人口预期寿命从 1949 年的 35 岁上升到 65 岁。[②] 即使去除战争因素，农村的医疗卫生状况也有很大改善，例如消灭了肆虐多年的血吸虫病。

农村经济体制改革在释放劳动者积极性的同时，也削弱了农村集体经济，依托于农村集体经济的合作医疗制度难以为继，合作医疗覆盖的行政村锐减至 5% 左右，村级卫生所或关闭或转化为私人诊所。农民看病难，看病贵，因病致贫的情况时有发生。特别是农民的流动使农民将城市的风险带入农村，有些在外务工的农民生病

---

① 全国干部培训教材编审指导委员会组织编写：《社会保障制度建设》，人民出版社 2006 年版，第 149 页。

② 同上书，第 211 页。

或伤残之后，在城镇里没有医疗保障，回乡后由家庭承担病残带来的后果。①

（二）"农民工"的社会保障

"农民工潮"是中国当代社会发展史中的一个特有现象，最为形象的表现是每年春节前如潮的民工返乡，而春节过后又潮涌般地涌回城镇就业。与其他发达国家工业化进程中的劳动力流动相比，中国的农民工进城现象是半有组织、半有保障的，他们一边用他们的劳动嵌入城镇，另一边又通过土地和亲属获得托底保障，他们在城乡之间织成了密集的联络网络，潜移默化地侵蚀并打破多年来分割城乡的壁垒。

"土地保障"是中国农村社会转型期的另外一个特有现象。土地保障为早期的农民工提供了灵活选择城镇就业的可能，而在城镇的就业为农民工家庭提供了增加收入和改善生活的机遇。上亿的农民工大军为中国工业化和城镇化的快速发展做出了不可替代的贡献，而基本的"土地保障"是他们贡献快速工业化的基本条件。但是，随着改革的不断深入和城乡经济的发展，外出务工人员在家乡的"土地保障"状况发生了变化，有些土地被征用于发展经济和交通，有些地方的土地流转，对于长期在外务工人员来说，"土地保障"的性质发生了变化。在城镇里，进城务工人员的工作性质、环境和条件也在发生变化，从以小商小贩为主发展到了从事建筑、交通、矿产等工程的产业工人，传统的农村社会保护方式难以覆盖他们所要面临的各种工业和

---

① 全国干部培训教材编审指导委员会组织编写：《社会保障制度建设》，人民出版社2006年版，第149、212—216页。

社会风险。

以老龄风险为例：农民工和城镇职工一样，面临着年老退休问题。但是他们中的很多人或因长期不从事农业劳动而丧失了农业劳动技能，不可能从城镇退休后再回家务农，有些农民工在家乡的土地已经流转，或还有其他原因，使他们已经丧失了"土地保障"。由于很多农民工并没有加入城镇的养老保险，因此不能像城镇职工一样，在退休之后按月领取固定数额的养老金，个人积蓄和家庭成为他们最后的依托，也是很不可靠的依托。

农民工这样庞大的劳动者群体为什么会长期暴露在养老风险之下？怎样才能建立起适合这些人群的社会保障？从卷帙浩繁的研究报告中，可以看出中国在这一时期有大约三种探索：

一种是将农民工纳入城镇职工养老保险体系。但是这种方案只在有稳定就业和稳定收入的农民工中才有可能实施，而大多数农民工就业十分灵活，具有跨地区流动、收入偏低且不稳定等特征。有研究显示，到2005年，各地最低工资标准从235元/月至684元/月不等。[①]支付最低工资的单位往往无力支付包括社会保险在内的各种福利待遇，过于灵活的就业也不利于连续计算保险缴费，而且农民工的工资收入往往不一定按月支付，难以计算社会保险缴费基数。即使有了连续的社会保险缴费记录，当农民工告老还乡的时候，也无法将单位缴纳的部分养老金携带回乡，因为农民工往往跨省流动，而各省的养老基金是分立的。养老金没有实现全国统筹，也就意味着虽然全国性的劳动力市场正在开始形成，但是社会保障制度却是分割的，无法解决

---

① 劳动保障部劳动科学研究所课题组：《适应劳动力市场灵活性》，《中国劳动》2005年第11期。

农民工保险权益的"便携性损失"问题和"断保"危险，① 结果是多数农民工自愿选择不参加社会养老保险。

另外一种是建立有别于城镇企业职工的，专门针对农民工的"双低"养老保险，即基本沿用城镇企业职工养老保险制度的框架，但降低农民工参加社会保险的门槛，参保企业和个人的缴费比例分别为12%和4%。这种制度的问题在于拉大了农民工与城镇企业职工之间在待遇上的差距，不仅在两种制度之间难以衔接，而且导致雇主会为了降低劳动用工成本而选择按照较低费率标准为农民工缴纳养老保险费，产生福利"向下趋同"的现象（race to the bottom）。这种制度安排对已经参加了城镇职工基本养老保险且就业比较稳定的农民工来说，等于降低了福利待遇水平。但是，如果按照城镇目前的标准缴费，即雇主缴纳20%，劳动者缴纳8%，实行城乡养老保险统筹，则对于小企业来说，就负担过重了，也会导致相当数量的农民工和他们的雇主选择"退出"（exit）养老保险计划。在实践中，的确有些农民工为了减少支出不参加养老保险等社会保险，甚至即便参加了养老保险，每年春节返乡前也要求退保。② 2004 年城镇就业人数为 2.65亿，而养老保险的参保人只有 1.26 亿，由于城镇正规就业参保率高，由此可以推断，包括农民工在内的多数非正规的灵活就业群体并未参保。③

---

①　指流动农民工回乡之后，已经积累的缴费年限和统筹性养老金难以异地转移接续，从而形成养老保险"便携性损失"，使农民工不愿意参加养老保险，也严重损害了养老保障制度的公平性。见刘传江、程建林《养老保险"便携性损失"与农民工养老保障制度研究》，《中国人口科学》2008 年第 4 期。

②　陈培勇、荣怡：《中国养老保险立法展望》，《中国劳动》2011 年第 4 期。

③　劳动保障部劳动科学研究所课题组：《适应劳动力市场灵活性》，《中国劳动》2005 年第 11 期。

第三种办法是有少数比较发达的城市，例如上海和广州，尝试将包括农民工在内的外来务工人员或非城镇户籍职工归为一类，实行一种有区别的综合保险。上海自 2002 年 9 月 1 日起开始实施的外来从业人员综合保险，包括了工伤或者意外伤害、住院医疗和老年补贴三项社会保险或者商业保险待遇。

上述八仙过海的局面一直延伸到新生代农民工的出现。张俊良等人通过在四川省几个城市做的 400 多份调查问卷得出结论揭示：出生于 20 世纪 80 年代以后的第二代农民工，虽然仍然保留着农村户籍，但是大都选择继续在异地从事非农业劳动。他们比父辈更加认同工业化和城市化，技术水平更高，更愿意接受技术培训，更习惯城市生活，追求在城市里获得稳定工作和个人事业发展的意愿更加强烈，但是他们作为"农村人"和"城市居住者"的双重身份使他们难以平等地享受工业化和城市化的发展成果，结果他们比父辈的流动性更强，流动空间更广。[1] 江苏省 2008 年进行的抽样调查显示，新生代的农民工变更转换工作频率约为平均每年 0.45 次，几乎是传统农民工的 6 倍。[2] 除了多数没有参加养老保险以外，农民工工伤和医疗保险的参保率很低，待遇水平也不高。这种状况不仅增加了他们面临的社会风险，而且也不利于中国经济社会的平衡发展。

在农民工状况发生变化的同时，政府对农民工的政策一直处于调整中。在改革开放早期，对农民进城务工的主要政策是"行政审批"和"指标控制"，也就是通过计划和指标，控制进城务工的人数。到

---

[1] 张俊良、郭显超、张鸣鸣：《新生代农民工社会管理问题探讨》，《中国劳动》2013 年第 4 期。

[2] 秦立建、杨倩、黄奕祥：《农民工基本医疗保险异地转接研究述评》，《中国卫生经济》第 34 卷第 2 期（总第 384 期）。

了 90 年代中期，大批的农民工自发地涌入城镇，中央政府的政策改为以"加强管理""依法保护"为主的"管理和服务并重"的政策，仅 1997 年就接连发出了三个有关农民工问题的文件，就保障农民工权益、加强外来务工青年培训、安全生产检查等进行了规范。进入 21 世纪以来，政府的政策进一步关注社会弱势群体、社会公平正义，并开始组织研究农民工的技能培训、劳动保护和社会保障。有的城市制定了专门针对农民工的工伤保险办法，特别是对高危行业，如高空作业，办理意外伤害保险。公共职业病防治机构开始为农民工提供服务。在一些重点城市，如北京、广州等地，率先去除了农民工参加养老、医疗和工伤保险等方面的制度障碍，基本上建立了农民工和城镇职工享受同等待遇的制度。[1]

农民工的社会保障问题也受到了中国高层的重视。时任中国共产党总书记的胡锦涛在十六届四中全会和 2004 年经济工作会议上两次提出"工业反哺农业，城市反哺农村"。稍后，国务院发布了《国务院关于解决农民工问题的若干意见》（国发〔2006〕5 号），提出要探索适合农民工特点的养老保险办法并优先解决工伤保险和大病医疗保障问题，各地区要采取建立大病医疗保险统筹基金的办法，重点解决农民工进城务工期间的住院医疗保障问题。甚至提到，要根据当地的实际，合理地确定缴费率，主要由用人单位缴费。考虑到农民工的流动性和多样性，国务院的文件还提出，要为患大病后自愿回原籍治疗的参保农民工提供医疗结算服务。在有条件的地方，直接将有稳定就业的农民工纳入城镇职工基本医疗保险。农民工也可自愿参加原籍的新型农村合作医疗。《国务院关于解决农民工问题的若干意见》成为

---

[1]　张一名：《农民工社会政策挑战与应对》，《中国劳动》2009 年第 6 期。

推进农民工社会保障制度建设的重要政策依据。

国务院关于解决农民工问题的若干意见（国发〔2006〕5号）①

六、积极稳妥地解决农民工社会保障问题

（十六）高度重视农民工社会保障工作。根据农民工最紧迫的社会保障需求，坚持分类指导、稳步推进，优先解决工伤保险和大病医疗保障问题，逐步解决养老保障问题。农民工的社会保障，要适应流动性大的特点，保险关系和待遇能够转移接续，使农民工在流动就业中的社会保障权益不受损害；要兼顾农民工工资收入偏低的实际情况，实行低标准进入、渐进式过渡，调动用人单位和农民工参保的积极性。

（十七）依法将农民工纳入工伤保险范围。各地要认真贯彻落实《工伤保险条例》。所有用人单位必须及时为农民工办理参加工伤保险手续，并按时足额缴纳工伤保险费。在农民工发生工伤后，要做好工伤认定、劳动能力鉴定和工伤待遇支付工作。未参加工伤保险的农民工发生工伤，由用人单位按照工伤保险规定的标准支付费用。当前，要加快推进农民工较为集中、工伤风险程度较高的建筑行业、煤炭等采掘行业参加工伤保险。建筑施工企业同时应为从事特定高风险作业的职工办理意外伤害保险。

（十八）抓紧解决农民工大病医疗保障问题。各统筹地区要采取建立大病医疗保险统筹基金的办法，重点解决农民工进城务工期

---

① 《国务院关于解决农民工问题的若干意见》（国发〔2006〕5号），http：//www.gov.cn/zhuanti/2015－06/13/content_ 2878968. htm。

间的住院医疗保障问题。根据当地实际合理确定缴费率，主要由用
人单位缴费。完善医疗保险结算办法，为患大病后自愿回原籍治疗
的参保农民工提供医疗结算服务。有条件的地方，可直接将稳定就
业的农民工纳入城镇职工基本医疗保险。农民工也可自愿参加原籍
的新型农村合作医疗。

（十九）探索适合农民工特点的养老保险办法。抓紧研究低费
率、广覆盖、可转移，并能够与现行的养老保险制度衔接的农民工
养老保险办法。有条件的地方，可直接将稳定就业的农民工纳入城
镇职工基本养老保险。已经参加城镇职工基本养老保险的农民工，
用人单位要继续为其缴费。劳动保障部门要抓紧制定农民工养老保
险关系异地转移与接续的办法。

（三）新型农村社会养老保险（"新农保"）

进入 21 世纪，中国城镇企业职工的养老保险已经试点改革了 20
多年，并且建立起了基本稳定的制度模式，农民养老保险也需要进行
相应的建设。2006 年伊始，中共中央和国务院就接连发出了《关于
推进社会主义新农村建设的若干意见》（中发〔2006〕1 号）、《国务
院关于解决农民工问题的若干意见》（国发〔2006〕5 号）等重要文
件，提出了农村社会保险制度建设的问题，并在国家"十一五"规划
纲要中将建立与经济发展水平相适应的农村社会保险制度放在了突出
位置，并具体明确地规范了对被征地农民、农民工和务农农民的社会
保险工作，成为建立新型农村社会养老保险制度的一个重要节点。此
前，农民养老保险工作已经在各省市自治区分头开展。到 2005 年年

底，全国有 31 个省、自治区、直辖市的 1900 个县（市、区、旗）不同程度地开展了农村养老保险工作，共有 5364 万农民参保，积累保险基金达 305 亿元，270 多万参保农民领取了养老金，同时已有 400 多万被征地农民被纳入社会保障体系，筹集养老保障基金 400 多亿元。① 但是，这些养老保险都是分割管理的，各地的农民养老保险计划没有统一的认识、制度、标准、覆盖面和替代率，保障水平偏低，管理手段也比较落后。

对于辗转在各地务工的农民工来说，虽然有制度规定，城镇企业职工基本养老保险制度应当覆盖所有在城镇企业就业的劳动者，包括农民工，但是由于农民工的工资偏低，他们就职的企业的经济承受力也偏低，而城镇养老保险制度规定的缴费标准较高（用人单位缴纳工资总额的 20%，个人缴纳工资的 8%），超过了农民工及用人单位的支付能力。此外，农民工就业并不稳定，流动的目标也不明确，通常在城市和农村之间流动，而城镇养老保险关系只能转移个人账户资金，不能转移社会统筹基金，因此有些农民工在离开就业城市时往往选择退保，将个人账户中的积累提取出来，更多的农民工选择不参保。客观上造成农民工与城市工权益不平等的现象。

解决十亿农民的社会保障问题是史无前例的大难题。与早期进入工业化的国家相比，中国的国情十分特殊，中国农民的绝对数量远远超过任何一个国家，相对数量在世界上也是名列前茅，此外，中国农民整体收入处于较低水平，贫困人口主要集中在农村，城乡差距也远大于发达国家，而且根据测算，这种状况还会延续一段时期。② 在人类历史上，还没有在如此庞大的低收入群体中成功地建立养老保险的

---

① 昌民：《新型农村社会养老保险制度在推进》，《中国劳动》2006 年第 4 期。
② 陈培勇、荣怡：《中国养老保险立法展望》，《中国劳动》2011 年第 4 期。

先例和经验。

关于如何解决中国农民养老保险的问题，社会上有很多不同的观点。

一是认为，鉴于农民拥有土地承包权和一定的农业收益，应当为农民建立与城镇职工不同的养老保险制度。比如，可以为农民建立较低水平的普惠制养老保险制度，不仅省却了家计调查式的最低养老金制度的繁琐管理，而且能够节省缴费式养老保险基金的管理成本，更适合农民收入不稳定、收入往往难以用货币衡量等特点。

二是提出，为了便于今后农民养老保险制度与城镇职工养老保险制度相互衔接，也为了激发农民参加养老保险的积极性，农民的养老保险应当采取和城镇职工相似的制度，即建立社会统筹与个人账户相结合的制度模式。

三是建议，为了简化养老保险制度，增强养老保险的便携性，适应农民流动性大的特点，为农民建立个人账户的养老保险。

国务院法制办公室的陈培勇认为，第一种制度设计简便易行，有利于降低管理成本，也比较适合农民的收入特点，但是对国家财政的支付要求较高，且不利于调动农民的劳动积极性，简言之，就是怕会助长"等、靠、要"。第二种制度设计比较复杂，核定农民养老保险的缴费基数和管理其养老保险基金的成本均较高，而且 20 世纪 90 年代初期的试点证明，对许多靠农业劳动生活的农民来说，个人缴费实施起来难度较大，许多农民缴费能力十分有限，制度设计存在可持续性风险。第三种制度设计比较简单，适应农民流动性强的特点，但是同样存在缴费难和可持续性问题。[1]

---

[1]　陈培勇、荣怡：《中国养老保险立法展望》，《中国劳动》2011 年第 4 期。

针对农民工的养老保障问题,各地也进行了多种实验,例如实行较低的缴费率(雇主缴纳工资总额的 12%,农民工根据收入情况选择个人缴费 4%—8%),政府采取一些强制性的措施,例如以"封存缴费权益记录和个人账户"的方法保留因回乡而中断参保的权益,通过开具参保缴费凭证解决异地就业的权益转移问题,同时停止办理"退保"。截至 2008 年年底,全国参加城镇养老保险的农民工共有2416 万人,仅占在城镇就业农民工的 17%。

在总结各地试点经验的基础上,2009 年 9 月 1 日国务院再度发文,① 要求探索建立个人缴费、集体补助、政府补贴相结合的新型农村社会养老保险,与家庭养老、土地保障、社会救助等其他社会保障政策措施相配套,保障农村居民老年基本生活。至此,改革农民养老保障的制度设计已经显出端倪。经过反复酝酿、磋商、试点、论证之后,最终选定的农村养老保险采取了基础养老金和个人账户相结合的双层模式。基础养老金实行普惠制,每人月均 55 元,由国家财政保证支付,中西部地区由中央财政负担,东部地区中央财政负担一半。已届 60 岁的老人,只要他的子女参保缴费,他本人可以享受基础养老金。②

2009 年 8 月,人力资源和社会保障部副部长胡晓义在国务院新闻办举行的新闻发布会上宣布,2009 年国庆节之前将正式启动新型农村社会养老保险的试点,覆盖面为全国 10% 的县(市/区/旗)。新农保和过去一些地方实行的老农保,在筹资结构方面有很大不同。过去的老农保主要是农民自己缴费,实际上是自我储蓄的模式,而新农保

---

① 《国务院关于开展新型农村社会养老保险试点的指导意见》(国发〔2009〕32号)。

② 邹苹:《让农民养老不再犯愁》,《中国社会保障》2009 年第 11 期。

是个人缴费、集体补助和政府补贴相结合，其中中央财政将对地方进行补助，并且会直接补贴到农民头上。

　　具体来讲，"新农保"充分考虑到了农业就业和社会需求的特殊性，确立了"保基本、广覆盖、有弹性、可持续"的基本原则。"新农保"的起步水平不高，筹资和待遇标准都参考了各地经济社会发展的承受能力，虽然仍然是政府引导，但还是采取了政府鼓励农民自愿参保的基本方式，并仍然采取试点先行、逐步推开的方式。双层体制的基础养老金部分实行中央和地方政府双重支付，低水平覆盖，以解决费用征缴的困难，也考虑到了地区差，地方政府根据自己的财力决定支付的额度。基础养老金的底线定为 55 元，但是上不封顶，根据地方财力而定。例如北京达到了 280 元。在先期试点中，北京仅仅用了一年时间就实现了全覆盖。从性质上来看，基础养老金是一种社会再分配的制度模式。试点推开以后，中国农民 60 岁以后都可以享受国家普惠式的养老金。在此基础上的另外一层是个人账户。个人账户采取自愿缴费的方式，个人账户采取确定缴费方式，更加便于携带。

　　"新农保"的制度覆盖面非常广泛，凡是没有参加城镇职工基本养老保险的年满 16 周岁的非在校学生均可通过自愿缴费的方式参加"新农保"；年满 60 周岁以上的农村户籍老年人不再缴费，直接享受中央和地方财政补助的基础养老金，条件是这些享受基础养老金老年人的子女必须是参保人。"新农保"的个人账户采取的是"确定缴费"的方式，参保人员可以自主选择每年 100 元、200 元、300 元、400 元、500 元、600 元、800 元、1000 元八个档次缴费（实际上后面三个档次并没有得到执行），养老金待遇根据缴费年限和额度折算，多缴多得。也就是说，农民工也可以参保"新农保"。农民工流动性很强，有些选择留在城市长期居留，有些则选择回到农村养老。所以，农民工有两种选择，或参加城镇职工养老保险，但必须在城镇缴费累计满 15 年，或参加"新农保"，并将对城镇养老保险的缴费积累转入"新农保"的个人账户，按照"新农保"的有关规定领取养老金。

从全国各地"新农保"的试点情况看，无论是发达地区还是欠发达地区，地方政府的资金补贴都发挥了重要作用。富裕地区如江苏省苏州市，对所有参保的务农人员补贴 50%—60%。在欠发达地区，政府也有相应的补贴。很多农民认为，参保虽然要付出，但是如果不付出就会损失政府的那部分补贴。

（四）新型农村合作医疗（"新农合"）

中国农村的医疗保障在改革年代经历了大起大落的变化。早在 1974 年，中国农民自己创造的农村合作医疗保险制度在第 27 届世界卫生大会上受到了广泛的关注。联合国妇女儿童基金会 1980—1981 年的年报中还特别提到中国的"赤脚医生"制度在落后的农村地区为农民提供了初级护理，为不发达国家提高医疗卫生水平树立了样本。[①] 到了 20 世纪 80 年代初，随着农村集体经济体制的逐步解体，赤脚医生和村社卫生所失去了经济支撑。经过了一段时间的探索之后，中国农村在各级政府的辅助下出现了一种新的合作医疗尝试，这种尝试产生的医疗保障模式后来被称为"新型农村合作医疗"，以区别于传统的农村合作医疗。

随着中国城镇化和工业化的快速发展，中央政府对农村社会保障

① 夏波光：《倾倒世界的合作医疗》，《中国社会保障》2009 年第 10 期。

工作的关注力度加大。2002 年中共"十六大"提出了"在有条件的地区探索建立农村养老、医疗保险和最低生活保障制度"。2002 年 10 月，中共中央、国务院发布了《关于进一步加强农村卫生工作的决定》，明确提出要在全国逐步建立新型农村合作医疗制度。2003 年 1 月，国务院办公厅发出《关于做好农民进城务工就业管理和服务工作的通知》，还转发了卫生部等部门《关于建立新型农村合作医疗制度的建议》，新型农村合作医疗制度的建设开始进入快车道。与计划经济时代的农村合作医疗制度不同，新型农村合作医疗制度实行的是自愿的互济保险制度，以个人缴费和政府补贴作为资金来源，保险经费主要用于疾病的医疗费用，最初的设计是大病费用实行社会统筹，小病费用由个人账户支出。

与"新农保"类似，"新农合"也涵盖在各地流动就业的农民工，背后的推动者也是中央政府。《国务院关于解决农民工问题的若干意见》要求各地"抓紧解决农民工大病医疗保障问题"，"有条件的地方，可直接将稳定就业的农民工纳入城镇职工基本医疗保险。农民工也可自愿参加原籍的新型农村合作医疗"。① 2006 年，卫生部、国家发展改革委、民政部、财政部、农业部、食品药品监管局和中医药局等部门联合发布了《关于加快推进新型农村合作医疗试点工作的通知》，提出的要求是：当年全国试点县（市、区）数量达到全国的40% 左右，2007 年达到 60% 左右，2008 年在全国推广，2010 年实现新型农村合作医疗制基本覆盖全体农村居民的目标。

为了加快推进"新农合"建设，中央财政自 2003 年起开始对参加"新农合"的农民实行人均每年不低于 10 元的补助，地方财政也

---

① 《国务院关于解决农民工问题的若干意见》，http：//www.gov.cn/zhuanti/2015 - 06/13/content_ 2878968. htm。

被要求作出相应的补助，通过减轻农民参保负担的方式，鼓励更多农民参保。到了 2006 年，中央财政决定将对中西部地区参加"新农合"的农民的补助提高到 20 元，中央要求地方财政也相应增加 10 元，新增的中央和地方财政补助资金主要用于大病统筹。同时，中央对农业人口超过人口总数 70% 的市辖区和辽宁、江苏、浙江、福建、山东和广东等省的试点县（市、区）实行财政补助，从而进一步降低了改革试点的风险，调动了各地建立"新农合"的积极性。对于农村贫困人口家庭以及个人负担医疗费用过重的个人，政府财政也予以适当补助，并以民政部为主导，动员慈善机构和其他社会力量，多渠道筹集资金。在筹集资金的同时建立起"新农合"医疗信息系统，并首先以省为单位，统一合作医疗管理软件、基础数据、服务标准，为全面铺开农村合作医疗保险服务进行管理现代化的准备。

"新农合"的一个目标是覆盖那些长期没有医疗保障的农民工。但是由于"新农合"在建立之初不能实行异地结算，外出务工的流动人员不可能回到家乡的定点医院去就医，而他们一般也很少误工在城里看小病，所以用于看小病的"个人账户"设计在他们看来有些多余。如果他们真的生了大病，"新农合"所能报销的额度又不够大。例如《深圳市社会医疗保险办法》第 46 条规定："连续参保时间不满半年的、满半年不满 1 年的，报销额度是本市上年度在岗职工平均工资的 0.5 倍，满 1 年不满 2 年的、满 2 年不满 3 年的、满 3 年以上的报销额度分别是 1 倍、2 倍、3 倍和 4 倍。"[1] 这个报销额度明显低于城镇职工医疗保险，而且农民工流动性大，因此通常都只能享受较低档次的报销额度。此外，农民工虽然在全国范围内流动，但各地的

---

① 华迎放、张汉玲：《农民工医疗保险政策完善思路》，《中国劳动》2010 年第 7 期。

"新农合"管理却是分割的,各地缴费数额不同,报销标准和条件也不同,转移接续十分困难,况且农民工的医保只保当期,一旦停保,保险关系即行中断,不能像城镇职工那样延伸到退休以后,也无法和城镇医保接续。出于这些原因,由于形形色色隐性"福利壁垒"的存在,虽然"新农合"在制度上打破了地域的界限,达到了对流动农民工的全员覆盖,但是农民工参加包括"新农合"在内的各项医疗保险的比例并不太高。据人力资源和社会保障部统计,截至 2008 年 11 月底,参加医疗保险的农民工有 4196 万人,其中参加外来劳务工医疗保险、综合保险等其他形式医疗保险的有 768 万人。按国家统计局最新的农民工总人数(2006 年年底)计算,农民工参保率只有 31.79%。[①]

强大的政策引导和有力的财政支持对于"新农合"的迅速扩面起到了关键性的作用。国发〔2006〕5 号文件提出了将稳定就业的农民工纳入城镇职工基本医疗保险,将不稳定就业的农民工纳入大病医疗保险或农民工专项医疗保险的要求。自 2006 年以后,各地相继出台了农民工大病医疗保险规定,在现行城镇职工医疗保险制度框架内允许农民工只参加大病医疗统筹,而且还实行雇主缴费,同时将筹资水平控制在职工工资总额的 4% 低水平上,其中 2% 进入统筹基金,用于支付门诊大病和住院医疗费用,2% 进入个人账户,用于个人的日常门诊小病。有条件的地区还建立了大额医疗费用补充保险,由统筹基金和农民工个人适当缴费。[②]

在接下去的几年中,在"新农合"的建设过程中出现了罕见的对

---

① 华迎放、张汉玲:《农民工医疗保险政策完善思路》,《中国劳动》2010 年第 7 期。

② 同上。

冲局面：中央政府使用了强大的政策工具和财政工具，对冲长期难以解决的覆盖农民的医疗保障问题。继"5 号文件"之后，中共中央、国务院又发布了《关于社会医疗卫生体制改革的意见》，出台了《国务院关于印发医药卫生体制改革近期重点实施方案（2009—2011 年）的通知》，要求各地抓紧起草相关配套文件，继续扩大医疗保险的覆盖范围，加强社会保险的征缴。由于"5 号文件"同时允许农民工参加城镇职工医疗保险或"新农合"，在实践过程中难免出现资本获利的选择导致福利向下趋同的现象：用人单位趁机将稳定就业的农民工的社会保险待遇转为偏低的农民工专项医疗保险。而政府的难处在于：如果将城镇职工和农民的医疗保险制度并轨执行，则除了制度规定的各种不配套以外，又会因为城镇基本医疗保险费率和费基都比较高而导致用人单位通过减员的方式降低成本，使农民工的就业机会减少。

为了进一步推广"新农合"，政府采取了一系列主要是激励性的措施，例如新生儿出生当年可以随父母自动享受"新农合"待遇，但是从第二年起就要按规定缴纳参合费用。与此同时，政府加大了补贴的力度。到 2011 年已经将对"新农合"和城镇居民医保的补助标准逐步提高到 200 元。[①] 与此同时，政府提出："新农合"政策范围内住院费用支付比例要达到 70% 左右。自 2012 年起，各级财政对"新农合"的补助标准从每人每年 200 元再度提高到每人每年 240 元。其中原有的 200 元部分由中央财政继续按照原有补助标准给予补助，新增的 40 元中中央财政根据不同的地区予以不同比例的补贴，例如对西部地区补助 40 元中的 80%，对中部地区补助 60%，对东部地区也

---

① 《医药卫生体制五项重点改革 2011 年度主要工作安排》，中国政府网，2011 年 2 月 17 日。

有一定比例的补助。农民个人缴费原则上提高到每人每年 60 元,有困难的地区,个人缴费部分可分两年到位。

在强大的政府财政支持下,到 2012 年年底,全国参加"新农合"的人数达到了 8.05 亿人,全国参加城镇职工医保人数达到 53641 万人,参加城镇居民基本医疗保险人数为 27156 万人,城镇职工基本医疗保险(职工医保)、城镇居民基本医疗保险(城居医保)和新型农村合作医疗保险(新农合)三种基本医疗保险的参保人数达到了 13 亿,国家对医疗卫生的补贴投入超过 9000 亿元。[①]

自 2003 年以来,政府主要靠财政投入的方法解决医疗保障领域里的社会公平问题。政府财政补贴成为撬动农民个人参保的强有力杠杆。但政府补贴很快而且不可避免地成为"道德风险"的目标,加上政府财政补贴通过社会保障和卫生两个政府系统发放,重复参保和政府重复发放补贴的现象屡见不鲜。在杭州市,仅在 2010 年,重复参加医保的人数就高达 4 万人。根据中国医疗保险研究会的调查,全国重复参加医保率在 10%—15%,个别地方甚至高达 30%,给国家财政每年造成 2 亿—300 亿元人民币的财政补贴损失。政府财政补贴的低效率也就成为新的社会不公的根源。此外,医疗资源分布不均的问题并没有得到解决,城市的医疗资源过剩,而农村则不足,出现了千军万马进城看病的现象,给城镇的医疗环境造成巨大压力,而初级医疗机构水平低,就诊率低,使用率仅有 25%,农村因为农民工外流,留守的多为老人和儿童,因此医疗费用开支大,也使贫困农民享受到的医疗质量偏低。[②]

---

① 《医保统管大局已定人社部将严查重复参保》,2013 年 6 月 29 日。

② 同上。

（五）统筹城乡的最低生活保障制度

早在 20 世纪 90 年代，由于沈阳、西宁等地的国有企业大量停产，导致失业或"待岗"职工人数倍增。除了再就业服务中心安置以外，中国政府采取"三步走"的方式，实现下岗职工基本生活保障制度向失业保险制度的转变。但是，失业保险基金不能满足下岗工人的生活需要。于是，国务院在 2000 年年底发布了《关于印发完善城镇社会保障试点方案的通知》，把辽宁定为试点省份，其他省区选一个市进行试点，加强和完善城市居民最低生活保障制度的要求。①

中国城市最低生活保障制度（简称"低保"）遵循三个基本原则：（1）政府承担最低生活保障的主要责任；（2）保障对象是全体城市居民；（3）只保障最低生活，保障水平与生产力发展和当地居民的总体生活水平以及各方面承受能力相适应。同时还要强调国家保障和社会帮扶相结合、鼓励劳动自救。② 在"十五"期间，以"应保尽保"为目标，城市低保制度快速"扩面"，2000 年左右，享受低保救助的人数有 380 万，2001 年年底城市低保已经覆盖了 1170 万人，到 2002 年年底达到了 2064 万人，2005 年，城镇社会救助制度覆盖人群稳定在 2200 万人左右。

在城市低保制度快速发展的过程中，中央和地方财政的投入也随之迅速上升。2001 年，全国城市低保的总投入为 41.6 亿元，其中中央财政支出为 23 亿元，到 2005 年，城市低保总投入上升到 185.2 亿

---

① 张丽：《低保这五年：从数量趋于质量》，《中国社会保障》2006 年第 1 期。

② 向运华：《最后的防线：最低生活保障》，《中国社会保障》2006 年第 12 期。

元，其中中央财政支出为 112 亿元。① 渐次，保障标准问题、核定受益者收入的难题、救助对象隐性就业②以及福利依赖等问题相继浮现，2004 年 5 月甚至出现了重庆"篡江千人骗保事件"。③ 尽管有不足之处，城市低保制度还是发挥了重要的保障作用，向受到市场经济转轨冲击的弱势群体提供了基本的生存保障。

进入 21 世纪，城市低保制度逐步完善，而统筹城乡社会救助的呼声和实践也渐成趋势。2002 年，在民政部救灾与救济司主办的"中国反贫困论坛"上，国家发展和改革委员会的杨宜勇直言，最低生活保障是稳定人心的制度，各级财政要再拿一些钱来，在农村也搞一个类似的制度。④

在农村，"包产到户"改革后，农村集体经济的保障功能衰退，农村地区开始进行最低生活保障的试点工作。1994 年第十次全国民政工作会议决定，要"在农村初步建立起与经济水平相适应的层次、标准有别的社会保障制度"。同年，上海市和山西省阳泉市率先开展农村最低生活保障试点，对家庭人均收入低于当地最低生活保障标准的农村居民，由政府和乡村集体给予一定的经济帮助。1996 年至 1997 年年底，吉林、广西、甘肃、河南、青海等省先后以省政府名义出台政策文件，规定低保资金主要从村提留和乡统筹中列支。到

---

① 张丽：《低保这五年：从数量趋于质量》，《中国社会保障》2006 年第 1 期。

② 在救助对象中，在职人员、灵活就业人员、登记失业人员、未登记失业人员等有劳动能力的群体占到了救助对象总数的 62.8%。见彭宅文、丁怡《最低生活保障制度与就业促进：问题与政策调整方向》，《中国社会保障》2009 年第 1 期。

③ 篡江是重庆市的一个县城，据查每年"枉发"的低保金达 62 万元。以此推算，仅重庆一地每年流失的低保金就将近 1000 万元。见张丽《低保这五年：从数量趋于质量》，《中国社会保障》2006 年第 1 期。

④ 张丽：《低保这五年：从数量趋于质量》，《中国社会保障》2006 年第 1 期。

2000 年年底，全国有 1930 个县市区建立了农村最低生活障制度，区域覆盖面达 75%。①

农村税费改革后，"三提五统"被取消，中西部许多地区的农村低保资金"空账运行"，东部地区的个别地方也不能幸免。2003 年 4 月，民政部在鼓励有条件的地区探索建立农村低保制度的同时，下发了《关于进一步做好农村特困户救济工作的通知》，要求中西部地区实行农村特困户救助制度，对不能达到"五保"条件但生活极为困难的鳏寡孤独人员、丧失劳动能力的重残家庭及患有大病而又缺乏自救能力的困难家庭，按照一定数额的资金或实物标准，定期发放救济物资。至此，农村地区出现了低保、农村特困户救助和"五保"供养三种制度安排。②

2004 年，中共中央、国务院下发《中共中央、国务院关于促进农民增加收入若干政策的意见》（中发〔2004〕1 号）提出，"对丧失劳动能力的特困人口，要实行社会救济，适当提高救济标准；有条件的地方要探索建立农民最低生活保障制度"。2006 年，中共中央、国务院下发的《中共中央、国务院关于推进社会主义新农村建设的若干意见》（中发〔2006〕1 号），要求进一步完善农村"五保户"供养、特困户生活救助、灾民补助等社会救助体系；有条件的地方，要积极探索建立农村最低生活保障制度。③

在中央紧锣密鼓出台政策的同时，农村低保问题也引起了社会的热议。2004 年至 2006 年，全国人大和政协会议上关于农村社会救助

---

① 刘洪清：《2007：低保阳光普照农家》，《中国社会保障》2007 年第 4 期。

② 朱勋克、余友根：《低保：从城市走向农村》，《中国社会保障》2007 年第 12 期。

③ 同上。

的提案建议就达 200 多份，其中 80% 的内容涉及农村低保。① 2005 年年底，民政部邀请部分社会政策专家分赴已经建立农村最低生活保障制度的省市调研。根据调研撰写的《辽宁、河北两省农村低保制度研究报告》指出，农村低保制度正处于一个关键的发展时刻：促一下就能全面覆盖，但若没有外力推动，则也可能停滞不前。如果中央政府能像推动城市低保一样去推动这项制度，估计农村低保制度将在 2—3 年内达到"全覆盖"。著名经济学家吴敬琏更是在 2006 年 6 月 25 日的"经济学 50 人论坛"上提出，"实现全民低保，是国家财力完全可以做到的"②，中国实现全民最低生活保障制度的条件已经成熟。

　　在这样的背景下，建立全国性的农村低保制度终于提上日程。2006 年 12 月召开的中央农村经济工作会议和《中共中央、国务院关于积极发展现代农业扎实推进社会主义新农村建设的若干意见》（中发〔2007〕1 号）明确提出，"在全国范围建立农村最低生活保障制度"。2007 年 3 月 5 日，温家宝总理在作《政府工作报告》时宣布，年内要在全国范围建立农村最低生活保障制度。同年 7 月 11 日，国务院下发了《关于在全国建立农村最低生活保障制度的通知》（国发〔2007〕19 号）。8 月 2 日，财政部和民政部又联名下发了《关于下达 2007 年农村最低生活保障补助资金的通知》（财社〔2007〕102 号），中央财政安排了 30 亿元专项资金支持地方，尤其是财政困难地区建立和实施农村低保制度。③

---

① 刘洪清：《2007：低保阳光普照农家》，《中国社会保障》2007 年第 4 期。

② 夏波光：《统筹城乡：社会保障的历史性跨越》，《中国社会保障》2012 年第 11 期。

③ 朱勋克、余友根：《低保：从城市走向农村》，《中国社会保障》2007 年第 12 期。

2007 年以后，农村低保救助人数迅速攀升，之后逐年扩大，到 2011 年增幅减缓，救助人数达到 5313.5 万人。到 2010 年年底，中国已将所有符合条件的农村救助对象纳入最低生活保障范围，基本实现了"应保尽保"。①

在"十一五"期间，"收入分配改革"被提上了国家重要议事日程，扶贫济困成为政府工作的重心，社会救助由于主要资金来自政府财政，因此也先于社会保障的其他领域而比较容易地实现了城乡统筹。截至 2011 年年底，全国城市低保平均标准达到每人每月 287.6 元，月人均补助 240.3 元；农村低保平均标准达到每人每月 143.2 元，月人均补助 106.1 元。一些经济发达地区，如深圳、宁波、苏州等地还统一了城乡低保标准。2011 年 3 月和 5 月，国家发改委、民政部、财政部等部委先后发出《关于建立社会救助和保障标准与物价上涨挂钩的联动机制的通知》，以及《关于进一步规范城乡居民最低生活保障标准制定和调整工作的指导意见》，城乡最低生活保障标准动态联动机制正式建立。②

（六）走向公平和整合

中国社会保障领域里的城乡二元结构曾经是历史发展的必然，但随着社会的发展已经成为制约历史发展的障碍。中国共产党十八届三中全会公报中强调，要形成"城乡一体的新型工农城乡关系，让广大农民平等参与现代化进程、共同分享现代化成果"，"建立更加公平可

---

① 夏波光：《统筹城乡：社会保障的历史性跨越》，《中国社会保障》2012 年第 11 期。

② 同上。

持续的社会保障制度，深化医疗卫生体制改革"①，这里强调的都是更加公平的社会、更加实惠的服务、更加平衡的地区发展和更加统一的规章制度。

公平的实现首先体现在"人人享有"上，如郑功成教授所说，"让人人享有社会保障已经成为党和政府对人民的庄严政治承诺"②。中国政府兑现承诺的态度和速度都是可圈可点的。对于"人人享有"的承诺首先落实在社会保障覆盖面的扩大上，而这一目标很快就得以实现。2009 年 8 月，人力资源和社会保障部副部长胡晓义在国务院新闻办举行的新闻发布会上宣布：中国社会保障扩大覆盖面的工作不断取得成就，到 2009 年年底，将有超过 12 亿公民享有基本的医疗保障，其中参加"新农合"的农民有 8.3 亿。新型农村社会养老保险试点也在年内启动，中国农民在 60 岁以后将能够享受到普惠式的国家养老金。此外，城镇职工的基本养老金也将向上调整。

2011 年中国政府又启动了城镇居民社会养老保险试点。填补了城镇非就业居民养老保险长期以来的制度空白。社会养老保险历史上第一次在中国基本上实现了制度性全覆盖。到 2012 年 9 月底，全国城乡居民参加养老保险的人数达到 4.49 亿人，加上城镇职工养老保险，总计覆盖人数超过 7 亿人，城乡居民领取基础养老金的人数达到 1.24 亿，成为世界上最大的养老保险体系。可以说，中国共产党早期的社会理想经过长期的制度探索，初步通过人人享有社会保障的制度建设，得到了实现。

---

① 《中国共产党十八届三中全公报发布（全文）》，http：//news. xinhuanet. com/house/tj/2013 - 11 - 14/c_ 118121513. htm。

② 郑功成：《中国社会保障改革与发展战略——理念、目标与行动方案》，人民出版社 2008 年版，第 7 页。

在迅速扩大社会保障覆盖面的过程中，政府的引导，特别是政府的直接财政投入，起到了关键性的推动作用，学者和专家的各种建议也多是建议和赞扬政府加大投入。政府通过缴费补贴、老人直补、基金贴息、待遇调整等多种财政措施，建立起农民参加"新农保"的"补贴制度"。① 自 2013 年起，各级财政对"新农合"的补助标准又从每人每年 240 元进一步提高到每人每年 280 元。政策范围内住院费用报销比例提高到 75% 左右，并全面推开儿童白血病、先天性心脏病、结肠癌、直肠癌等 20 个病种的重大疾病保障试点工作。2014 年各级财政对"新农合"和城镇居民医保的人均补助标准在 2013 年的基础上又提高了 40 元，达到 320 元。其中中央财政对原有 120 元的补助标准不变，对 200 元部分按照西部地区 80% 和中部地区 60% 的比例安排补助，对东部地区各省份分别按一定比例补助。农民和城镇居民个人缴费标准在 2013 年的基础上提高 20 元，全国平均个人缴费标准达到每人每年 90 元左右。国家卫生计生委、财政部要求，2015 年各级财政对"新农合"的人均补助标准在 2014 年的基础上提高 60 元，达到 380 元。农民个人缴费标准在 2014 年的基础上提高 30 元，全国平均个人缴费标准达到每人每年 120 元左右。

对于养老和医疗保障投入的快速增加吸引了越来越多的人自愿地加入社会保障体系，对于实现"人人享有"的目标实现起到了巨大的推动作用，其初衷是为了解决所有公民社会保障权益公平的问题。但是，快速的财政投入也难免成为"重复参保"和"骗保"的主要目标。在这种情况下，国家启动了自上而下的行政管理体制的改革。根据 2012 年国务院的部署，国家卫生和计划生育委员会主管的"新农

---

① 陈培勇、荣怡：《中国养老保险立法展望》，《中国劳动》2011 年第 4 期。

合"保险被正式划归人力资源和社会保障部，同时与"新农合"相关的管理和经办机构、人员、资产等也逐步转移到人社部门。

从 2013 年开始，人力资源和社会保障部对各省包括"新农合"在内的重复参保现象做了一次大清理和大整顿，共查出 7 万人冒领社会保险补贴，合计资金 1 亿 1807 万元，追回了 1 亿 1389 万元。在被冒领的补贴中，有很大一部分是由于重复参保引起的。由于国家财政对于"新农合"医疗保险的财政投入大，因此在医疗保险方面的重复参保现象十分突出。由此可见，要实现社会公平的目标，除了扩大社会保险的覆盖面以外，还需要加强对医疗卫生补贴投入的监控和监管，更重要的是整合体制机制，规范管理，实现信息和资源在更大范围内的统筹。

在中国社会保障大变革的过程中，除了政府政策的推动以外，另外一个主要动力源来自地方。历次改革的试点都由地方先行先试，获取了经验再行推广。例如在解决城乡统筹这个老大难的问题上，重庆就通过自己制定政策，使农民自然地融入了城市。医疗保险制度的统筹，也是在 30 多个地市通过多年的改革摸索，率先基本实现了省市级的医保统筹之后，再由行政管理部门（人力资源和社会保障部）会同国家发改委、财政部等共同筹划建立城乡医保统筹的体制。[①]

在有些情况下，并不需要政府的财政投入，工伤保险的问世就是一例。在多数西方工业化国家，工伤保险都率先出台，因为工伤是工业化社会的头号社会风险，而共济式的社会保险是最佳方案。

---

① 秦立建等：《中国卫生经济》第 34 卷第 2 号，2015 年 2 月，第 17 页。

农民工进城享受同等待遇的重庆案例

重庆是个大城市和大农村叠加的地方，我们怎样以农民工户籍制度改革为抓手，实现城乡统筹。城乡统筹要以人为本，本质上就是农民工怎么转变为城市居民的问题。城市化过程……本质上是农民进城的过程。几年前，重庆差不多有900万离开土地到城市打工的农民，500多万在重庆打工，300多万在沿海打工，我们考虑把在重庆的这500多万农民工，工作3年、5年以上的，自愿留在重庆城里继续工作的，自愿申请城市户口的这些人，给他们城市户籍。这样转移了270万农民工，加上一些家属，整个转进来的农村人口是400万，成为重庆城市户口。这个转户过程中，我们实现了城市和农村一体化的待遇，所有的农民工转过来，和城市居民五个一体化，就业、养老、医疗、住房、教育各种待遇，都和城市居民一个样，同人同权同体系同待遇，这是一个方面。

第二个很重要的，就是农民工转户到城里以后，他在农村的三块地还能不能保留。有人说农村的三块地是集体产权，必须是集体一员，是这个村里、乡里的，才能分你耕地、林地、宅基地，你户口转出去了，不是集体一员，三块地是不是就没有了？我们觉得这是农民的基本利益问题，既然原来三块地分给他，转户后还可以继续留着，所以我们重庆对农民工转户后在农村的三块地，全部予以无条件保留，这样就保护了农民利益。所以，我们这400万人转户，高高兴兴，风平浪静，没有什么问题。留在农村的地交给别人耕种，提高了劳动生产率，城里的农民工一旦变成城市居民，消费水平至少一年多1万块，促进了城市消费，同时也促进了社会人权生态。有一个意料之外的事情是什么？从2012、2013年开始，这几年，每到一季度，就发现重庆进出口猛涨7%—80%，原因是沿海地区一年9个多月上班，2个多月停摆，一到12月份农民工就开始回家，到2月份农民工回去复工，这中间企业就停工，老板、管理层都跟着回家，这是对生产力的摧残，农民工也像候鸟一样两头跑，苦不堪言。而重庆农民工户籍制度改革以后，成了城市工人，基本上不存在回家过年两个多月的现象，所以沿海停的订单就转到了重庆。政策本意是为了解决农民工问题，结果变成了招商引资，进出口大发展。

◇ 二　中国社会保障的法制化建设

随着社会保障体系的逐渐成熟和完善，社会保障的法制化建设也提上了日程。前面讲到，中国社会保障制度从计划经济时代向社会主义市场经济时代的改革转型，是在法律规范缺位，实践经验不足的情况下，在一种"边摸石头边过河"的状态下进行的。因此，社会保障领域里行政条例的发展大大超前于社会保障立法。

新中国成立初期直至改革开放，在整个计划经济时代，行政法规是规范社会保障的主要依据。改革开放以后，社会立法受到越来越多的重视。由于行政条例的规范性不够，特别是有些部门的规定在地方上很难得到执行，国家在社会政策领域里一边继续发布条例和决定，一边在试点比较成熟的领域里开始立法，如1994年出台了《农村五保供养工作条例》（国务院令第141号），同年通过的《劳动法》中对社会保险做了专章规定。1997年7月下发了《国务院关于建立统一的企业职工基本养老保险制度的决定》（国发〔1997〕26 号），1998 年下发了《国务院关于建立城镇职工基本医疗保险制度的决定》（国发〔1998〕44 号），1999 年出台了《失业保险条例》（国务院令第 258 号），《社会保险费征缴暂行条例》（国务院令第 259 号），以及《城市居民最低生活保障条例》（国务院令第 271 号）等。在 20 世纪 90 年代中国社会保障制度改革全面铺开之际，是行政条例搭建起了社会主义市场经济条件下社会保障制度的基本框架。但是，社会保障立法的缺失不利于社会保障制度的进一步发展。进入 21 世纪后，社会保障立法成为改革的重要环节。

（一）艰难的起步

早在 20 世纪 90 年代，社会保障立法工作就已经开始酝酿。1994 年新中国第一部《劳动法》的颁布是个明确的信号，是社会主义市场经济确立之后，重新认识和规范"劳动"的一个步骤，不仅实现了社会保障从无到有的改变，而且也标示了劳动制度从计划到市场的转型，为劳动力要素的合理流动和有效配置提供了条件。1994 年的《劳动法》还确立了中国社会主义市场经济条件下劳动力市场的基本法律原则，也为保护劳动者的合法权益提供了重要的法律保障。此后，《失业保险条例》《社会保险费征缴暂行条例》《公积金管理条例》和《城市居民最低生活保障条例》作为重要的社会保障行政法规先后于 1999 年问世。

自从确立走社会主义市场经济道路以来，中国各界就呼吁制定一部适用于全国的《社会保险法》，以替代早已失效的《劳动保险条例》。特别是十四届三中全会以来，社会保险的责任开始逐步从用人单位转移出来，实现基本养老金的社会化收缴、社会化管理，中央政府提出，要建立一套广覆盖、保基本、多层次、可持续的社会保障体制，这些重要的原则需要以立法的形式确定下来。此外，要实现社会保障资金来源多渠道、基金管理监督规范化等，也需要法律规范。社会保险立法还需要将中国社会保险制度的基本框架确定下来，进一步推广，使之覆盖到城乡各类劳动者和居民，使人人享有社会保障成为一种社会权利。

在中国，《社会保险法》的制定过程经历了草案酝酿、起草、国务院审议、全国人大常委会修改等多道程序，一边调研，一边讨论，一边解决问题，一边修改，可以说是历尽曲折。到了世纪之交，社保立法的呼声日益高涨。这一方面是因为随着社会保障制度的发展，需要通过立法整合政策，并确立社会保障领域的法律权威，尤其是在部门和地区壁垒尚存的情况下，建立适合市场经济的、社会化的社会保障制度，需要依靠法律的强制力来规范社会保障领域中各方的行为。另一方面行政系统之外的各种力量也积极推动社保立法，以作为监督和规范社保领域中行政力量的依据。20 世纪 90 年代以来，一些人大代表、政协委员和专家学者不断地提出为社会保险立法的建议。社会各界对于加快社会立法的重要性和迫切性形成了广泛的认同，至于如何制定社会保障法，却众说纷纭、莫衷一是。

作为社会保障事务的政府主管部门，劳动和社会保障部承担了起草社会保障立法的使命。最初起草的是《基本养老保险条例》（草案）。为配合该条例的起草，劳动和社会保障部法制司在 1999 年上半年利用国内和国外资源，密集召集有关养老立法的座谈会和研讨会，邀请国务院法制办、全国总工会、中国企业家协会，北京、上海和天津劳动部门，以及专家、学者，探讨中国养老保险立法框架及立法中的重点、难点问题，交流国际养老保险法律体系、法规原则和政策目标等有关情况，确定退休年龄的具体办法、养老金领取资格及养老保险基金管理等问题。1999 年 9 月《基本养老保险条例》（草案）上报了国务院和国务院法制办，此后就进入了一个很长的修改完善阶段。

在中国就社会保障进行立法，有很多难题需要解决。国务院法制办人员陈培勇、林琳撰文解释当时的情况说：社会各界呼吁社会保障立法十几个春秋，之所以迟迟没有出台一部统一的社会保障法，主要原因有三。一是社会保障包含的内容繁杂。有几大保障类别：社会保险、社会救助、社会福利和优抚安置的对象、资金来源、待遇标准和管理部门都不同，即使是在社会保险门类之下也分为五大险种，险种之间不仅仍然存在着上述差别，而且养老保险和医疗保险还有统筹基金和个人账户之分。如果进一步考虑到灵活就业人员，情况就更加复杂了。很难在立法层面上做到从原则到执行再到管理的统一规定。二是针对"城乡二元经济"造成社会不公的现实，需要确定一些基本原则。三是当时的舆论环境也比较复杂，有关公平和效益的大辩论正方兴未艾。一些基本的法律原则和政策目标尚在争论之中。①

除此以外，社会保障领域里的立法还需要面对社会发展的一些深层次问题。例如，社会主义市场经济的确立并没有结束二元经济结构，而且随着中国经济发展过程中基尼系数的增加，城乡的贫富差距进一步拉大，摆在立法者面前的一个重要问题是：是否将均富作为一个立法目标，这是基本价值观念层面的抉择。再如，改革开放促进了劳动力的流动，并在事实上打破了城乡之间的二元结构，有大量的劳动力在城市和农村之间流动。由于制度建设的滞后，这些流动的劳动

---

① 陈培勇、林琳：《社会保障立法：难题破解》，《中国劳动》2006 年第 9 期。

力游离于城乡之间，他们特殊的社会需求既不能为农村社会保障制度覆盖，也没有受到城镇社会保障制度的保护，而他们却为促进中国社会主义市场经济的发展繁荣做出了突出的贡献，为他们提供必要的且有效的社会保护、维护他们的社会权益必须成为立法者要认真考虑和解决的问题。本来，在进行城市社会保障立法的时候是把已经进入城市的农民工列为保障对象的。之所以后来没有列入，因为当时的主流观点认为，农民工当时的保障水平比较低，但是"低也有低的好处"，可以避免过快的城市化带来社会发展的"拉美病"，重蹈福利国家超前消费的覆辙。但在农民工的社会权益保障不充分的条件下，又会出现贫富悬殊、社会不稳定等社会问题。① 还有就是地区差的问题，在不同地区之间从缴费标准到保障水平都存在着很大的差异，提高统筹层次的难度很大。如何制定一部统一的国家法律，同时又现实地接受暂时的差异？

　　针对二元经济下的城乡差异、地区差异等问题，中国的社会保障立法采取了先城市、后农村，分别立法、分步实施、统筹考虑公平与效益等策略，在条件成熟的领域中制定并颁布法律。陈培勇等写道："社会保障立法不宜片面追求大而全，而应当根据社会保障子项的情况考虑分别立法。笔者所强调的社会保障子项在这里还指其子项的子项。比如，在现有失业保险和工伤保险已经制定了行政法规的前提下，可以分别进行养老保险和医疗保险立法。这可以称作按照险种（即通过竖切的方式对社会保险分别立法）进行立法的思路。但是，我国现有的立法体系，也已经对社会保险费征缴制定了行政法规（即通过横切的方式对社会保险分别立法，这是当时考虑到比较难以征收

---

① 陈培勇、林琳：《社会保障立法：难题破解》，《中国劳动》2006 年第 9 期。

社会保险费而作出的抉择）。当然，按照社会保险费征收、管理、支付的思路进行立法也是一种不错的选择。"①

21 世纪伊始，社会保险立法就进入了紧锣密鼓的准备阶段。2000 年 5 月 18 日至 19 日在广东省珠海市召开的全国劳动保障依法行政工作会议上，张左己部长透露，中央已经按照计划"积极起草和论证劳动保障法律法规草案"，目的是建立"独立于企事业单位之外的社会保障体系"，为此劳动和社会保障部正"积极推进社会保险扩面征缴工作"，并"抓紧了《社会保险法》的起草和调研、论证工作，并形成了初稿"②。刘雅芝副部长在会上部署 2000 年的工作时要求着重抓《社会保险法》的修改和调研论证工作，"主要是按照建立独立于企业事业单位之外的社会保障体系的要求，根据改革的进程，配合全国人大法制部门、国务院法制办继续做好'两法一条例'③ 草案的修改论证工作"，并抓紧对发布的规范性文件进行全面核查。④ 一个月以后，2000 年 6 月 20 日，一个临时性机构——国务院经济专题调研办公室（简称"专题办"）在中南海安营扎寨，办公地点设在紫光阁北面的二层小楼内。该机构从领导到工作人员都是借调的。办公室的"掌门人"是刘仲藜，副手包括劳动和社会保障部副部长王建伦、中国证监会副主席陈耀先、仲裁办副主任李克穆。专题办下设三个组，即社会保障组、金融组和农村组。其中，社会保障组人员最多，有 5 个人，来自财政部、劳动和社会保障部、民政部和国务院体改办。社

① 陈培勇、林琳：《社会保障立法：难题破解》，《中国劳动》2006 年第 9 期。

② 刘雅芝：《全面推进依法行政，大力促进劳动保障事业的发展》（编者按），《中国劳动》2000 年第 8 期。

③ 指《社会保险法》《劳动合同法》和《基本养老保险条例》。

④ 刘雅芝：《全面推进依法行政，大力促进劳动保障事业的发展》（编者按），《中国劳动》2000 年第 8 期。

会保障组的任务很明确，就是起草完善社会保障体系的方案。①

专题办讨论的都是《社会保险法》制定过程中的原则性问题，例如"统账结合"作为社会保险的基本模式是否可行？如何做实个人账户？应该在什么层次上进行社会统筹？谁来征收社会保险金？等等。

养老金"统账结合"模式已经运转了一段时间，一个突出的问题是"个人账户"基金和"社会统筹"基金混在一起管理，"个人账户"基金被调用于当期养老金的发放，"个人账户"成了一种记账工具，出现了"空转"现象。到 1999 年年底，已经有 7266 万职工建账，建账率为 76.5%，空账额累计 1914.2 亿元。为了避免出现政府将来难以兑现对"个人账户"的承诺，有人主张及早取消"个人账户"。但是，"个人账户"经过多年的实践，已经为社会所接受，取消"个人账户"会在社会上产生负面影响，降低政府的公信力。经过热烈讨论，专题办初步达成共识：统账结合模式要坚持，如果取消个人账户会对职工造成负面的心理影响，降低对政府的信任度。况且，即使取消个人账户，也解决不了养老金基金的缺口问题。在保留个人账户的基础上，专题办进一步决定，选择辽宁作为做实个人账户的试点省份，同时要求试点省份完成从下岗安排到失业保障的并轨。②

之所以选择辽宁作为试点省份，是因为辽宁的城镇化率比较高，而且又是重工业基地，离退休人员占比较大（10%）。如果辽宁能做好，其他省份也能做好。试点的具体做法是：（1）缩小个人账户缴费，企业缴费不再划入个人账户；（2）个人账户实账运营，与社会统筹分账管理，一段时间内只能购买国债；（3）提高基础养老金水平，缴费超过 15 年的，每一年增加一定比例的基础养老金，最高控制在

---

① 夏波光：《从完善走向覆盖城乡》，《中国社会保障》2009 年第 10 期。
② 同上。

占职工工资的30%。事实上，各地的情况不同，关于统账结合的争论也一直没有休止，直到 2003 年 10 月十六届三中全会通过了《关于加快完善社会主义市场经济体制若干问题的决定》，强调要坚持社会统筹和个人账户相结合的基本制度，争论才告一段落。①

（二）激烈的讨论

2004 年 3 月 14 日，第十届全国人民代表大会第二次会议通过了《中华人民共和国宪法修正案》，其中的第 23 条规定："国家建立健全同经济发展水平相适应的社会保障制度。"社会保障制度被正式而庄严地写入《宪法》，成为社会保障最权威的法律依据。2005 年 12 月，《社会保险法》和《社会救助法》被列入立法计划。2006 年 8 月，劳动和社会保障部下发《劳动和社会保障部立法工作规定》，启动并规范劳动和社会保障的立法工作。在新的形势下，始于 1994 年的社会保险立法工作驶入快车道。

在《社会保险法》的制定过程中，社会保险制度的覆盖范围、制度体系、统筹层次等问题引起热议，而贯穿这些问题的一个核心议题是：如何处理就业增长和就业保护的关系，如何既能够保持劳动力市场的灵活性，促进就业增长，又能够同时保护劳动者的社会保障权益？对于这个核心问题，当时的学术界有各种不同的观点，不仅是学界，而且从事社会保障的政府官员和地方官员也参与到这场大讨论中来。主要观点分为两大类：第一类观点从增强法律的强制性和劳动者权益保障的角度出发，主张《社会保险法》的覆盖范围应该是城镇所

---

① 夏波光：《从完善走向覆盖城乡》，《中国社会保障》2009 年第 10 期。

有劳动者，包括小企业的劳动者和自雇的劳动者。为此，学者们主张降低社会保险参保的条件限制，强制覆盖所有劳动者。第二类观点认为，中国的小企业和非正规部门是重要的就业渠道，这些企业竞争激烈、利润微薄，强制其参加社会保险会增加企业的经营成本，不利于中小企业和非正规就业的发展，因此不利于推动就业。在这样的条件下强制扩面，不仅会增加法律的执行成本，甚至会使部分企业为逃避过高的成本转入地下经营，而这将更加不利于保障劳动者的就业和社会保险权益。有鉴于此，他们建议社会保险制度应该分类别、分步骤地扩大覆盖面。例如，可以规定只有达到一定收入水平的劳动者，或职工人数达到一定规模的企业才强制参保，其他的劳动者和小企业可以自愿参保。这样，随着大中型企业的增加和非正规就业的减少，社会保险制度的覆盖面自然会扩大。①

关于社会保险应采取一元还是多元的体系，也存在着分歧：主要是公务员和事业单位的保险是纳入城镇职工社会保险体系，还是可以继续保持其独立性。公务员和事业单位的保险继续保持独立，有助于保证公务员队伍的稳定廉洁，而制度并轨则有利于人员的流动并提高社会保险的管理效率。此外，农民工的社会保险项目是纳入城镇职工社会保险还是为他们建立单独的社会保险？灵活就业人口和非就业人口的社会保险是否应当单立？基础养老金实行全国统筹还是分段计算社会保险权益？社会保险的重点是收入保障还是人力资本投资？在这些问题上一时也很难取得一致意见。

中国社会保障学者提出了很多的关注重点，例如，中国社会保险制度覆盖过窄，二元结构和地区差异制约劳动者流动及同工不同待

---

① 彭宅文：《我国的社会保险制度与促进就业——历程与问题》，《中国劳动》2008 年第 8 期。

遇，因个人身份、就业单位、各地财力等方面的差异而造成社会保险权益不平等，全国社会保险费征收体制不统一，以及管理效率不高等问题。此外，个人账户的"空转"、社会保险领域的法治观念薄弱、过多使用行政手段管理社会保险事务等，也是学者们关心的重点。他们提出，《社会保险法》应当是一部基本法，从法律上确认城乡全体公民人人平等享有社会保险权益，确立全国社会保险法制统一的精神，统一规定基本的社会保障原则、基本的社会保险待遇等，以适用于全国城乡所有劳动者。《社会保险法》应当为建立和完善中国的社会保障制度奠定基准，在此基础上，可按不同地区、不同保险项目、不同职业，设计不同的补充法律、法规，以形成体系。①

企业界的代表则认为，目前中国企业应缴的养老、医疗、失业、工伤、生育五项社会保险费（还不包括住房公积金）高达企业工资总额的30%—40%，若加上员工个人缴纳的部分，合计缴纳的社会保险费用占企业工资总额的一半左右。如此高的成本如果不能通过企业效益的快速增长而及时消化，就可能导致守法企业的市场竞争活力削弱，或者会使企业逃避社会保险缴费义务，导致社会保险实际缴费严重不足。由于企业对高费率不堪重负，各地在征缴社会保险费的过程中往往采取各种灵活变通的手法，允许或"默许"企业以基本工资，甚至是最低工资，而不是实际工资总额为基数，来缴纳各项社会保险费。② 这种"打折"的缴费方式可能将企业当前的缴费压力转化为日后的劳动争议。后来公开征求意见的《社会保险法（草案）》并没有直接规定社会保险征缴的问题，而是授权国务院解决。

除了社会保险费的收缴以外，讨论最为激烈的领域还有基本养老

---

① 俞飞颖：《我国社会保障立法建设刍议》，《中国劳动》2003 年第 9 期。

② 赵国伟：《破解高费率困局》，《中国劳动》2008 年第 1 期。

保险的范围。讨论的结果基本接受了社会保险没有统一的参保范围的现实，基本养老保险主要覆盖城镇各类企业及其职工，实行企业化管理的事业单位职工；基本医疗保险主要覆盖城镇各类企业及其职工，国家机关工作人员，事业单位职工，民办非企业单位职工，社会团体专职人员；失业保险主要覆盖城镇各类企业及其职工，事业单位职工；工伤保险的范围是各类企业、有雇工的个体工商户；生育保险的范围各省规定不一。在以上共识的基础上，学者们提出了大量需要纳入法律规范的个例，主要是临时工和农民工的问题，还有滞纳金比例过高、社会保险基金违规挪用等问题，并提出通过立法保障弱势群体的社会保障权益，对违规企业依法加大处罚力度，对挪用的社会保险基金进行清理，对构成犯罪的依法追究刑事责任等。①

在经过了广泛争论和多次修改的基础上，《社会保险法（草案）》于 2008 年 12 月 22 日举行的第十一届全国人大常委会第六次会议上接受第二次审议，并进入了征询公众意见的阶段。公众意见主要来自两个渠道：一是通过互联网征集；二是通过学会和协会系统征集。

2008 年 12 月 28 日，全国人大常委会办公厅印发《关于公布〈中华人民共和国社会保险法（草案）〉征求意见的通知》。同日，中国人大网全文刊发《中华人民共和国社会保险法（草案）》，启动了在网上征求意见的程序。在这场事关社会权益的民主大讨论中，网民空前活跃。截至 2009 年 1 月 12 日 16 时，全国人大法律草案征求意见管理系统收到了网上意见 47511 件。此外，在各大门户网站，网民跟帖 2 万多条，相关博客文章 200 多篇。《社会保险法（草案）》征集

---

① 韩裕光：《社会保险法律责任制度的再构建》，《中国劳动》2008 年第 1 期。

的意见数量之多，创历次公开征求意见量之最。① 讨论中对效率与公平、覆盖面和制度并轨等重大问题都有所涉及。

《中国社会保障》编辑部摘编：网民热议社保法草案②

网民"我要社保"：社会保险法是一项关系到全体公民切身利益的法案，社保问题纳入法治轨道，社保"自由行"是其中一项重要指针。……社会保险立法标志着中国经济改革与社会改革的重大转身。社保呼唤"自由行"。

网民"上海金山"：社会保险法是我们在外务工人员的养老救星，我们希望能尽快得以实施，如何便于操作，是我们关心的一点。社保转移须具有可操作性，手续一定要简化，并能保护打工者的利益。

网民"mzhhq"：破解社保异地转续难题，已参保的，省级统筹，尚未参保的，全国统筹。

网民"xinhuazd"：必须坚定不移地推行养老"多轨制"！一些国企退休人员叫喊要与公务员养老待遇接轨，这是一种极大的倒退！……多轨制的好处在于，能够适应不同社会群体的不同需要：不以营利为目标的行政事业是一种养老体制，以营利为目标的企业是另一种养老体制，这有利于激励企业人员努力工作，在竞争中发展壮大。试想，如果企业人员与公务员一样旱涝保收，谁还会努力

---

① 《中国社会保障》编辑部整理：《网民热议社保法草案》，《中国社会保障》2009年第2期。

② 同上书，第19页。

工作，用什么去激励企业的竞争意识？这不是倒退到计划经济时代了吗？大家都平均，吃"大锅饭"，那中国的企业还有什么竞争力，中国的企业没有竞争力，就只剩下倒闭这一条路了。所以单一养老制度对国家绝对是一个大灾难！国家必须坚定不移地推行养老"多轨制"，这才是促进中国经济不断快速发展的原动力！

网民"安津庄"：社会保险法应该写入"逐步将机关企事业单位的养老办法并轨"。

网民"jklasdf"：开征社会保险税是确保社会保险公平、公正的唯一途径，从而取消养老"双轨制"。同时，开放商业保险供个人购买，嫌社会保险待遇低的就购买商业保险做补充。农民入"法"应明晰。

网民"朱文平"：社会保障要执行广覆盖、低标准、高统筹的原则；在科学核算的基础上降低缴费比率；公务员与事业单位职工纳入统一的社保体系；实行外地户口职工缴费地退休原则；放弃平均工资，而采用中位数工资作为保险缴费基数；用合适的方式将农村居民与进城务工人员纳入社保体系，不能再造成城乡二元化差别。

网民"月湖蔷薇"：社会保险法，我举双手赞成。条文中"公民共享"，符合宪法第三十三条"中华人民共和国公民在法律面前一律平等"的规定。对于第四条，提出以下补充："以及个体劳动者"。即条文修改为：中华人民共和国境内的用人单位和个人，以及个体劳动者，依法缴纳社会保险费；个人依法享受社会保险待遇。我所说的个体劳动者主要是指农民。

网民"gu786"：农村居民的社保问题不应只是以"附则"的形

式写在最后。这次将农村居民的社保问题纳入，是社会进步的体现。建议将第十二章"附则"的内容写到前面有关章节里。

网民"新农民"：这次社会保险法征求意见，草案仍然不能完全把农民包含在内，名字应该改为"农民之外的社会保险法"。在中国，如果没有农民，那还叫什么社会保险法？唯愿农民不再被划在社会保险法之外，唯愿农民的公民权益得到确立和保障。

网民"公民"：希望尽量减少授权性规定，通过民主集中、磨合提升、修改完善，尽可能地缩小分歧、增进共识，以增强法律的可操作性；建议将"新型农村合作医疗"规范为"农村基本医疗保险"；对不尽社保义务的企业，处罚力度应当再加强；社会保险基金收支情况的公布要实行强制性。

2009年1月15日，中国保险学会在北京召开社会保险法专家研讨会，与会专家对《社会保险法（草案）》提出了修改完善意见。宋晓梧说，从1994年就开始的社会保险法立法过程之所以艰难，是因为中国在社会转型期有很多政策不太确定。已经面世的《社会保险法（草案）》只有指导思想和立法原则，没有数量概念和期限概念，而且回避了一些棘手的问题，比如没有涉及社会统筹和个人账户的分账问题；再如给国务院的授权过多，提出公务员养老保险办法由国务院规定，农村居民养老保险由国务院规定，社会保险费的征收机构和征收办法也由国务院规定，社会保险基金存入财政账户，具体管理办法还由国务院规定，但是没有对国务院作出任何具体的约束，没有规定如何实施监督。[①] 杨燕绥认为，因为《社会保险法》是在《社会保障法》缺位的情况下制定的，所以不可能苛求一步到位，只能就成熟的部分先行立法，尽快结束社会保险法外运行的局面。[②] 其他还有意见认为：《社会保险法》应当明确为权利保障法而不是劳动关系法，应当突出政府的组织责任和实施责任，应当提出政府、用人单位和个人在社保法律关系中都是平等的缴费主体，应当促进社会保险制度和体制的统一并着手解决城乡之间、地区之间、机关事业单位与企业之间的社会保险权益的衔接问题，结束"五险分割"的状态，虽然在社会主义初期阶段，地区发展差距和城乡差距较大，不可能在短时期内走财政支撑全民福利的道路。[③]

在讨论中，"社会保险双轨制"是焦点之一。在全国人大常委会办公厅收到的意见和建议中，主张《社会保险法》全覆盖的占了大多数。有建议提出，国家应当实行全民强制社会保险，不分公务员还是企事业单位职工，农民及自由职业者，公民只要年满 18 周岁，不论从事何种职业，都必须参加各项社会保险。关于社保基金的去向也引起了争论，有人主张存入财政专户，郑功成则认为，社保基金如果存入财政专户，其性质也就变成了财政资金，依然存在被挪用的危险，应该维持社保基金的公共性、独立性，实现基金的自我平衡。政府只是其担保人和支持者，但不能支配社保基金。在讨论中，征收征缴体制再度引发争论，也是 2007 年《社会保险法》进入审议程序以来争论最大的问题之一。经过了几轮"费税"争论，一直胜负难分。1999

---

① 《中国社会保障》编辑部：《把脉问诊：社保专家议——社会保险法研讨实录》，《中国社会保障》2009 年第 2 期。

② 杨燕绥：《对社保法草案的两点意见》，《中国社会保障》2009 年第 2 期。

③ 付奉义：《对社保法草案的若干意见》，《中国社会保障》2009 年第 2 期。

年的《社会保险费征缴暂行条例》规定，社会保险费可以由税务机关征收，也可以由社会保险经办机构征收。此后的 10 年间，这两套体系并行，各占半壁江山。"主税派"认为，税务征收，有强制手段，效率较高；而"主费派"认为，税务征收面对的是企业而非个人，无法做到精细化管理，尤其在记账环节纰漏甚多，为未来的权益兑现留下隐忧。参与社保立法讨论的人士都认为，由谁来征收，法律终该有一个说法。但是，立法机关显然在这个问题上犹豫不决。①

（三）问世

2010 年 10 月 28 日，中华人民共和国主席令第 35 号颁布《社会保险法》——新中国第一部规范社会保险制度的综合性法律终于面世了。经过了历时 15 年的反复研究、讨论、磋商、试点和各种民主审议程序，这部法律为中国当代的社会保险体系确立了一个基本的框架。正如有些专家事先提出的，这部《社会保险法》更像是一部权利法案，而不像是用于实施的法案。它规定了国家要建立基本养老保险、基本医疗保险、工伤保险、失业保险、生育保险等社会保险制度，将职工基本养老保险、新型农村社会养老保险和城镇居民社会养老保险纳入了国家基本养老保险制度框架。但是国家公务员和事业单位的养老计划仍然归为国务院的权限而不是法律的权限之下。

《社会保险法》（2010）对职工养老和医疗保险制度的覆盖范围，资金来源、待遇条件等做了原则性规定，授权国务院制定管理办法，还规定国家要完善城镇居民的社会养老保险制度，同时授权省、自治

---

① 《中国社会保障》编辑部：《把脉问诊：社保专家议——社会保险法研讨实录》，《中国社会保障》2009 年第 2 期。

区和直辖市政府具体实施。由于工伤、失业和生育保险比较简单，而且经过了多年实践也比较成熟，因此规定也比较具体。

在原则上，《社会保险法》将中国境内所有用人单位和个人都纳入了社会保险制度的覆盖范围，即规定用人单位及其职工应当参加职工基本养老保险和职工基本医疗保险；无雇工的个体工商户，未在用人单位参加社会保险的非全日制从业人员及其他灵活就业人员可以参加职工基本养老保险和职工基本医疗保险，农村居民可以参加新型农村社会保险（"新农保"）和新型农村合作医疗（"新农合"）；城镇未就业的居民可以参加城镇居民社会养老保险和城镇居民基本医疗保险；进城务工的农村居民依照该法律规定参加社会保险。工伤保险、失业保险和生育保险制度覆盖了所有用人单位及其职工。被征地农民按照国务院规定纳入相应的社会保险制度。被征地农民到用人单位就业的，参加全部五项社会保险。被征地农民转为城镇居民但未就业的，参加城镇居民社会养老保险和城镇居民基本医疗保险，继续保留农村居民身份的，可以参加"新农保"和"新农合"。在中国境内就业的外国人，也应当参照该法规定参加中国的社会保险。也就是说，从法律的角度来看，社会保险第一次在中国实现了"制度性全覆盖"。

《社会保险法》（2010）还规定了社会保险的筹资渠道是社会保险缴费，由用人单位、个人和政府三方承担责任，城镇职工基本养老保险、职工基本医疗保险和失业保险的费用，由用人单位和职工共同缴纳，工伤保险和生育保险费用由用人单位缴纳，职工个人不缴费。新型农村社会养老保险实行个人缴费、集体补助和政府补贴相结合；城镇居民基本医疗保险实行个人缴费和政府补贴相结合。县级以上政府在社会保险基金出现支付不足时给予补贴；在新型农村社会养老保险和城镇居民基本医疗保险制度中，政府对参保人员给予补贴；基本养老保险基金出现支付不足时，政府给予补贴。

对于基本养老保险待遇、基本医疗保险待遇、工伤保险待遇、失业保险待遇、生育保险待遇，《社会保险法》（2010）也做出了原则规定。根据广覆盖、可转移、可衔接的原则，将一些工伤保险待遇、失业保险待遇从用人单位支付改为保险基金支付，还规定了基本养老保险、基本医疗保险和失业保险的异地转移接续制度。一方面明确劳动者和用人单位在社会保险领域里的权利和义务，促进社会和谐发展；另一方面从法律上破除阻碍人才自由流动的制度性障碍，形成统一规范的人力资源市场。

● 个人跨统筹地区就业的，其基本养老保险关系随本人转移，缴费年限累计计算。个人达到法定退休年龄时，基本养老金分段计算、统一支付。

● 个人跨统筹地区就业的，其基本医疗保险关系随本人转移，缴费年限累计计算。

● 职工跨统筹地区就业的，其失业保险关系随本人转移，缴费年限累计计算。

除此之外，《社会保险法》（2010）还就强化社会保险费的征缴、基金的管理、经办服务机构的运行、个人权益的保护、社会保险的信息化建设和信息沟通共享机制、基金的安全[①]和监督（人大监督、行政监督和社会监督）等做出了明确的规范。在社会大变迁的过程中，

---

① 截至 2009 年年底，社保基金会管理的资产规模已达到 7766 亿元。

《社会保险法》将中国公民个人和国家、用人单位之间在生命的各个环节上都建立起了新的保护性关系，建立了全国统一的个人社会保障号码。对于个人来说，是"记录一生，服务一生，保障一生"，对于社会来说，流动的劳动者有了统一的规范，有了国家化的管理，中国社会转型上了一个新的台阶。

◇ 三 中国社会保障制度的两大突破性发展

进入 21 世纪以后，中国的社会保障制度的改革和建设取得了很多新的进展，其中最为突出的、也是具有时代意义的制度性建树一是在建立了面向农民的社会保障制度，通过新型农村养老保险、新型农村合作医疗以及城乡居民最低生活保障制度，实现了社会保障的制度性全覆盖，开始向更高水平的社会公平发展；二是迈出了社会保障法制化的关键一步，结束了单靠行政命令和规范性文件指导社会保障工作的局面。这两个建树在中国社会保障的历史，乃至中国社会发展变迁的历史中都具有划时代的意义，同时又都是具有相当难度的攻坚工程。

攻坚的难度产生于社会现实和理想目标之间的差距。从农村社会保障制度建设来看，这项工程由于要十分特殊的脆弱基础上完成：中国的农村人口数量、差异鸿沟，以及农村人口就业的不稳定都是世所罕见的。在这样的条件下推动社会保障的制度性建设，依靠的是国家的强力推动和各地的踊跃实践，而制度的建设本身是一场大规模的均贫富、通城乡的过程。随着 2010 年前后中国社会保障"制度性全覆盖"的基本实现，横亘在行业之间和城乡之间的无形社会保障壁垒开始一点点地被拆除，"人人享有保障"开始从目标逐渐变为现实。

《社会保险法》（2010）在中国的问世是社会保险法制建设的里程碑，是从无到有的发展，同时也是一项攻坚工程。《社会保险法》的制定过程不仅集中了中国社会各界的智慧，更是不断地勾连现实与理想、兼顾发展与公平、协调中央与地方、平衡城镇与乡村、综合条例与政策的系统社会工程。在经济发展尚不平衡的条件下，建立统一的《社会保险法》、制定统一的社会法制原则和统一的社会发展战略目标，这项工作也是史无前例的。通过这项工作，社会公平从中国共产党的理想信念变成了法律规范，从政策层次上升到法制层次。在实施的过程中，在法治完善的道路上还漫漫修远，但是发展的路向十分明确。这就是在发展经济的同时，建设"人人享有保障"的社会。

第 六 章

伟大的社会变迁

　　自从20世纪20年代中国共产党提出了"建立社会保险制度""保护劳动者权益"的社会理想和施政纲领以来，将近一个世纪过去了。在这个历史阶段中，中国共产党为了履行对劳动者权益保护的承诺，根据现实的社会条件，主动积极地探索实践了多种类型的社会保障制度和措施，在将一个相对落后的农业社会逐步带入现代化工业社会的同时，逐步建立起了一套人人享有的社会保障制度体系。这一社会历史变迁的深意迄今还远远没有被充分认识。

　　第一，这场社会历史变迁使中国发生了社会保障制度从无到有的变化。在经历了战争时期的供给制、1951年的《劳动保险条例》，特别是改革开放以后的多次探索和改革之后，第一部覆盖全民的《社会保险法》于2010年问世，此后中国在养老、医疗、低保等诸多领域里继续改革并发展。在一个处于快速发展中的国家里建立起一套能够覆盖13亿人口的社会保障制度体系，这无论是从规模上还是从复杂程度上看，都是史无前例的。

　　第二，中国的社会变迁再度验证了社会保障与就业之间的密切关联度。新中国成立初期，人口将近5亿，但有稳定工资收入的产业工人只有千万余人，城镇人口只占12％。多数民众以农、商、手工业及其他方式为生，收入极不稳定。在这种经济条件下实行通过缴费筹集基金的社会保险制度是不现实的，用一种制度、一种方式、一种标准实现对广大劳动者的生活保障也是不切合实际的。因此，在多数西方发达国家实行的以缴费获得社会保险权益的社会保障形式当时很难在中国推广。不稳定和不规范的就业、有限的政府财力、国家集中发展工业的实际需要等都使中国不得不另辟蹊径，针对企业职工、国家机关和事业单位职员、农村社员等劳动者群体，分别建立起筹资方式不同、待遇水平不等但针对性较强的各类保障措施。随着中国社会就业方式的转变、产业的转型和大量劳动力的转移，单位保障的藩篱被捅破，城乡"二元保障"的体系也面临解体。生产的发展和就业方式的转变正推动着中国社会保障各领域里的改革不断前进，向着更加统一、更加公平的方向发展。

第三，中国社会保障制度改革和建设的主要动力来自执政党的社会理念和治国的体制。在西方发达国家，社会保障制度建设的推动力主要来自工业经济发展的需要、社会集团的压力和执政者的作为等多个方面。执政者的作为虽然十分关键，但往往是滞后的。而在中国，情况却有所不同。中国的经济相对落后、人口极其众多、地域非常辽阔、差异十分明显，而且经济社会发展迅速，在这样复杂的条件下建立社会化的保障体系，第一推动力来自于执政的中国共产党及其在建党初期制定的社会理想和施政目标，也就是要建立社会保险制度，保护劳动者权益，使社会更加公平。但是，受中国国情的约束，这一社会理想目标不可能一蹴而就。中国共产党和中央政府一方面通过《共同纲领》和《宪法》宣示执政的目标，同时通过阶段性的措施和分层次的制度，逐步落实对劳动者实施保护的承诺。随着经济的发展和中央财政状况的好转，中共中央和国务院又多次通过发布各种规范性文件和政府行政条例，指导各领域社会保障制度覆盖范围的扩大或者待遇的提高。

在中国的制度体系内，主管社会保障事务的各部委机关以及各地方行政主管部门发挥了重要的推动作用。因为这些机构更加了解地方现实，能够根据本领域和本地区的特殊情况设计合理适用的社会保障制度方案，对症下药地制定适合具体情况的社会保障政策，所以成为组织试点、总结经验、传播信息和推广方法，并使中央的决策落地生根的主要动力之一。正是"属地管理"原则和养老社会保险的地区性统筹曾经打破了行业和单位社会保障的壁垒，使社会保险逐步向社会化发展，使大数定律的优势更好地体现出来，社会保险的基金更加保险，而劳动者个人受到的保护也更加稳定。

如同在其他工业化国家一样，社会需要、相关利益方和舆论压力一直是中国社会保障发展的推动力。在工伤、医疗等各个领域里，有需求就有对策，有时候企业、雇主、外资企业为了降低社会风险以专心发展生产、提高企业效率而要求行政当局出面，有针对性地建立社会保险，而自 20 世纪 80 年代开始，中国的社会各界就密切跟踪中国在社会政策领域里的挑战和问题，为改革方案提供意见和建议。

第四，由于上述的特殊条件和推动力，中国在社会保障领域里出现了独特的、多样化的发展态势，新制度建立以前，试点是必然经历的阶段。"两江模式""板块模式""布吉模式"等，层出不穷，但是这些试点并非各行其是，而是在中央的原则性规定下，探索适合的落实方式，而中央的原则目标正是实现"资金来源多渠道、保障方式多层次、社会统筹与个人账户相结合、权利与义务相对应、管理服务社会化"的社会保障制度体系。总体目标和统一原则使得多样化的社会实践有了方向，而多样化的实践也使总体社会目标得以落实。

第五，在中国，多样化的社会保障，特别是地区性的社会统筹，既在破坏传统的社会边界，也在催生新的社会边界。在新中国成立初期，劳动保险制度的设立为产业工人提供了更好的保护，但是却在工业和农业劳动者之间设立了城乡界限；在改革开放的过程中，"属地管理"的养老金社会保险统筹打破了村舍间的界限、行业间的界限，同时形成了新的界限和新的标准；最低生活保障、医疗制度改革在破除地区界限、城乡界限的同时也在资格规范和限制。在新的社会保障边界内，保障的责任并不是单向的，不是单纯由政府承担的。政府通过法律和行政的权威，建立起由个人和用人单位缴费，加上政府的补贴型财政支出的集资方式，重新分配社会财富，让所有社会成员共同编织一套保障社会安全的体系。在这个体系内，各种保障的边界是重新以专业化的方式界定的：例如养老社会保险的支付边界是"缴费满15 年"、达到法定退休年龄等，而医疗社会保险的支付边界是"基本医疗保障"而不是"所有医疗费用"，最低生活保障也有一整套待遇界定标准等。管理这些标准的是一整套新的、专业化和社会化的制度体系和机构，这个体系的诞生标志着中国社会组织结构和社会治理方式的整体转型。

随着社会组织结构和社会治理方式的转型，国家与个人之间的关系也在变化。国家先是通过就业单位向产业工人提供社会保护，通过农村集体经济向农民提供社会保护。工业化、城镇化、市场化不仅挑战了这种保障方式，也挑战了中国最传统的家庭的保障功能。单位经济、集体经济、家庭经济，都难以抵御工业化和市场化带来的社会风险，国家开始承担起越来越多的社会保护责任。最后，随着市场的扩大、产业和劳动者的转移，跨区域的社会保障制度措施不断出台，新的方式不断地替代旧的方式，新边界不断取代老边界，覆盖范围不断扩大，制度标准不断向统一的方向发展，国家成为最大的社会组织。

第六，从公民个人的角度来看，伴随这场社会变迁，他们开始迈入一个庞大的社会保障网。企业不再是工人的社会，生产队不再是农民的社会，家庭对于个人十分重要，但不再是最主要的生活保障来源。部门的领导不能以代表本部门利益为由而逃避，企业经营的好坏不再影响退休者的养老金。在城乡之间、地区之间、行业之间、企业之间虽然还存在着不同的保障和福利壁垒，但这些壁垒正在被打破，门槛正在降低。随着社会保护方式的变化，国家、企业和个人的关系也发生了深刻的改变：个人与国家的关系变得更加直接，国民身份也变得更加具体。

这些变化的原因只有一个，就是一种真正社会化的体制正在形成和完善过程中。所谓人人享有的社会保障制度，其实也就是一种人人负责的制度。在同一个国度中，人们彼此负责、相互保障，政府为这种保障提供制度条件，在市场规则运行的条件下，这种制度提供的是基本的保障；在社会主义制度同时运行的条件下，这种制度还肩负着通过社会再分配实现社会公平的责任。

经过近百年来的社会探索，中国共产党通过各种社会实验，初步实现了建党初期"建立社会保险""保护劳动者权益"的理想。随着这一理想化为制度，中国人的生存条件发生了变化，他们与政府之间、他们彼此之间的关系也悄然发生了变化。这是一种相互依存、相互救济、相互保障的关系，政府的政策和财政作用虽然不可忽视，但是制度的公平性和可持续性更加依赖全体人民对于制度的认同和信任。在新中国成立初期，一名国有企业的职工可能会说："只要我认真工作，我就是国家的人了。"在发生了这一系列的变化过后，他应当说："只要我按时缴费，我就是社会的人了。"

主要参考文献

《中华人民共和国劳动保险条例》（1951）。

《中华人民共和国宪法》（1954）。

《中国共产党第十一届中央委员会第三次全体会议公报》（1978）。

《中华人民共和国社会保险法》（2010）。

《中华人民共和国社会保险法》（2015）。

《毛泽东选集》（一卷本），人民出版社1967年版。

《朱镕基讲话实录》，人民出版社2011年版。

陈佳贵、王延中：《中国社会保障发展报告——让人人享有公平的社会保障》，社会科学文献出版社2010年版。

窦玉沛主编：《重构中国社会保障体系的探索》，中国社会科学出版社2001年版。

刘燕生：《社会保障的起源、发展和道路选择》，法律出版社2001年版。

孙炳耀、常宗虎：《中国社会福利概论》，中国社会出版社2002年版。

唐均主编：《社会政策：国际经验与国内实践》，华夏出版社2001

年版。

王东进主编：《中国社会保障制度的改革与发展》，法律出版社 2001
年版。

王延中主编：《中国社会保障发展报告》，社会科学文献出版社 2012
年版。

王延中主编：《中国社会保障收入再分配状况调查》，社会科学文献出
版社 2013 年版。

谢世清：《中国与世界银行：推动能力发展》，经济科学出版社 2014
年版。

张一明主编：《中国农民工社会政策研究》，中国劳动社会保障出版社
2009 年版。

郑秉文：《郑秉文自选集》，人民出版社 2015 年版。

郑功成等：《中国社会保障制度变迁与评估》，中国人民大学出版社
2002 年版。

郑功成、郑宇硕主编：《全球化的劳工与社会保障》，中国劳动社会保
障出版社 2002 年版。

郑功成：《中国社会保障改革与发展战略——理念、目标与行动方
案》，人民出版社 2008 年版。

郑定铨、刘殿军、张宝和主编：《社会保障制度改革指南》，改革出版
社 1999 年版。

周弘：《福利的解析》，上海远东出版社 1998 年版。

周弘：《福利国家向何处去》，社会科学文献出版社 2006 年版。

中国社会科学院中央档案馆编：《1958—1965 中华人民共和国经济档
案资料选编：劳动就业和收入分配卷》，中国财政经济出版社 2011
年版。

严忠勤主编：《当代中国的职工工资福利和社会保险》，中国社会科学出版社 1987 年版。

南京地方志编纂委员会：《南京劳动志》，方志出版社 1999 年版。

《深圳市劳动和社会保障志》编纂委员会编：《深圳市劳动和社会保障志》（深圳市专志系列丛书），海天出版社 2005 年版。

全国干部培训教材编审指导委员会组织编写：《社会保障制度建设》，人民出版社、党建读物出版社 2006 年版。

中国劳动和社会保障部组织编审：《新中国劳动和社会保障事业》，中国劳动社会保障出版社 2007 年版。

复旦大学、《解放日报》社上海市再就业工程联合调查组孙承叔、陈学明、高国希、刘承功编：《奇迹是如何创造出来的——关于上海市再就业工程的研究报告》，复旦大学出版社 1998 年版。

华东师范大学中国当代史研究中心编：《橡胶厂党支部会议记录》（中国当代民间史料集刊 7），中国出版集团东方出版中心 2012 年版。

《人民日报》（1950—2002 年）。

《中国劳动》（曾用刊名《中国劳动科学》，1983—2014 年）。

《中国社会保障》（2008—2015 年）。

《社会保障研究》（2010—2015 年）。

索　引